作为时代核心的皇帝，所能施加的影响是多重多面的，并不只是非正即负那么简单。

我们读懂这样的皇帝，同时也就读懂了那个时代。

永明樂

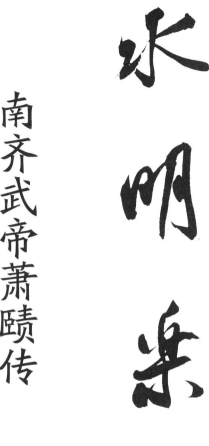

南齐武帝萧赜传

○

林晓光　著

图书在版编目(CIP)数据

永明乐:南齐武帝萧赜传 / 林晓光著. —上海:
上海古籍出版社,2024.5
ISBN 978-7-5732-1154-5

Ⅰ.①永… Ⅱ.①林… Ⅲ.①萧赜(440-493)-传
记 Ⅳ.①K827=391

中国国家版本馆 CIP 数据核字(2024)第 089178 号

永 明 乐

——南齐武帝萧赜传

林晓光 著

上海古籍出版社出版发行

(上海市闵行区号景路 159 弄 1-5 号 A 座 5F 邮政编码 201101)
(1)网址:www.guji.com.cn
(2)E-mail:guji1@guji.com.cn
(3)易文网网址:www.ewen.co
上海天地海设计印刷有限公司印刷

开本 787×1092 1/16 印张 18 插页 8 字数 285,000
2024 年 5 月第 1 版 2024 年 5 月第 1 次印刷
印数:1—3,300
ISBN 978-7-5732-1154-5
K·3599 定价:68.00 元
如有质量问题,请与承印公司联系

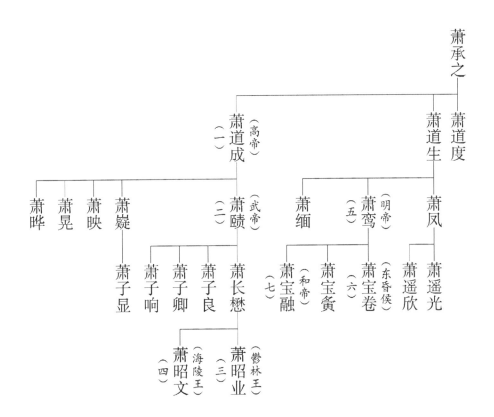

南齐皇室世系图

说明：

一、本图列出与本书所述关系较密切的重要人物，并非萧氏家族全图。

二、同父兄弟依长幼次序自右向左排列。

三、皇帝（不包括追赠及自立）于姓名右侧标示谥号，左侧标示帝位顺序。

萧颐景安陵石麒麟

江苏丹阳，朱偰摄于 1935 年

本书作者考察萧𪩘景安陵石麒麟

2023 年

《南齐书》（宋刻本）评萧赜

　　史臣曰：世祖南面嗣业，功参宝命，虽为继体，事实艰难。御袞垂旒，深存政典，文武授任，不革旧章，明罚厚恩，皆由上出，义兼长远，莫不肃然。外表无尘，内朝多豫，机事平理，职贡有恒，府藏内充，民鲜劳役，宫室苑囿，未足以伤财，安乐延年，众庶所同幸。若夫割爱怀抱，同彼甸人，太祖群昭，位后诸穆。昔汉武留情晚悟，追恨戾园，魏文侯克中山，不以封弟，英贤心迹，臣所未详也。

南齐北魏疆域示意图

南齐都建康（今南京）

北魏原都平城（今大同），后都洛阳

南齐疆域图

采自谭其骧主编《中国历史地图集》（中国地图出版社出版）

目　次

第一章　盛世云烟：元嘉时代诞育的寒门将种 ················· 1

　第一节　齐武帝的速写肖像 ································· 1

　　为"永明"之君作传 ····································· 1

　　跨越朝代的人生 ······································· 2

　　谥曰"武" ··· 4

　第二节　故乡与家族 ····································· 5

　　永嘉南渡的低等士族家庭 ······························· 5

　　刘宋外戚的裙带之路 ··································· 8

　　奠定将门根基的祖父承之 ····························· 10

　第三节　寒门将种 ····································· 12

　　见证"南北朝"的诞生 ································· 12

　　南方政坛的大事件 ··································· 13

　　父亲缺席的童年 ····································· 16

　　莫欺少年穷 ··· 19

　　物以类聚，人以群分 ································· 22

　　神异传说面具下的世俗人格 ··························· 23

　　元嘉盛世的崩溃 ····································· 25

第二章　宋末乱世：父子同创开国基业 ··················· 28

　第一节　子勋之乱：蛰龙出世的契机 ····················· 28

　　起家江西：低等寒士的出身之地 ······················· 28

　　席卷全国的大动乱 ··································· 30

首战告捷 ·················· 32

声威渐著 ·················· 34

晋升入京 ·················· 36

转职北方面军 ·················· 38

第二节 经营西楚：从青年将领到中坚官僚 ·················· 42

转向长江中游发展 ·················· 42

父子同创大业 ·················· 45

第三节 潜龙跃起：蜕变前夕的惊风急浪 ·················· 48

休范之乱：黑色幽默的独幕剧 ·················· 48

郢州长史的战略性地位 ·················· 50

荆州刺史沈攸之 ·················· 53

风云变色：萧道成弑帝 ·················· 55

沈攸之的困境 ·················· 58

阻断溢口：萧赜的决断 ·················· 60

与子同袍：萧赜的方略与柳世隆的郢城守卫战 ·················· 62

播威夏汭：郢城战役中的萧赜 ·················· 65

人臣时期的结束 ·················· 68

第三章 建元宫斗：权力与亲情旋涡中的父子兄弟 ·················· 70

第一节 从齐公世子到东宫太子 ·················· 70

以石头为世子宫：禅代之际的紧张空气 ·················· 70

东宫太子：面对新挑战 ·················· 73

建元时局：从北方烧来的战火 ·················· 74

东宫搜检风波 ·················· 75

第二节 亲爱的兄弟，潜在的对手 ·················· 76

兄弟行 ·················· 76

二弟萧嶷 ·················· 78

赐爵封侯问题 ·················· 80

兄弟交替上场的角色安排 ·················· 82

第三节 易储危机：权力三角中的命运博弈 ·················· 85

少主人与大管家的恩怨 ·························· 85

大管家的小算盘 ································ 86

萧家的忠犬：平息风浪之人 ···················· 89

风波的后续 ···································· 93

永明初年的旧账清算与政治换血 ················ 95

第四节　余音：建元宫斗面面观 ···················· 99

萧嶷：看似矛盾不可解的存在 ··················· 99

所谓青齐豪族 ································· 103

第四章　永明天下：齐武帝和他缔造的时代（上）········ 105

第一节　社会政策：福利措施与人口管制 ············ 106

水旱救灾，赈恤贫民 ························· 106

"剩男剩女"时代 ···························· 110

欺巧哪可容：宋齐检籍运动 ··················· 112

却籍政策与唐寓之之乱 ······················ 114

第二节　政府治理整顿：恢复田秩与实行小满 ········ 116

吏治政策的重点 ····························· 116

恢复田秩，打击灰色收入 ····················· 117

小满制度 ·································· 122

第三节　修整法制，强化皇权 ····················· 124

详定律注 ·································· 124

大贵族王奂 ································· 127

擅杀刘兴祖事件 ····························· 128

长吏犯法，封刃行诛：南朝皇权强化潮流中的武帝 ······ 129

第四节　面对北方的敌国：遣使外交与北伐筹策 ······ 131

齐魏和平外交 ······························ 131

连年讲武：北伐壮志未酬 ····················· 133

第五章　永明天下：齐武帝和他缔造的时代（下）········ 137

第一节　永明经济：货币转型时代 vs 好利的皇帝 ·········· 137

　　　　天下米谷布帛贱：货币转型期与国库财政增收 ················ 137

　　　　京师四方出钱亿万：宏观调控的和籴政策 ···················· 143

　　第二节　皇帝的公与私：奢侈与富国并行 ························ 149

　　　　深宫光影中的醉梦生涯 ·································· 149

　　　　享乐皇帝的时代底色：奢靡世风与节约政策 ·············· 152

　　　　皇帝的小金库 ·· 155

　　第三节　宗教事务：信仰管制与佛教福利化政策 ················ 157

　　　　管制鬼神的皇帝 ······································ 157

　　　　两种佛教徒皇帝 ······································ 159

　　　　沙简沙门 ·· 161

　　　　仲裁者的形象：沙门称名事件 ·························· 164

　　　　以佛教为养老？功利主义的宗教政策 ···················· 166

　　第四节　永明文化：知识主义与儒学复兴 ···················· 169

　　　　"不谙书"的皇帝 vs "知识主义"的时代 ················ 169

　　　　国学重开，儒学复振 ································ 174

第六章　亲友群从：环绕在皇帝身边的镜子 ···················· 178

　　第一节　贵贱之间：在士族社会的巨大阴影下 ················ 179

　　　　王俭：朝宗贵望，虽贵而疏 ·························· 179

　　　　皇帝的爪牙：恩倖家奴 ································ 184

　　第二节　旧恩见宠：从破落贵族到野蛮人的班底 ·············· 189

　　　　破落贵族王晏 ······································ 189

　　　　傒人胡谐之 ·· 193

　　　　旧时代的旧恩义 ···································· 195

　　第三节　文武之道："不谙书"的皇帝和"大读书"的臣子 ······ 197

　　　　文采风流何足道 ···································· 197

　　　　将家儿何敢作此举止！ ······························ 202

　　第四节　家人子弟：权力与文化漩涡中的世代落差 ············ 204

　　　　妻子和儿子们 ······································ 204

　　　　权力枷锁：违制子弟的下场 ·························· 209

　　　无法扭转的构造：皇位继承人的贵族化姿态 …………… 214

　　　武帝的影子：堂弟萧鸾 ………………………………… 218

第七章　永明归于长夜：武帝病榻旁的骨肉相残 ……… 222

　第一节　危机笼罩的永明十一年 ………………………… 222

　　　暗夜降临 ………………………………………………… 222

　　　内忧外患的一年 ……………………………………… 223

　　　外敌：来自北方的战争威胁 ………………………… 224

　　　内政：爪牙柱石之臣都尽 …………………………… 224

　第二节　皇位旁涌动的暗潮：子良与太孙 …………… 225

　　　竟陵王子良 …………………………………………… 225

　　　谋主王融 ……………………………………………… 227

　　　谁有资格继位？ ……………………………………… 229

　　　太孙的背后：阴影中蠢动的野心 ………………… 232

　　　暗潮的相互搏动 ……………………………………… 234

　第三节　迷雾重重的皇位争夺战 ……………………… 237

　　　王融的行动 …………………………………………… 237

　　　临终时刻的史料迷雾 ……………………………… 237

　　　版本 A ………………………………………………… 238

　　　版本 B ………………………………………………… 239

　　　版本 C ………………………………………………… 240

　　　注定了的失败 ……………………………………… 241

　　　落幕 ………………………………………………… 242

尾声：“武帝”们的重叠身影 …………………………… 244

　　　“武”帝的谱系 ……………………………………… 244

　　　遥望汉武：南方君主的北伐封禅梦 ……………… 247

　　　时代的命题：“国”与“民” ………………………… 248

　　　从大明到永明 ……………………………………… 249

　　　宋孝武帝：皇帝的个人独裁之路 ………………… 249

风浪中的掌舵人：官禄·迎送·小满 ……………………… 254

面向民众：户籍与宗教 ……………………………………… 256

两个"贪财"皇帝 ……………………………………………… 258

如影随形："皇帝怎么当？" ……………………………… 259

一段宋齐时代史：从国贫民富到国富民贫 ………………… 260

萧赜简谱 ……………………………………………………… 263

主要参考文献 ………………………………………………… 273

后记 …………………………………………………………… 277

第一章　盛世云烟：
元嘉时代诞育的寒门将种

第一节　齐武帝的速写肖像

为"永明"之君作传

在这本小书里，我们要来勾勒中国历史上一位君主的肖像。他是南齐时代的第二位皇帝，齐武帝萧赜。而他的名字，又与他在位的时代重合在一起——他在这个时代所用的年号，比他本人还要著名。那就是在中国文化史、文学史上占有相当显赫地位的"永明"时代①。

在皇朝时代，除去少数完全放弃自身职责，闲居深宫与醇酒妇人阉竖为伴的特例，以及那些登位不久就悲惨地被废杀的傀儡之外，某一特定时期在位的君主总是代表着他那个时代的最重要符号。他往往并非最伟大或最常被后世提起的人物，但却无疑是在那个历史断面上最被关注，获得最多目光投视的焦点。他的一举一动、一喜一怒，都从庞大帝国的中枢辐射出来，传响朝堂衙署，跨越山川疆域，令天下的臣民与怨敌欢欣或战栗。所谓"天子一怒，伏尸百万，流血千里"。虽然我们今天已超越了梁启超先生所说的那种"为二十四姓作家谱"的旧式史学，但仍然无法否认的是，同

① 在文学史上，永明时代留下了"永明体"这一标志性的印迹，成为诗词格律之路的起点（与之配套的是汉语音韵史上的"永明声律"）。在作者方面，这个时期则活跃着名声藉甚的"竟陵八友"团体。学界对此已有许多研究，读者亦可参看拙著《王融与永明时代——一个南朝贵族的贵族文学》（上海古籍出版社 2023 年）。相较于其在文化史上的存在感，永明一朝在一般的历史学层面受到的关注显然要弱得多。

样作为生命个体,帝王对历史的牵动力要比任何一个庶民都巨大得多。因此当我们把历史记录的镜头对准某一位君主,尤其是对准那些雄才大略、名副其实地实施了统治权力的君主时,我们实际上是同时在把镜头对准他在位的那一整个时代。也只有这样,为君主作传才是一件有真正意义的事情。

但是,所谓皇帝,又并不仅仅是一个政治权力的符号,一个作为时代中枢而放射能量的机件。他同时,或者说更优先地,是一个有血有肉的个人。他有蒙昧无知、从这个世界接受教育灌输的童年;有包围着他的家庭,父子夫妻兄弟儿女,以及朋友、仇敌、上司、下属等等各种人际关系;有在成长过程中经历的人事及从中吸收的知识观念和经验教训;有理性的算计,也有激动的情感。是时代首先通过这个躯体塑造了他的灵魂与能力,才又通过这个躯体来无数倍地放大这种塑造效应,而反作用于时代。因此,对于这个微不足道的血肉之躯,我们有必要尽可能地去追究在他身上发生的一切细枝末节。只有当这样追究了以后,我们才能看清楚是哪些看似原本无关紧要的因素,却经过微妙曲折甚至匪夷所思的机理作用,最后凝聚放大成了影响历史进程的推动力。这一切,并非仅凭大范围的历史平面扫描便可发现并清晰呈现的。而这也就是为帝王作传记的方式及趣旨所在。

在本书中,希望为永明之君留下的,就是这样的一篇传记。

跨越朝代的人生

萧赜,字宣远,生于刘宋元嘉十七年(440)六月三日(己未),死于——按照史书的书写惯例,崩于——永明十一年(493)七月三十日(戊寅)。按传统的方法算,前后活了五十四岁,在位十一年零五个月。

看到这样的数字,我们可以立刻有一个印象:他活的年岁不短,而且是在成年以后才当上皇帝的。除了开国君主之外,会呈现出这种数字关系的皇帝,一般来说只有两种情况:一种是用名不正言不顺的非常手段登位,还有一种就是当了很长时间的继承人,直到长寿的父亲去世才登基接掌国事。齐武帝就属于后者。

鲁迅在他的经典演讲《魏晋风度及文章与药及酒之关系》里,曾经讲过一句有名的话。他说：

> 汉魏晋相沿，时代不远，变迁极多，既经见惯，就没有大感触，陶潜之比孔融嵇康和平，是当然的。例如看北朝的墓志，官位升进，往往详细写着，再仔细一看，他已经经历过两三个朝代了，但当时似乎并不为奇。

这确是理解六朝人的一个重要关窍。在中国的历史文献中有一条书写惯例，就是把历史人物按照死亡日期来定其年代。这和我们今天的观念大相径庭，往往导致观念上的误解。例如我们看到萧赜是南齐皇帝，理所当然以为他主要生活在南齐时代，然而事实上他出生的时候正当刘宋政权的盛期，直到十四岁为止，他的童年是在宋文帝著名的"元嘉之治"时期度过的。在那以后自少及壮，经历过宋孝武帝（孝建、大明）、前废帝（永光、景和）、明帝（泰始、泰豫）、后废帝（元徽）、顺帝（昇明）诸帝一系列动荡多变的历史时期，一直到公元 479 年（宋顺帝昇明三年）他父亲萧道成才取刘宋而代之，这时候他已经年至四十，整个人生已走过了三分之二以上的光阴。——在纯粹生活年代的意义上，他更应该说是一个刘宋时代的人物。

当然，与此同样重要的是，在进入南齐以后他的生命能量才扩充到极限。在以太子身份生活了四年不到的时间以后，他成为皇帝，展开长达十一年的统治。这十四年虽然已是他人生的暮年，然而却是他作为历史人物真正具有关键意义的时期。与六朝时期的其他大量人物一样，这种"跨界性"成为我们理解这个人物时必须首先放在脑子里的一个前提观念。就好比一株开花结果的植物，前期的水土光风造就了它的基本形态，而后期的繁花硕果则是它被观看与记忆的主要形象。四十岁以前的萧赜，和四十三岁以后的萧赜，应当被理解为他个人生命史上的两个阶段。而四十岁至四十三岁的短短几年间，则是结束他作为"人臣""人子"身份，过渡到"人君"阶段的准备期。四十三岁以后，直到五十四岁去世的十一年间，他才作为"永明"时代的主宰者，君临天下。换言之，他的人生，分为鲜明的三个阶段，而这三个阶段又分别投影重合于三个不同的历史时期：

440—479：作为平民的萧赜，见证了刘宋中后期的四十年岁月。

479—482：作为皇太子，经历父亲萧道成为皇帝的"建元"时期。

482—493：登上帝位，君临自己治下的永明之世。

谥曰"武"

萧赜的庙号是世祖，谥号是"武"。南齐人称他为世祖，后世史书中一般就依谥号称之为齐武帝。对中国古代的帝王公侯来说，谥号是很重要的，那代表着对其一生的盖棺论定。短短一两个字的谥号，通常却包含着充分衡量后的多重深意，表示出当时人对其一生形象的解读。"武"这个谥号，在谥法中是这么规定的（括号里是宋人苏洵的注解）：

克定祸乱曰武。

保大定功曰武（既以武克敌，又能保有其大，安定其功，此武之大成也……）。

威强睿德曰武（……威而强果，加之以谋，故曰武）。

刚强以顺曰武（新改旧法，刚强理直曰武；师众以顺曰武）。

辟土斥境曰武。

折冲御侮曰武。

中国的皇帝统治体制到了南朝时代，马屁功夫已经修炼得十分上乘，谥号都是以恭维的居多，即使对于奸恶昏庸之君也已不复使用"厉""戾"之类真正否定性的谥号了。不过对于齐武帝萧赜而言，无论是在其治国功业上，还是个人气质上，这个谥号却还都是很合适的，说不上虚饰溢美。归纳谥法及解，"武"作为谥号可以从四个角度去理解：一、定乱安邦。二、刚强威严。三、革新变法。四、开拓御敌。一、三、四分别是国家内外政事上的成绩，第二条则是其性情气质所决定的形象。萧赜在这些方面都有所表现，或至少试图有所表现。我们可以先用简单几笔，来给这位君主速写一幅肖像，在下面的章节中再来分别填上细致的颜色：

他不是一个文质彬彬，喜爱舞文弄墨、吟风弄月的文人皇帝。他的前半生几乎都是在戎马倥偬中度过的。

他也不是一个出身高贵，生长深宫，命中继承着真龙血脉的天之骄子。在被好运光顾之前，他不过是一个低等士族家庭的贫寒子弟罢了。

反复遭遇凶险的战乱，在地方上辗转任职，小心翼翼地瞅准机会往上爬。

这一切养成了他刚毅的气质、务实的品性、果断的行动力、对自我掌控局面能力的高度自信。

也养成了他厌恶文华的倾向，还有补偿式的耽溺享乐、奢侈过度的心态。

在他活着的时候，从没有遭遇过称得上严重的挫败。无论是年轻时面对着比自己强大百倍的敌人，还是当上皇帝后以雷霆之威镇压地方叛乱，他都留下了足可称道的武功。无论是对自己的父亲或弟弟，还是对形迹不轨的儿子和臣下，最终的胜利者也都是他。即使是面对北方的强大敌国，他也能平等周旋，不落下风。

他因此在将近半个世纪的乱世风雨飘摇中，开辟出足以称为小盛世的"永明"十一年。这个时代提供的养分，令那之后千余年的中国文化史都受益匪浅。

但他终究无法抵御大时代的暗潮汹涌，也无法预料自己死后的洪水滔天。贵族与平民间的上下交争利、实物经济时代的国家调控能力低下、权力家族内部的派系崩裂、南北国家局势的颉颃消长……太多的因素，都超出了个人手腕所能左右的领域。随着他的离去，永明之世也再度沦入暗夜。

他是一个强大的君主，但毕竟也只是一个生活在五世纪南中国的凡人。在他的身躯之上，历史之河潺潺流过，激起过一些波澜。

第二节　故乡与家族

永嘉南渡的低等士族家庭

我们要给一个人作传，按照惯例，自不免要先介绍他的父母祖先，以及出生故乡的情况。

不过在南朝人，"出生地"和"故乡"往往并不是重合的，事情便变得有些复杂。萧赜出生的地点是在建康都城东墙外清溪沿岸的萧家老宅,位于今天的南京城内;而他的户籍上写的却是"南徐州南兰陵郡兰陵县中都乡中都里"①,是在常州市武进区了。我们从一般的习惯上,还是根据土断郡县,称他们家族为南兰陵萧氏。从当时人的观念来说确实也是如此,南徐州因此被称为宋、齐、梁三朝帝王故里。但如果从萧赜本人事实上的出生成长环境来说,则他更应该说是一个南京人才对。

至于萧家的谱系,说起来是颇有点煊赫的。《南齐书·高帝纪》记录了到萧道成为止的一份家谱:

> 太祖高皇帝讳道成,字绍伯,姓萧氏,小讳斗将,汉相国萧何二十四世孙也。何子酂定侯延生侍中彪,彪生公府掾章,章生皓,皓生仰,仰生御史大夫望之,望之生光禄大夫育,育生御史中丞绍,绍生光禄勋闳,闳生济阴太守阐,阐生吴郡太守永,永生中山相苞,苞生博士周,周生蛇丘长矫,矫生州从事逵,逵生孝廉休,休生广陵府丞豹,豹生太中大夫裔,裔生淮阴令整,整生即丘令隽,隽生辅国参军乐子,宋昇明二年九月赠太常,生皇考。

假如这份家谱并没吹牛冒充的话,那么萧家的始祖,就是威名赫赫,辅佐刘邦开创了汉家四百年江山的头号功臣萧何。不过事实恐怕却有点危险。学者已经指出,家谱中的第七代萧望之,也是汉代重臣、著名的大学者,班固《汉书》中有传,但却一字未提他与萧何有任何关系,只是说他"家世以田为业"。故而唐代大儒颜师古注《汉书》时就已明白驳斥过"近代谱牒,妄相托附",把萧望之祖先追溯到萧何的做法。所谓"近代谱牒",指的大约就是上面的萧氏家谱之流。我们看今天的家谱,这种攀附古代名人给自家脸上贴金的事情,可谓比比皆是,而这其实也是早在六朝时代就已经流行过的老套路了。

---

① 当然,我们手头并没有留下这么一份户籍,萧赜的户籍上也未必就一字不差地是照这个格式写的。这是根据史料推断出来的。首先是任昉为萧子良写的履历表《齐竟陵文宣王行状》首句:"南徐州南兰陵郡□县都乡中都里萧公年三十五行状。"其次是《南齐书》卷一《高帝纪上》:"萧何居沛,侍中彪免官居东海兰陵县中都乡中都里……寓居江左者,皆侨置本土,加以南名,于是为南兰陵兰陵人也。"是知《行状》中空阙的县名应为"兰陵县",而"都乡"应为"中都乡"(按汉晋时有都乡,为侯国,与此处乡里之乡不同)。

既然如此，萧家的祖宗最多也就只能上推到萧望之了，而且当然，前提也还得是自那之后的谱系确实可靠。萧望之之子萧育，在史书中还是有行迹可寻的，萧育之子萧绍以下，就详细不得而知了。并且，按照《汉书·萧望之传》的说法，望之原为东海兰陵人（今山东苍山），至他这一代迁到京兆杜陵县（在今陕西西安），其子孙应当也都生活在这一带才对。至少史书中记载与萧育交游的朱博等人就也是杜陵人。而《南齐书·高帝纪》所载萧道成家系中，确实从萧何的孙子萧彪开始便迁居东海兰陵县中都乡中都里，这与《萧望之传》是吻合的，但接下来却跳过整整十六代，直接说到萧道成的高祖萧整于西晋末年从山东兰陵过江，迁居晋陵郡武进县东城里，毫无一字提及萧望之徙家杜陵之事。叙事的榫头便明显合不上了。这中间的大段空白，也很令人生疑。所以唐人李延寿在著《南史》时即据此宣言这份家谱全不可信，一概削除不录，仅从萧整开始叙述萧道成的家世。说得坦白一点，其实自唐人开始就已经不相信萧氏是那样世嗣绵长、英才辈出的旧族，只是把他们当作攀附先贤、自高身价的冒牌货了①。

今天也许很难理解的是，这种现象及看法在中世士族社会中，是颇有现实作用的。因为家族的久远、祖先的名望，正是士族看重的一大标准。假使萧氏能够把祖先确认到萧何、萧望之这样的人物，别人就都须高看一眼，礼敬三分，朝廷选官之时也大有优势，这就是他们这份家谱出现的真正原因所在。而颜师古、李延寿之所以要对这种家谱打假，恐怕也正表现出他们对现实中的萧氏家族的一种看法——如果还在齐梁时代，大约是没什么人敢对皇帝家发出这种质疑声音的。

不过，这份家谱是否完全是胡编乱造呢？应该也不至于。虽然无法断言萧氏过江之前的谱系究竟能可信地推到哪一代，但在那个门阀秩序井然的时代，要说一个庶民之家过江后能忽然发达，当上小土豪，捞到一官半职，也是不太可能的事。至少，认为萧氏在魏晋时代就属于士族阶层，应当还是没有问题的。看其中所载过江以前的历代祖先官位，包括郡守、博士、县令、州从事、郡府丞等，大多属于官僚体系内任职于地方的中下层级别，就这一点而言也还合情合理，并不离谱。

---

① 参见王永平《兰陵萧氏早期之世系及其门第之兴起考论》，《南京理工大学学报》2007年第2期。

　　无论如何,从萧整过江开始,萧家的家史总应该是可信的了。西晋末年五胡乱华,华北士族大批南迁,侨居于江淮之间甚至江南,这是中国中古史上的大事件。而这一大事件,也切切实实地影响了萧家的气运。

　　萧整的最终任职是淮阴令,而他的儿子萧隽任即丘令。这两个官职都是县令,属于士族任官的底层。萧氏显然没能进入随晋元帝过江组织中央政府的"百六掾"贵族集团内部。淮阴县在今江苏淮安,位于淮水南岸,正是东晋依靠淮河对北攻防的最前沿防线。萧整既已过江,为什么会回头任职于江淮之间? 不太清楚。但他显然是作为南渡流民集团中的一个小豪族,与当时的大量同类人物一起,被东晋政府当作了对北战力来运用,说不定就是郗鉴统率下的北府集团中的一员①。总之,从他南渡的落脚点和所任官职来看,都处在权力中枢建康的偏远外围,毫无进入统治阶层内部的机会。

　　但到他儿子的世代,已看得出变化的痕迹。萧隽任长官的即丘县是分建康、琅邪地而立,位于今天南京东北角上,这就已经算是近畿的县了。他的儿子萧乐子任辅国将军参军,虽然仍只能算是沉沦下僚,但已经不是在地方上供职。而再下一代的萧承之——也就是萧道成的父亲,萧赜的祖父——据说很受萧氏宗族中的显贵丹阳尹萧摹之看重;丹阳乃是建康所在郡,则其年少时期的活动范围主要在首都一带,也就可以想见了。虽然无法断言萧家从武进搬到建康周边是在哪一阶段(猜想在萧乐子的时期可能性较大),但从以上梳理大致已能隐约窥见,这个辛苦迁徙的家庭是如何一步步从边缘人的泥泞困境拔出脚来,走近汇聚着资源与机会的中心地带的。

刘宋外戚的裙带之路

　　正如当时过江的许多家族一样,萧氏在南迁之际,应当不是个别家庭

---

① 淮阴是南北攻战的要地之一,胡三省注《资治通鉴》引《南北对境图》曰:"淮阴县距淮五十步,北对清河口十里,进可以窥山东,内则蔽沿江,晋、宋以为重镇。"后来萧道成在泰始初年也是扼守淮阴,成功阻击了北魏军队南下。就此观之,萧整在当时似乎还颇受倚重。

独自上路，而是与大批的宗族一起移动的。在那个杀声震天，不知走到哪里便会遇上刀兵劫匪的时代，一个小家庭的分量犹如风中之叶，实在是太脆弱了。而在技术不发达的时代，要渡过淮河乃至长江这种天堑，也得人多势众才更有办法。

这些宗族，有些是集合成一个大集团，由威信强大的领袖统一带领的，简直可以视为一支军队。但更多的，应该只是由各个家庭在宗族名义下组成的松散人群。这些家庭平日无事，是各自夫妻父子兄弟一起生活的，家庭与家庭之间未必发生多少交往；但一旦有事，他们相互之间仍然比外姓拥有更直接的情感与利益联系。患难战乱之际，宗族自然倾向于联手共济，对抗外人；而某家某人一旦发达了，所谓一人得道，鸡犬升天，其他人也便大可以借着同宗同族的关系一起往上爬。反过来，对发迹者而言也是一样：族人正是一种天然的盟友，是比外人更信得过的方便助力。萧氏就是一个这样的群体。

和萧整家一样，整个萧氏在东晋时代都没有什么存在感，没有这么一个当时得令的人物能够来牵扯着家族一起往上爬。他们只能在地方上当些小官吏，跟那些平头百姓混在一起。然而到了刘宋，却意外得到了天赐的良机：宗族中的一支，成了皇帝的母家。

事情要从之前的时代说起。取代了东晋的刘宋开国皇帝刘裕，原本出身是很贫寒的，年轻时候干过种田砍柴打鱼各种生计，后来加入北府军当了兵，从刀枪阵中挣来的皇位。他的父亲刘翘自然也不是什么高等人，只是一个郡吏而已。刘裕的母亲在生下刘裕那天就难产死了，刘翘于是续弦娶了第二位妻子萧文寿——正是兰陵郡兰陵县萧氏某家的女儿。

在萧氏嫁给刘翘的时节，以及那之后的二三十年里，刘、萧两家都门当户对，属于士族中的最底层，北府系统内或其周边的将家。而随着刘裕越来越位高权重，刘氏在社会上的地位也就跟着闪亮起来。在那个"家天下"的时代，只要是姓刘的当了皇帝，其他刘家人就算寸功未立，也不妨碍他在得天下后分到一杯肥美的羹，这无论在事实上还是在法理上，都是世人所共同认可的。而皇帝母亲的家族，也就是外戚呢，尽管没有这么名正言顺，但在现实中就此攀着裙脚飞黄腾达的家族，在中国历史上也是不知凡几。

刘裕一出生就没了亲娘，事实上就是由萧氏抚养长大的。对于萧氏，他是很孝顺的。爱屋及乌，这一支的萧家自然也就当时得令，飞速跃升为刘宋政坛军界的一匹黑马。萧太后的弟弟萧源之、源之子思话、孙惠开，太后从弟摹之、摹之子萧斌,以及族人萧汪之、萧坦等,都身登高位,尤其在军队系统中表现活跃。萧斌甚至当到元嘉北伐的总帅。而他的父亲萧摹之为丹阳尹(相当于今天的北京市市长);前面已经提到,萧赜的祖父萧承之据说是很受他看重的。

萧赜这一支和萧太后家的支派关系如何? 史传中看不出来,只是称之为"宗人",应当是血缘关系相当疏远的了。但是,这并不妨碍同是萧家人的互相帮忙提携。在东晋贵族社会的庞大阴影下,那些老牌的王谢贵族眼中根本没有低等人上场的余地。尽管皇位已经被下等人凭借着武力夺走了,但主要的政经文化资源依然被贵族门阀垄断,社会舆论工具更牢牢掌控在他们手中,连皇族刘氏都时不时地要看他们脸色行事,何况在儒家政治伦理中最被警戒的外戚呢? 争取不到多少外部资源是可以想象的。在这种境况下,萧家唯一的发展空间,也就是大力发展自己的宗族子弟为家将家兵,循着刘氏—萧氏已经打下基础的军阀路线,从战场上凭军功发达了。

奠定将门根基的祖父承之

萧赜的祖父萧承之,长期任职于萧思话的麾下,可以看作是他的家将。萧思话是宋武帝刘裕的表弟,也就是宋文帝的表舅舅,他在萧氏家族中的地位之重要不言而喻。元嘉七年,萧思话在青州刺史任上,故萧承之也在他辖内的济南郡担任太守。这一年,宋文帝遣到彦之北伐,一时得利,占据了黄河下游南岸,但秋天一到,河冰坚结,天时利于北方的骑兵,魏军大举渡河出击,南军旋即溃败而归。魏人乘势攻济南,济南这时已成孤城,人心惶惶,据说萧承之沉着周旋,效法前人使出空城计,魏兵果然疑心有伏而退去。元嘉八年,大将檀道济继而北伐,也从山东败归,萧思话放弃州治东阳,据险而守。这时萧承之劝谏萧思话不要采取这一战略,虽没起到效果,但史书记载最终的结果是东阳城所积聚的粮草财物都被百姓烧掠①。这一事件也可以见出萧承之的见识。

---

① 《南齐书·高帝纪上》:"青州刺史萧思话欲委镇保险,皇考固谏不从,思话失据溃走。"《宋书》卷七八《萧思话传》:"思话惧虏大至,乃弃镇奔平昌。思话先使参军刘振之成下邳,闻思话奔,亦委城走。虏定不至,而东阳积聚,已为百姓所焚。"

萧思话在元嘉十年前后为横野将军，接任梁、南秦二州刺史，萧承之是他麾下主管军事的司马，从此活跃在川陕一带。在讨伐氐帅杨难当的战役中，敌军身披坚韧的犀甲，一般兵器无法杀伤，萧承之遂设计了一种新型兵器，把长矟的矟头截下来数尺，用大斧轰击，能"一矟辄贯十余贼"。不过记载这些事件的《宋书》撰于南齐时期，难免对当朝天子的祖先有所吹捧夸大，《资治通鉴》叙述此事时就改为"辄贯数人"，大约是觉得数尺长的矟刃能扎透十余人也未免牛皮吹得太大①。但他曾设计新式武器造成战阵杀伤想必不是空穴来风。

就这些事情看来，萧承之除了武勇之外，还是个会用头脑、有技术能力的人物。据说宋文帝曾称赞他"治理民政的才能也不在武力之下"②，也就不奇怪了。当然，这句称赞从另一方面依然反映出，萧承之，以及他出身的兰陵萧氏，基本属性正是武将而非治民的文官，所以"能治民"才会成为他特别值得称赞的本领。据说他去世以后，梁州民众对他仍有追思，在峨公山（在今四川雅安）立庙祭祀③。

萧承之最后官至第四品的右军将军，这虽然还不能算是很高级的将军位，但已经进入了皇帝的视野，有了随时可能跨越阶层上升的空间。这对于萧家的社会地位来说已经完全称得上是发迹了。凭借着外戚阵营的影响力和他自身的才能，萧承之完成了萧家从士族社会底层上升到中层的过程，成为给儿孙提供下一步蜕变平台的关键性人物。而他的儿子萧道成，正是南齐政权的开创者，也是本书主人公萧赜的父亲。他的故事是与萧赜紧密地缠绕在一起的，我们就待下文讲述萧赜的故事时再一并来谈了。

---

① 《宋书·萧思话传》："（杨难当诸将）悉力攻承之，合围数十重，短兵接战，弓矢无复用。贼悉衣犀革，戈矛所不能加。承之乃截矟长数尺，以大斧椎之，一矟辄贯十余贼。贼不能当，因大败。"《南齐书·高帝纪上》："相拒四十余日。贼皆衣犀甲，刀箭不能伤。皇考命军中断矟长数尺，以大斧捶其后，贼不能当，乃焚营退。"《资治通鉴·宋纪四》"元嘉十一年"条："承之断矟长数尺，以大斧椎之，一矟辄贯数人。"按诸书所谓"以大斧椎之"、"以大斧捶其后"，语意略不可解。猜想也许是指制造强力的大型机弩，以矟矛为弩箭，以大斧轰击枢机发射。若然，倒真能拥有飞贯犀甲的威力。
② 《南齐书·高帝纪上》："宋文帝以皇考有全城之功，手书与都督长沙王义欣曰：'承之理民直亦不在武干后，今拟为兖州刺史，檀征南详之。'"
③ 《南齐书·高帝纪上》："梁土民思之，于峨公山立庙祭祀。"

第三节　寒门将种

见证"南北朝"的诞生

萧赜出生在公元 440 年。

440 这个数字,冥冥中有种神秘的意味。就在此前一年——公元
439 年,我们应当记住这个特别的年份——在江淮对岸的北方大地上,
鲜卑族的北魏政权攻灭河西走廊上的匈奴族北凉政权,自此一统北中
国。从 304 年开始持续了一百多年的"五胡十六国"时代,也就此落下
了帷幕。南方朝廷所面对的敌人,不再是胡族间攻伐来去、政权此起彼
伏的混乱分裂华北,而是再次统一在一个强大政权之下的,巨人式的雄
伟帝国。我们所熟悉的"南北朝"时代,虽然一般是从刘裕建立刘宋
(420)开始算起;但其实是直到这一年,才真正进入了"南"与"北"对峙
的世界。

就在这个历史大门再度开启的时刻,萧赜诞生了。

当然,数字的配合不过是事后诸葛亮式的卖弄而已。对萧赜,乃至对
当时的任何一个生命而言,被选择在这个年份出生、活着,都不代表什么
特别的意思。不过在萧赜的人生纪录片里,我们至少可以说,这就是他背
后的画面底色,也是他望向前方的目光中映出的世界基本图景。这个在
建康萧氏清溪老宅呱呱啼哭的婴儿,未来将要在这张世界地图中画下劲
烈的一笔。

似乎也是天意,就在他死去那一年,同样发生了一件深刻影响南北朝
历史的大事件:魏孝文帝从平城(今山西大同)迁都洛阳。以此为断限,
北魏这个从北方草原呼啸涌入河套以南的"胡人"政权,终于进一步将政
权移到了华夏文明标志性的中心地区,正式转型成了衣冠文明的中原
朝廷。

起于统一北方,终于入主中原。南朝皇帝萧赜的一生,恰好完整地见
证了他的平生大敌——北魏政权的一个完整成长阶段。

南方政坛的大事件

让我们将视线从宏大转动的历史轮盘退出，再次投向南方社会的现场。

和"南北朝的真正成立"这种富于历史后见色彩的图景相比，萧赜诞生这一年十月，也就是他刚刚四个月大的时候，刘宋朝廷可是实实在在发生了一件震动朝野的大事。这一事件影响了刘宋一朝的国运，也直接影响了萧赜的家庭。

当朝天子刘义隆，把已经执政长达十二年的宰相，同时也是自己的亲弟弟刘义康放黜了。

宋文帝刘义隆，原本只是开国皇帝刘裕的第三子，皇位是轮不到他坐的。但天命难测，长兄刘义符只当了两年皇帝，就和朝中那些老资格的开国功臣徐羡之、傅亮、谢晦等人发生了不可调和的冲突，被权臣们合力废黜。而在那之前，二哥刘义真也已因过于锋芒毕露而被废。于是在元老们的策划下，义隆从荆州刺史任上回京登基，从此开创了长达三十年的元嘉盛世。

宋文帝的元嘉之治，从年号持续的时期来说，是 424—453 这三十年间（文帝十八至四十七岁）。尽管名义上是国家的主宰，然而这段漫长的岁月，却绝不是一帆风顺、自始至终以皇帝为中心旋转的。元嘉初年，大权还掌控在徐羡之、傅亮、谢晦这一批前朝元勋手里——是这些人辅助自己的父亲成就帝业，雄霸天下；也正是这些人杀死了自己的哥哥，少帝刘义符和庐陵王刘义真，又把自己扶植上了台来当傀儡。弱冠即位的刘义隆，内心深处是怀着多么复杂的感情？惊喜、疑惧、仇恨，应该是百味杂陈吧。在这样的环境下，少年皇帝养成了隐忍深沉的性格。两年之后，他才看准时机，一举诛杀了这几位有拥立之功、杀兄之恨的重臣，初次把权力成功夺回自己手中。元嘉六年，又让自己的四弟义康担任司徒、录尚书事，也就是事实上的宰相。——义隆排行第三，两个哥哥都已死了，所以义康就是他最年长的弟弟，也是最能成为他左臂右膀的亲人了。

可是这个擅长政务的弟弟，尽管应付起实际事务来得心应手，却不懂得即使亲如兄弟，也还是有君臣之间的不可逾越的身份鸿沟在。宰相弟

弟的权力越来越大,声势越来越显赫,皇帝哥哥的存在感也就越来越弱。义康最令文帝生嫌的地方,包括这么几点:

1. 擅权任命官员,"方伯"(州郡长官)以下的职位都由他自由授予。

2. 有才能者用为自己的府中职僚,无才能的才选为台官(中央直属官),搞两套班子,架空正式的官僚体制。

3. 私自增设侍从人数而不上报。

4. 生活享受待遇超过皇帝①。

上述 1 是作为宰相职权的自然延伸,就算稍稍超过了些也不算什么大事;3、4 是人际关系的处理手段不佳,只有 2 确实可以说是怀挟私心的,而这也仍然可以解释为是为了政务处理上的便利。以皇弟而兼宰相的地位来说,这些罪名都比较虚,其人大约的确说不上有什么图谋不轨的野心,所以《宋书》评论他说"素无术学,暗于大体,自谓兄弟至亲,不复存君臣形迹,率心径行,曾无猜防"。虽是天子宰相之尊,回到父子兄弟的家庭内部,也不过就和今天的平民百姓家庭没什么两样,子弟越是亲近受宠,就越是以为熟不拘礼,"我的就是你的,你的也是我的",而不知已渐渐惹起父兄的厌恨罢了。

这一君相博弈的过程,又持续了十年之久。文帝在多次与义康发生人事上的摩擦后,终于在元嘉十七年十月暴起一击,诛杀义康的左右手刘湛及其他同党,将义康贬为江州刺史。

在愤怒地驱逐了义康以后,文帝原本还有几个弟弟以及堂兄弟,然而双方互相信赖互相支持的纽带却已被他斩断,再也恢复不过来了。五弟义恭接手当了宰相,却再也不敢肩负任何实权,只是唯唯诺诺,每日里花天酒地,希望兄长明白自己本分恭谨,野心只够当一个富家翁;最小也最亲的弟弟义季眼看着三哥送走了四哥,从此开始酗酒无度,不问世事,文帝再怎么责备开解也无济于事;而原本最有时誉的宗室临川王义庆——也就是著名的《世说新语》的作者,也被吓得躲进书斋,生怕被皇帝认为自

---

① 《宋书》卷六八《武二王·彭城王义康传》:"义康性好吏职,锐意文案,纠剔是非,莫不精尽。既专总朝权,事决自己,生杀大事,以录命断之。凡所陈奏,入无不可,方伯以下,并委义康授用,由是朝野辐凑,势倾天下……爱惜官爵,未尝以阶级私人,凡朝士有才用者,皆引入己府,无施及忤旨,即度为台官。自下乐为竭力,不敢欺负……私置僮部六千余人,不以言台。四方献馈,皆以上品荐义康,而以次者供御。上尝冬月咦甘,叹其形味并劣,义康在坐曰:'今年甘殊有佳者。'遣人还东府取甘,大供御者三寸。"

己怀有不臣之心，马也不敢骑，箭也不敢射，没过两年就撒手人寰了①。整个儿刘宋皇室原本就像一株枝叶横生的大树，如今却只剩了一株主干巍然矗立于天地间。

没有人能再来帮助文帝分担天下。

他似乎也不再需要了。

在义康被逐出宫廷以后，文帝开始把国家大权都掌握在自己手里。父亲武帝刘裕的国策，是让几兄弟分别镇守上游方镇，君相诸王相辅相成，避免出现东晋时代那种强臣压主、皇权不振的局面。然而三十四岁的刘义隆如今已发现一条真理：即使亲弟弟，也不见得就是靠得住的。

文帝原本身体是很病弱的，史书说他"有虚劳疾，寝顿积年，每意有所想，便觉心中痛裂，属纩者相系"②，长年卧病无法理事，甚至屡次已经奄奄一息，到了弥留之际。所以义康在当政时期已是事实上的统治者，势倾天下，人们几乎只知有宰相，不知有天子，连原本皇帝最亲信的臣子都改投向宰相的怀抱。这个时候的皇帝如同一柄入鞘的宝剑，尽管曾在元嘉三年的杀戮中一露锋芒，却旋即黯淡下去，失去了存在感。就在元嘉十七年放逐义康之前，他已被认为将一病不起，近于弥留了，天下人都在纷纷揣度国家将要交到谁的手里。但是在放逐义康仅仅一年多之后，皇帝却神奇地从久病中康复了——我们实已不能知道是否真是如此巧合。于是次年（元嘉二十年，443）就兴建宫城的东西两座新门；亲自车驾至白下阅武，演习军队；元嘉二十一年春天又籍田，大赦天下。从皇帝登基的第二十个年头开始，国势仿佛又掌握在一位强势的君主手中，出现了一派革新的气象。

这些事情，都发生在萧赜幼年的时候。

---

① 《宋书》卷六一《武三王·江夏王义恭传》："义恭既小心恭慎，且戒义康之失，虽为总录，奉行文书而已，故太祖安之。相府年给钱二千万，它物倍此，而义恭性奢，用常不足，太祖又别给钱千万。"同卷《衡阳王义季传》："义季素嗜酒，自彭城王义康废后，遂为长夜之饮，略少醒日。太祖累加诘责，义季引愆陈谢。上诏报之曰……义季虽奉此旨，酣纵如初，遂以成疾。上又诏之曰……义季终不改，以至于终。"《宋书》卷五一《宗室传附临川王义庆传》："少善骑乘，及长以世路艰难，不复跨马。招聚文学之士，近远必至。"刘义庆卒于元嘉二十一年，事又参见周一良先生《魏晋南北朝史札记》"刘义庆传之'世路艰难'与'不复跨马'"条。
② 《宋书·武二王·彭城王义康传》。

当然，尚在襁褓中的婴儿是不知道这些天下气运的。只是，他的家庭也不可避免地被卷入漩涡当中，使得他的人生如被一条隐形的线索牵引，划出了未定的轨迹。

父亲缺席的童年

义隆、义康兄弟之间的争斗，以皇帝战胜了权相而告终。

这种九天高处的雷声，跟低在九地之微的萧家，原本应当扯不上什么关系才是。然而世事难料，这一事件对萧赜的人生，却意外地产生了非常直接的影响：他的祖父就在这时接到任务，被派去从事监视防守义康的工作。而父亲也随着一同前去了。

义康虽被贬斥，但他在当时实在深有人望。在一干兄弟中他是最有政治才能的人物，辅政时间也最长，从东晋末年就已独当一面，自元嘉六年入朝为宰相以来，前后十二年间权倾天下，因此在下僚民间颇有许多同情的人。当时人甚至为作《读曲歌》曰："死罪刘领军，误杀刘第四。"认为兴风作浪的罪魁祸首乃是刘湛，义康只是无辜被误会牵连①。义康被废五年后（元嘉二十二年），孔熙先、范晔、谢综等人图谋作乱，意欲奉戴义康即位，谋泄被诛，义康也因此被废为庶人；直到元嘉二十四年，还有人在谋反时声称拥戴义康②。而文帝最后也终于在北魏军队临江的危急之秋，"虑异志者或奉义康为乱"，在元嘉二十七年赐他服毒而死。这一场兄弟相残的惨剧才算落了幕。所以我们看这一系列的情形，就明白何以当时义康虽已被废，仍需要派遣将领防守。而在这种情形下所派遣的人，当然非得是文帝的心腹亲信，而与义康疏远甚至有嫌隙的人不可。

义康被贬为江州刺史，赴豫章（江西南昌）上任，但这个职位当然已没有任何实在权力了。真正有权力的，是同时被任命为豫章太守的征虏将军司马萧斌。征虏将军指衡阳王刘义季，他是文帝最小的弟弟。文帝登

---

① 《宋书》卷十九《乐志》："《读曲哥》者，民间为彭城王义康所作也。其哥云'死罪刘领军，误杀刘第四'是也。"刘领军指刘湛，元嘉十二年任领军将军。义康在武帝诸子中排行第四，故称刘第四。
② 《宋书》卷六八《武二王·彭城王义康传》："二十四年，豫章胡诞世、前吴平令袁恽等谋反，袭杀豫章太守桓隆、南昌令诸葛智之，聚众据郡，复欲奉戴义康。"

基以前被封为都督荆益等六州四郡诸军事、荆州刺史，义季从小就跟着哥哥在荆州，因此两兄弟感情特别深厚，文帝对他是最信得过的，于是这时候便派了他麾下主管军事的司马萧斌去担任刘义康的咨议参军，"事无大小，皆以委之"。萧斌不但是义季的亲信，也是刘宋的外戚。文帝实际上就是用亲信的外家人去负责看管软禁弟弟。

而萧斌，前文已经提到，正是对萧承之十分看重的丹阳尹萧摹之之子。这两家的关系之密切是显而易见的。据史书所言，萧承之也是一开始就不肯亲附刘义康，导致其义康在位时未能得到重用①。如果这一说法不是事后的文过饰非的话，我们正可以从中看到萧斌、萧承之这一萧氏外戚派系，是从一开始就不站在义康一方的。因此这时萧斌便带了时为龙骧将军的萧承之一并赴任，防守刘义康去也。

刚刚生下萧赜的萧道成，这时才不过十四岁——生子如此之早，在今天的眼光看起来是颇有点不可思议的，所以这一点曾经引起过学者的疑问（逯钦立《全齐诗》卷一齐武帝诗附小传）。不过赵翼早就指出过北朝皇帝多有十三四岁生子的，这种情况当时并不罕见。况且他的太太刘氏比他还年长四岁，正是适合生儿育女的年纪。总之道成生下萧赜时，还不过是个初中生年纪的大孩子，正跟随当时的大儒雷次宗学习礼学和《春秋》学。

不过，对于这样的古代低等武将之家，我们显然也不能按照今天看待孩童的眼光来理解萧道成，十四岁的他，在生理和心理上都已经足够成熟了。因此萧承之在调动之际，便让他终止学业，一并带在身边赴任。萧承之此举显然有着对道成加以磨炼的意思，而作为寒门将家之子，他也确实不负所望，仅仅两年之后，这个十六岁的少年便已成长到可以率领一支部队讨伐蛮夷的程度了。

萧承之、道成父子离家千里之外打拼。萧道成还有两个哥哥，长兄道度是这时候一同去了豫章；次兄道生史无明载，大约总也是游宦在外的可能性居多。军队中的规矩是不得携带妇孺的，因此萧赜童年时期几乎没有见过一直在外行军打仗的父亲。——不但父亲，家中甚至连成年的男性都很少能见到。童年时期的萧赜，基本上是在几位年长的女性照料下

---

① 《南齐书·高帝纪上》："文帝以（萧承之）平氏之劳，青州缺，将欲授用。彭城王义康秉政，皇考不附，乃转为江夏王司徒中兵参军、龙骧将军、南泰山太守。"

成长的：祖母陈道止（约389—461）；母亲刘智容,据史书所载的年纪推算生卒年是423—472；此外应当还有两位姊母。而主持家计的主要责任,则是由祖母来承担。

这一境遇,对萧赜后来的整个人生道路,都造成了深刻的影响。萧氏虽然是低等士族,但萧道成小时候跟随雷次宗学习的经历（尽管未能卒业）,也让他具有了相当程度的文化修养,据说雷次宗曾经称赞他为"良璞"①。现存萧道成的长诗《塞客吟》,是他镇守淮阴时所作,文辞的优美可观颇不逊于文人学士。史书评论他博涉经史,善属文,工草隶书,虽在战阵之中也不废儒业,还留下了不少赏识提拔文人名士的事迹。就算对皇帝不免溢美夸大,也总应该有些根据。他实在是一个文武兼修的人物。萧氏将门发展到萧道成修习儒业这一步,原本已经开始步入一个新的阶段,就像其他许多家族走过的道路一样。不出意外的话,萧道成将会成为一个文质彬彬的士人,走上文官仕途,逐步脱掉身上那件满是血迹创痕、令人见之欲避的战袍。然而,这一转型却被义康事件打断了,使得萧家下一代重新出现了强烈的非文化取向。如果萧赜从小能跟随父亲学习,那么他对儒学经术甚至文艺之道至少也会有些亲近之心。然而父亲缺席的童年,却使得这一可能成为泡影。缺乏教育导致的后果相当严重。萧赜自己后来有一句话说得亲切,道是"我不谙书"②。终萧赜一生,都不甚亲近正统的学问文章。在那个重文轻武的社会里,这种性情使他成为一个逆流而动的异质分子。

——顺便说一句,这种讨厌读书的品性,在比他小十几岁的堂弟萧鸾身上表现得更为强烈,而这居然在几十年后成为南齐政治史转折上的一个重要因素。

当然,在那个时代,即使父亲不在,母亲如果出身名门,也可能担负起教育的责任；然而萧家这种寒门,娶的太太自然也不会是什么高门大户。而且,生活条件也不允许萧赜从家庭之外获得什么教育资源——实在是

① 《南齐书》卷四五《宗室传》："衡阳元王道度,太祖长兄也。与太祖俱受学雷次宗。宣帝问二儿学业,次宗答曰：'其兄外朗,其弟内润,皆良璞也。'"
② 《南齐书》卷五三《良政传》："世祖曰：'裴昭明罢郡还,遂无宅。我不谙书,不知古人中谁比?'"学者往往引述赵翼《廿二史札记》中"齐梁之君多才学"的著名论断来理解齐梁皇室,这大体并不错,但这一印象却不能套用到所有个体,本书主人公就是最典型的一个反例。

太穷了。祖母陈氏自己从小家里就很贫寒，所以养成了勤俭持家的品性。据说萧道成回到首都当官后，开始能让母亲过上些好日子了。而陈氏却总是说"给我吃这么好的东西，太浪费了"，要求把超过一种的肉食撤去①。可见在那之前，她每顿饭最多只能有一种带肉的菜肴而已。作为家中地位最高的人，生活尚且如此，其他人也就可想而知了。充其量，不过能维持最低限度的生活标准而已。

幼年时期的萧赜，度过的就是如此贫困失教的生活。

莫欺少年穷

齐武帝原本出身贫贱，这在当时人也是明知而不讳的。史书中多次写到他们家的贫穷。在武帝驾崩以后，大文豪沈约为他上了一份谥议——也就是盖棺论定，讨论该给皇帝上什么谥号的意见书，里边有这么几句话：

> 虽屈景潢污，降情尺木，而拯世济民，浚发怀抱。②

意思是说，虽然萧赜一开始是像蛟龙不得已局促在小水潭里，停息在矮树枝上一样，但却抱着济世救民的大志，终于成就伟业。"景"是光明的意思，"潢污"是小水洼，这句用的是东汉文豪班固《答宾戏》里的典故：应龙屈尊降贵，收敛光芒，潜藏在小水沟里的时候，连鱼虾龟鳖都能来欺近它；然而一旦风云际会，奋起鳞鬐，便足以超升宇宙，直据苍天。而君子也正与此相同："先贱而后贵者，和随之珍也；时暗而久章者，君子之真也。"——即使是和氏璧、随侯珠那样的珍宝，在被人发现之前也不过只是普通的石头，藏于深山不为世所知；在黑暗时代中出生的人们，少时不免受人欺侮、遭人轻贱，然而能坚忍不拔地磨炼于其间，最终勃发出自身光

---

① 《南齐书》卷二十《后妃传》："宣孝陈皇后讳道止，临淮东阳人，魏司徒陈矫后。父肇之，郡孝廉。后少家贫，勤织作，家人矜其劳，或止之，后终不改……太祖虽为官，而家业本贫，为建康令时，高宗等冬月犹无缣纩，而奉膳甚厚，后每撤去兼肉，曰：'于我过足矣。'"

② 《艺文类聚》卷十四沈约《齐武帝谥议》。

彩的,才是真正的大人物①。

沈约不愧是一代辞宗,这句话看似平平常常,然而凭借着一个典故,却最精准地点出了武帝前半生的本质。在刘宋末年的动荡社会中,萧赜确是一步步捱过了昏暗的风雨,才成长为足以撑拄一代王朝的巨龙。以皇帝身份死去的时候,自然是到达了"后贵"的顶点;然而在他的少年时期,度过的却是"先贱"的日子。

并且我们有必要注意的是,萧家的寒贱,同时在两方面都表现出来。一是社会地位的低下,二是经济生活的困窘。

当我们谈到六朝人物或家庭的时候,常常不能按照今天的社会观念去理解。现代社会是一个相对均质的平等社会,没有法律来规定人与人之间有等级的差别,我们大抵上相信的是"天赋人权、生而平等"。先天的等级差异既然已不被允许,那么个人财产(薪水)的多少、职位的高低、职种的福利等等,这些后天附加的条件也就自然而然地成为判断人的"贵贱"的标准——尽管这只能限于观念中,并不是明确而稳定的社会标准,并且法律还尽量规定种种反歧视法来调整这种观念。但无论如何,在这种时候,"贫"和"贱"通常是一而二、二而一的。穷,就容易被人看不起,在社会上也处处碰壁。而有钱,也就容易有势(反过来也一样),受人追捧。然而六朝却有一套另行规定了社会地位高低的制度,这套制度,叫作"九品官人法"(或习称的"九品中正制")。九品官人法诞生在曹魏时代,距离南朝已经有点儿遥远,在历史中自然会发生种种变迁。它的本意我们这里不烦追究,但至少到了南朝,这种办法已经成为一套以家族血缘为依据的贵族等级制度,它规定了人从一出生便依据其家族身份高低来分成许多不同等级的人:高等人、次一级的高等人、再次一级的高等人、比较低等的人、最低等的人——到这儿为止我们叫"士族",也就是有"品"有"格"的人;接下去还有农、工、商等庶民,也就是根本不入流的人,以及仆婢家奴等连独立人格都不具备的依附民、贱民……这个社会于是变成了

---

① 《汉书》卷一百上《叙传》载班固《答宾戏》:"宾又不闻和氏之璧韫于荆石,随侯之珠藏于蚌蛤乎?历世莫视,不知其将含景耀,吐英精,旷千载而流夜光也。应龙潜于潢污,鱼鼋媟之,不睹其能奋灵德,合风云,超忽荒,而蹠颢苍也。故夫泥蟠而天飞者,应龙之神也;先贱而后贵者,和、随之珍也;时暗而久章者,君子之真也。""尺木"一句则是用《论衡·龙虚篇》的典:"《短书》言:'龙无尺木,无以升天。'又曰'升天',又言'尺木',谓龙从木中升天也。"

一个从法理上规定好的金字塔式等级社会。既然成了制度的规定，便自然和个人的成就、能力脱离开来，于是也就和个人的财富没有必然的联系。换句话说，一个人可以因为出身于高门，而被判定为高等人，然而现实生活中他却完全可能穷困潦倒——但贫穷并不影响他在出仕任官时被判定进入高级通道，以及在结婚姻、交朋友这些建立人际关系的场合进入到较高级的圈子中去；而另一个人，也许不过是个不入流的商人，却可能富埒王侯——但没有关系，他仍是个被人看不起的下等人，费尽心思也不见得能赚到高等人与生俱来的那些特权和骄傲，尽管高等人也许在心里暗暗地妒恨着为什么一个做生意的小人能过着比自己更好的日子。

当然了，在许多时候，"有钱有势"的定律也仍在起作用。如果一个人家里是世代高门，那么他凭借着祖先积累下来的财富往往就已吃穿不愁。而那些田间耕种的小民自然也很难有多少机会吃饱穿暖。所以倘若只看地位与财富的关系问题，六朝反倒是一个比今天更复杂的社会，既不能说地位高低与财富多少必然是成正比的，也不能说两者之间一点关系都没有。一个人的地位与财富被种种社会的、制度的、文化的、心理的因素影响着，伴随着每个个体的情形而变化。我们首先须得明了这一点，才好来理解萧赜家里在当时的社会环境底下是个什么情形。

他们家不是贵族等级社会里传统意义上的"高门"，而是属于低等士族中的将门，这一点我们在前边已经看到了。而与此同样可怕的是物质上的贫穷①。这两点同时注定了萧赜早年只能挣扎生存在士族社会的最底层，手里几乎完全没有可以往上爬的资源。史书里记载说："太祖虽从官，而家业本贫，为建康令时，高宗等冬月犹无襦纩。"②高宗指萧赜的堂弟萧鸾，这时候还不满十岁——这个人物我们下面还要仔细地分析。萧道成当上建康令的时候，萧赜年已弱冠，不是需要照顾的年纪了，所以史书这里不说萧赜，而以比他小十二岁的堂弟为言。年仅七八岁的小孩，本是最需要疼爱照顾的时候，却连严寒的冬天都穿不上厚实些的丝绵衣服。我们也就可想而知，十年前地位更低的萧家，能够给予幼年的萧赜什么样的成长条件了。

---

① 低等将门并不就意味着贫穷，相反往往是地方上拥有巨大财富、势力的豪族。东晋南朝时期屡屡见于史籍的江南豪族就多属此类。从制度史、社会史的角度说，萧家与他们属于同一阶层，然而具体的生活形态和社会势力却是天差地别的。

② 《南齐书》卷二十《皇后传》。

这种状况,甚至在萧赜已经当官好几年以后,也没有多少好转。他有一位朋友虞悰,是出身会稽(绍兴)地区的土豪,常常分给他东西。出门上班的时候,就招呼上萧赜,让他搭自己的顺风车。也不过就是这么些顺水人情而已,却已令萧赜感恩戴德,飞黄腾达后对他加倍回报了①。

这种施与受的关系,甚至到他成为皇帝以后,都仍然维持着,只是这时的地位和性质都发生逆转,变成供与受了——历史学家对于南朝时代皇帝和地方官之间的相互勾结获利的机制,已经有过很多的观察,但是我们有必要注意到这对萧赜而言,也是一种习惯性生活状态的延续。他的另一位好友刘悛,在四川当官时打造了三尺宽的金澡盆,把它献给这位老朋友。有意思的是,关于这件事情,南方的记载是武帝没来得及接受就去世了;而北方的记载(大约是根据外交使节的报告)则说"赜纳之",还要狠狠加上一句评论说:"其好利若此!"②

寒微的社会地位,贫困的幼年生活,"好利"也就是有着必然性的结果了吧。

物以类聚,人以群分

有意思的一点是,在萧赜年轻时候就对他青眼有加,施以救济的人物,似乎都是些善于经营、有商人气或豪侠气的大富豪。虞悰号称"治家富殖,奴婢无游手",善于理财,同时又是大美食家,他家中饮食之丰富精美,连御厨都比不上。后来他到江西担任豫章内史,但家乡会稽的海味却都能随时吃个够——这不但说明他对美食的挑剔品位,更暗示出他手中所掌握的商业资源和经营路线③。除了虞悰,青年萧赜还有另一位好朋友到扬,他与萧

---

① 《南齐书》卷三七《虞悰传》:"初,世祖始从官,家尚贫薄。悰推国士之眷,数相分与;每行,必呼上同载。上甚德之。昇明中,世祖为中军,引悰为咨议参军,遣吏部郎江谧持手书谓悰曰:'今因江吏郎有白,以君情顾,意欲相屈。'"

② 《南齐书》卷三七《刘悛传》:"悛既借旧恩,尤能悦附人主,承用权贵……在蜀作金浴盆,余金物称是。罢任,以本号还都,欲献之,而世祖晏驾。"《魏书》卷九八《岛夷萧道成传》:"赜尝至其益州刺史刘悛宅昼卧,觉,悛自捧金澡盘面广三尺,爱姬执金澡灌受四升,以充沃盥,因以奉献。赜纳之。其好利若此。"

③ 《南齐书·虞悰传》:"寻为豫章内史,将军如故。悰治家富殖,奴婢无游手,虽在南土,而会稽海味无不毕致焉。"

赜的交往模式也与此如出一辙(关于这位人物我们下文再讲)。

　　这实在是很耐人寻味的事情。"慧眼识才"的伯乐相马式故事,在六朝是很流行的。那正是一个重视人物品鉴的时代。在某个人发达之前,就能看出他将来的前途,这既是对被鉴别者资质的认定;又是对鉴别者眼光的肯定。史籍中最常见的记载分两种类型。一种是文人才士之间的作品赏鉴,一种是政治家预见某人将来能够身至何等高位,做出何等事业。前一种清高风流,契然会心;后一种指点江山,天下我有,都"高大上"得很。然而萧赜和他的朋友(或者叫资助者)的关系却跟哪一种都不沾边,而是非常世俗的,物质化的,带着浓厚的市井气。萧赜自己早年固然不见得就有了多了不得的雄心壮志;而资助、结交他的人,期望从他那里得到的恐怕也是更实际的东西。——都不是什么高尚君子之行,而是在更日常的社会中具有普遍性的、更"接地气"的行为方式。他们对贫穷困窘的萧赜施予援手,或有意或无意获得将来的回报;萧赜则从交往中获得现实生活中的利益。这种关系保持着微妙的平衡,萧赜显然处在下风,说得不好听一点就是穷小子打秋风,跟在富朋友身后混吃混喝;但他的这些富朋友却仍然愿意与他交往——那必定是因为这个人身上拥有一些特殊的东西,足以引起旁人的重视,尽管这些东西我们已无法从文字记载里看到了。

　　在魏晋以来的士族社会中,社会潮流或者是谈玄服药、游心太玄;或者是渊博多识、华采可观。这些都是我们对那个时代最熟悉、最容易想到的形象。而大商大豪虽然不是主流价值很愿意认可并加以正面记录的类型,但也时不时地,以一种充满偶然性的姿态出现在文献中,提醒我们当时社会中这股力量的存在。跟萧赜混在一起,从他年轻时候就看出他不同凡响的,正是这一类型的人物。我们对萧赜二十岁之前的具体行迹尽管近于一无所知,但从这些和他气味相投的人身上,我们也就不难窥见这个年轻人的行动趣向了。

神异传说面具下的世俗人格

　　幼年失教,生活贫寒,身边结交的也都不是什么太入流的人物。这样的萧赜速写图虽然略显潦草,但我们或许已能据此渐渐窥见一些他的内心世界。

和其他帝王或者上古名人差不多一样,关于萧赜的出生,后来流传着不少神奇故事。据说他出生前夜,祖母、母亲同时梦见有龙盘踞在屋上,因此他的小字便叫作龙儿①。

到了十三岁的时候,他自己又做了个梦,梦见有人用笔在他身上画了左右双翅,穿上孔雀羽衣在空中飞翔,同时遍体长出长毛,头发一直拖到了地上。——以上描述虽然繁琐,不过一言以蔽之,其实这就是六朝时期人们观念中相信的仙人形象,亦即所谓的"羽化登仙"。身插双翅甚至化作鸟形的飞翔羽人,在汉魏六朝墓葬砖画中是常见的形象;《昌言》《抱朴子》等书中也往往提到得道之人身上长出毛发羽翼。这个故事完全是从神仙道教的理想形象来刻画的。从萧赜晚年的表现来看,大体上是信佛的,但这条记载如果可信的话,倒是反映出他幼年生活中的一些神仙道教氛围——包括他父亲萧道成及两位伯父道度、道生的名字,和当时许多"僧某""法某"之类的名字相比,也显得更有道教的色彩。

此外又有种种传说,如他在梦中见到有人指着他所立之处,说这是"周文王之田";一只巨大的凤凰从天上飞下来,展开十余丈宽的双翅,落在萧家清溪宅前。又曾得到一枚奇异的铜钱,上面刻印着北斗七星、双刀、双贝和带剑人形的纹样。这些异象有些似有脉络可寻,有些则神秘难解,其实不外乎都是为了证明他是真命天子,才有种种祥瑞。在萧赜生活的时代,这种神异诡秘的色彩是笼罩全社会的,当时人既相信这一套天人感应背后的逻辑,也乐于利用这种氛围,自己去编造出一套鬼话,或者借助某些偶然巧合来制造传说、达成目的。萧氏家族也很热衷于这一套。例如萧赜的父亲萧道成就造作过屋前池中出青龙的祥瑞;他的堂弟萧鸾在争夺帝位时也曾拿自己肩胛上的赤痣来附会成"日月之相"。更荒谬的是,甚至传说萧赜从家中发现一枚玺印,印文是"皇帝行玺"②——这是天子专用的六玺之一,假使

---

① 《南齐书·武帝纪》:"世祖武皇帝讳赜,字宣远,太祖长子也。小讳龙儿。生于建康青溪宅,其夜陈孝后、刘昭后同梦龙据屋上,故字上焉。"
② 《南齐书》卷一八《祥瑞志》:"世祖年十三,梦举体生毛,发生至足。又梦人指上所践地曰'周文王之田'。又梦虚空中飞。又梦着孔雀羽衣。庾温云:'雀,爵位也。'又梦凤皇从天飞下青溪宅斋前,两翅相去十余丈,翼下有紫云气。"又《南史》卷四《齐本纪上》:"年十三,梦人以笔画身左右为两翅,又着孔雀羽衣裳空中飞,举体生毛,发长至足。有人指上所践地曰'周文王之田'。又于所住堂内得玺一枚,文曰'皇帝行玺'。又得异钱,文为'北斗星',双刀、双贝及有人形带剑焉。"

真有其事，那么等待他的只有杀头抄家的命运了。

这种种的神异故事，有些也许是萧赜（或萧家）自己在地位爬升过程中造出来招摇撞骗的，有些甚至可能都是后人附会渲染出来的。中古还是一个迷信盛行的时代，各种各样的谶纬祥瑞层出不穷，人们也都深信天人之间有着冥冥的响应。但是世间人物，大凡见多识广、世事谙练的，往往就比较地不容易陷于这种迷信。因为他一方面从经验知道那并没有什么真实的效用，另一方面也对自己"扼住命运咽喉"的能力有更坚强的自信。与三教九流为伍，从底层打拼起来的萧赜，无疑就属于这样的人格。所以和当时的一般人相比，萧赜本人的生命形态其实反倒是和这些怪力乱神颇有些格格不入的。他本身并不是一个迷信的人。永明元年，他刚登上帝位还没多久，天文星象发生了不合常规的运行，主管天文的官员上奏请求祝祷祈禳，消灾解难，萧赜答道：

> 应天以实不以文。我克己求治，思隆惠政；若灾眚在我，禳之何益！①

——对上天的回应，关键在于实质而不在于形式上玩花样。我已经在约束自己，励精图治，期望国运兴隆，政惠百姓了。如果这样上天还要降罪的话，就算求神保佑又有什么用处呢！

这句话不一定是实录，因为"应天以实不以文"是《汉书》里的典故，武帝未必如此出口成章；"灾眚在我，禳之何益"也是汉文帝早就作过的表率。这些文辞大约都经过饱读诗书的史臣润色。但是，这样的观念及表现却是贯穿萧赜一生的，并非捏造。他应付天文灾异的办法，是下令赦免京师囚犯，赈恤都邑鳏寡贫民。这个皇帝，生活在神秘主义的时代，骨子里却是一个世俗主义者。他相信自己的行动，胜于相信命运。这一点，在我们观察他一生的时候，是始终应当注意到的。

元嘉盛世的崩溃

在一个号称盛世的时代，萧赜度过了物质匮乏的幼年。不过，盛世浮

---

① 《资治通鉴》卷一三五《齐纪一》"永明元年"条。

华,也总有落幕的一天。随着小小孩童一天天成长起来,他所身处的大时代也在渐渐往另一个方向倾转。元嘉盛世,在运转到最高点的时候戛然中止,开始急速下坠,最终到了不可收拾的地步。而萧家,却是在这样的退潮时代缓慢而充满韧性地逆行而进,最终走到了自己都未曾想象过的终点。

元嘉二十七年,萧赜十一岁,宋文帝发动了六朝史上赫赫有名的第二次元嘉北伐。南朝大军分三路北渡进攻,一度推进顺利,但却因主将决策失利、延误战机,最终惨遭逆转,引致胡马临江,北魏太武帝拓跋焘亲率大军渡过淮河。江北淮南之间城邑多半望风而降,文帝不得不屈辱地请求和亲。城中的君臣士庶似乎已经可以听到隐隐震动的铁蹄声隔江传来,其朝不保夕之心情,委实难以言述。萧家自然也不会例外。而恐怕更令他们不安的是,家里的主心骨萧道成,这时候却已经落入敌人后方,困守孤城,性命只在旦夕之间。

这一年十一月底,魏太武帝从彭城(今徐州)渡淮,进逼盱眙①,萧道成这时候正在辅国将军臧质属下,作为前锋赴援,却与魏兵仓猝遭遇,合战大败,狼狈逃回淮南②。幸好盱眙太守沈璞(著名诗人沈约的父亲)料敌机先,早已蓄积粮草、修缮城池,做好了战备,臧质军才得以保留了一个稳固的据点③。然而与此同时,周边州郡却已经悉数沦入敌手,盱眙成为孤悬北方的瓮中之鳖,陷入团团围困当中。次年正月魏兵从江北撤兵,十

---

① 《魏书》卷四《世祖纪》:"(太平真君十一年十一月)壬子,次于彭城,遂趋盱眙……十有二月丁卯,车驾至淮。"十一月壬子为二十六日,十二月丁卯为十二日。
② 《南齐书·高帝纪上》:"二十七年,索虏围汝南戍主陈宪,台遣宁朔将军臧质、安蛮司马刘康祖救之。文帝使太祖宣旨,授节度。闻虏主拓跋焘向彭城,质等回军救援。至盱眙,太祖与质别军主胡宗之等五军,步骑数千人前驱。焘已潜过淮,卒相遇于荛山下。合战败绩,缘淮奔退,宗之等皆陷没。太祖还就质固守,为虏所攻围,甚危急。事宁,还京师。"《宋书》卷七四《臧质传》:"虏侵徐、豫,拓跋焘率大众数十万遂向彭城,以质为辅国将军、假节、置佐,率万人北救。始至盱眙,焘已过淮,冗从仆射胡崇之领质府司马,崇之副太子积弩将军毛熙祚亦受统于质。盱眙城东有高山,质虑虏据之,使崇之、澄之二军营于山上,质营城南。虏攻崇之、澄之二营,崇之等力战不敌,众散,并为虏所杀。虏又攻熙祚,熙祚所领悉北府精兵,幢主李灌率厉将士,杀贼甚多。队主周胤之、外监杨方生又率射贼,贼垂退,会熙祚被创死,军遂散乱。其日质案兵不敢救,故三营一时覆没。"《宋书》卷五《文帝纪》:"(元嘉二十七年十二月)乙丑,冗从仆射胡崇之、太子积弩将军臧澄之、建威将军毛熙祚于盱眙与虏战败,并见杀。"是月乙丑为十日。
③ 《宋书》卷一百《自序》:"时王师北伐,彭、汴无虞。璞以强寇对阵,事未可测,郡首淮隅,道当冲要,乃修城垒,浚重隍,聚材石,积盐米,为不可胜之算。"

二日开始围攻盱眙,直到二月二日才解围退走。长达近一个月的攻城战里,双方牺牲无数①。魏兵肉薄登城,据说死伤上万,尸体堆得和城墙一样高;而城内守军也阵亡过半。萧道成任职左军中兵参军,原本就是负责军事的中坚职位,这时候自然非亲冒矢石不可,实在是什么时候丢了性命都不奇怪。他最终竟得以熬过这一劫,也算是天佑萧氏了②。

战争结束后,萧道成短暂地回到了家中。萧赜得以与父亲见面。然而第二年,不甘失败的文帝又第三次发动北伐,萧道成领偏师出征仇池,再度离开了家人。

就在这个时刻,元嘉盛世迎来了断裂的脆响。

元嘉三十年二月,天崩地坠,文帝长子刘劭因为担心被父亲废黜,先下手为强,与弟弟刘濬合谋,领兵入宫杀害了父亲及身侧重臣。四月,文帝第三子江州刺史刘骏率军顺江而下,在新亭垒与刘劭大战,讨灭刘劭,登基为帝,是为宋孝武帝。

萧赜这一年十四岁。按当时人的早熟程度,他的心智早已发育完全了,足以明白世间发生的这些事情的意义。作为父亲常年不在的家中长男,他应该也已经在一定程度上有了当家做主的意识。从这一年开始,他的人生中将会目睹好几次的皇位易手。萧家宅边流过的清溪紧挨着建康城的东墙,而新亭之战则发生在建康城西的长江边上。他想必曾听到过隔城对面的各种战事传闻,见到过出城迎战的叛兵队伍,也许还曾随着都城民众一起迎接过入城的新皇帝。

将来有一天,他将要自己来践行少年眼中曾映出过的这一切。

---

① 《宋书·文帝纪》:"(元嘉二十七年十二月)庚午,虏伪主率大众至瓜步。壬午,内外戒严。二十八年春正月……丁亥,索虏自瓜步退走。丁酉,攻围盱眙城……二月丙辰,索虏自盱眙奔走。"

② 《宋书·臧质传》:"虏以钩车钩垣楼,城内系以驱绳,数百人叫唤引之,车不能退。既夜,以木桶盛人,悬出城外,截其钩获之。明日,又以冲车攻城,城土坚密,每至,颓落不过数升。虏乃肉薄登城,分番相代,坠而复升,莫有退者,杀伤万计,虏死者与城平。又射杀高梁王。如此三旬,死者过半。"

第二章 宋末乱世：
父子同创开国基业

第一节 子勋之乱：
蛰龙出世的契机

起家江西：低等寒士的出身之地

在都城度过了青少年时期的萧赜，在二十出头的时候起家出仕为官，踏上了遥远的宦途。——之所以说"二十出头"而不说准确的岁数，是因为我们并不确切知道究竟是几岁。史书里只说"初为寻阳国侍郎，辟州西曹书佐，出为赣令"①。刘宋当朝的寻阳王是孝武帝的第六个儿子刘子房，他在大明四年（460）封王，泰始二年贬为松滋县侯（466）②，所以萧赜起家必定在此期间，也就是二十一岁至二十七岁之间。但如下文所述，泰始乱起时他已居官，所以不可能晚到464年；另一方面，他祖母陈氏大约于大明六、七年（462、463）间去世③，理论上他这时出仕任官也不太合适，

---

① 《南齐书·武帝纪》。
② 《宋书》卷八十《孝武十四王·松滋侯子房传》。
③ 《南齐书·高帝纪上》："新安王子鸾有盛宠，简选僚佐，为北中郎中兵参军。陈太后忧，（萧道成）起为武烈将军，复为建康令，中兵如故。"按《宋书·孝武十四王·始平王子鸾传》："大明四年，年五岁，封襄阳王……其年，改封新安王，户邑如先。五年，迁北中郎将、南徐州刺史，领南琅邪太守。"萧道成遭母丧丁忧，在担任刘子鸾北中郎中兵参军之后，亦即大明五年以后。而据同子鸾传，大明六年其生母殷贵妃薨，"葬毕，诏子鸾摄职，以本官兼司徒，进号抚军、司徒……八年，加中书令，领司徒"。则无论如何，至大明八年子鸾任中书令时应已解北中郎将之职。是知陈氏之去世，即应在此二三年间。

那么最有可能出仕的时间就是大明四年或五年(460或461)了。而二十一二岁释褐起家,也是比较符合南朝士族社会一般惯例的。

同一时期,他的父亲萧道成正从中下级武将开始逐步往上爬升。当萧赜十四五岁时,在外地辗转征战、出生入死十余年的萧道成终于回到京师,此后数年间逐步升进,这时已经做到建康令的位置。建康令的等级虽仅是县令,建康却是首都所在,为全国排名第一的首县,能够担任此职,表明他已经开始接近中枢,有些发迹的气象了。这一时期他还担任过新安王子鸾的北中郎将中军参军。刘子鸾是孝武帝最宠爱的儿子,据说能被选入他府中的都是皇帝所看重的人物,这也表明萧道成的影响力正在上升中。

不过父亲的能力还远远没到能庇荫儿子的程度。我们看萧赜出身时所担任的这几个官职,都属于朝廷官僚系统的末端。寻阳国侍郎是所谓"皇子国侍郎",后来梁武帝天监官品改革时,属于流内十八班中的第一班,也就是最低的一等,刚刚入流而已(对应九品官人法中的第六品)。宋齐时代的地方官职品位虽然没有那么清楚的记载,但从梁代官品逆推也就可以知道大概。从南朝任官的一般取向来说,又以中央的内官、朝官为贵,而轻视地方官职。仅能从这样的官职起家,正表示青年时期的萧赜只是士族中底层的一员,前途还处在黯淡无光之中。不过,寻阳乃当时江州州治所在(今江西九江一带),是扼控长江中下游之交的重镇,而江州在南朝又是屈指可数的大州,当时的江州刺史刘子勋更是孝武帝宠爱的皇子,所以他得此职位,倒也不能说全无可取之处。他随后被辟为江州西曹书佐,这是州刺史属下处理具体事务的一个职位,在梁官品中也属第一班。他从寻阳国侍郎到州西曹书佐(具体时间也不详),基本是平调,但从郡国职升等到州职,也还可以算是在往上走了。

接下来,他出为南康国(治今江西赣州)属下的赣令,从州政府的事务性岗位,调到地方上担任实职的治民长官。这同样不是什么好位置。赣县在当时属于南康郡,县治当今赣州市东北。南朝的县也分为许多等级,赣县处于哪一等已不清楚,但最高等的大县,令长也不过相当于六品而已①,赣县必定还要低于这一等级。在今天平民百姓的思想里,能当上一

---

① 参阅步克《品位与职位——秦汉魏晋南北朝官阶制度研究》,中华书局2002年,第341页。

县之长,简直已经是可以横着走的土皇帝,其权势气焰足以令人仰望了;但六朝时期的贵族阶层都是些"帝王将相"级别的上等人,居高临下俯视的目光却大不相同,县长只能算是官僚体系的最底层而已——顺带说一句,萧赜的堂弟,在他死后展开大屠杀、几乎导致萧齐血脉腰斩的齐明帝萧鸾,起家时的官职就是安吉令,这都是他们家族地位已决定了的。

此外,寻阳毗邻长江,位居军政要冲,又是鄱阳湖平原的鱼米之乡,丰饶富庶;而赣县却远在南方,已经属于南岭山系的丘陵山地,再往南翻越南岭,就进入另一侧的粤北蛮荒之地了。寻阳、赣县相隔悬远,无论是从南朝还是今天的地图来看,都已分别位于江州或江西省的北端和南端。这种远离州治的所在,重要性一般也要大大降低。所以萧赜到此时为止,基本的定位可以说就是在最低等的士人职位上辗转,无甚特别起色。调任赣令甚至有点下放艰苦地区锻炼基层干部的味道。只是郡县长官治民,有俸禄,也有实际的权力可以得到灰色收入,所以对他拮据的家庭生活应当有些帮助而已。

席卷全国的大动乱

然而,正是在这个偏远的地方小县令职位上,萧赜却迎来了他人生第一次表现的舞台。

中国历史上的不少朝代,都有某位皇帝持续当政岁月特别长久,发展达到顶峰,接下来国势便明显下滑转衰的时期。如西汉武帝朝、南齐武帝朝、北魏孝文帝朝、唐代玄宗朝、清代乾隆朝等等,都莫不如是。而刘宋一朝也正相类似。以宋文帝长达三十年的元嘉时代为分水岭,刘宋后期的政局与社会急遽地走向动乱衰落。就在萧赜刚刚踏上仕途的年头,刘宋正面临着绝大的危机。朝廷内外朝不保夕,与皇帝关系密切的宗室大臣日子尤其不好过。

前面说过,在萧赜十四岁那年,发生了宋文帝太子刘劭弑父篡位的大事件。文帝第三子刘骏在众多兄弟中拔得头筹,登位为孝武帝。作为元嘉的余音,孝武帝总算还维持了十年左右的统治,但他大力加强皇权,提拔寒人,削弱贵族和宗室势力,过于霸道的手段却也埋下了祸根。在465年他死去之后(这年萧赜二十六岁),继位的儿子刘子业(前废帝)是个凶暴的杀人狂,继承了乃父对皇室宗亲及贵族士大夫一贯的侮蔑虐杀模式。然而中世的皇权还远远没有强大到可以进行专制极权统治的地步,当时的一般模式,要么是皇帝依靠官僚集团("与朕共治天下者,其唯良二千石乎"),甚至形成门阀体制("王与马共天下");要么是依靠家族血缘,分封同姓宗室,或者借助母亲、妻子家族的外戚之力。无论如何,皇帝毋宁说只是一个庞大统治集团中的首领,而不是真的已经发展到了以个人君临于万民之上的阶段。宋孝武帝、前废帝父子的做法根本无视这种历史传统与客观条件,虽然得逞一时之快,其必然导致的结果却是上下离心,人人自保不暇,统治也就随之崩溃了。

断裂的声音同时在中央和地方响起——这正是历史最有趣的地方,尽管崩溃是结构性的必然,但崩溃那一刻的具体形态却会被各种偶然因素牵引着而千变万化。在中央,前废帝的叔父湘东王刘彧在饱受虐待后,铤而走险勾结前废帝的亲信,将皇帝杀死——下文我们还会提到,后来萧道成也正是依样画葫芦,走上了同样的道路。刘彧自己宣布登基,做了皇帝,就是后来的宋明帝;然而前后相隔仅仅不到一个月的时间,另一位宗室,江州刺史刘子勋却正好也在部属的拥戴之下,举起了讨伐前废帝的大旗。不过,身为主公的刘子勋这时还不满十岁,真正的策划主事者其实是行江州事(代理江州刺史)的寻阳内史邓琬。

如果刘子勋抢先一步起兵,从当时的形势来看几乎毫无疑问会形成天下归心的局面。不但身为江州刺史兵强马壮,天高皇帝远,不受中央羁束;而且他祖父宋文帝和父亲孝武帝都是以第三子成功登位,而刘子勋本人也正是三子,这种数字巫术对当时人来说是有实实在在的影响力的,许多人都相信刘子勋就是那个命中该当皇帝的人①。然而他却被历史开了个大玩笑,铤而走险的刘彧近水楼台先得月,掌握了朝廷中枢,也就掌握了皇帝制度的法统,不但刘子勋瞬间落入了被宣布为乱臣贼子的尴尬处境,刘彧这个新上台的皇帝也没了后路,叔侄二人只能放手拼个你死我活。

这实在是几乎席卷了刘宋全境的一场大波澜,从长江中游开始发动,

① 《宋书》卷八四《邓琬传》:"前废帝狂悖无道,以太祖、世祖并第数居三以登极位,子勋次第既同,深构嫌隙,因何迈之谋,乃遣使赍药赐子勋死。""琬以子勋次第居三,又以寻阳起事,有符世祖,理必万克。"

辐射到下游上游,又自北波及国家最南端,包括当时的郢州、荆州、雍州、凉州、益州、广州、徐州、青州、冀州、湘州刺史(湘州当时由道路行事代理州事),以及会稽、吴郡、吴兴、晋陵、义兴等最重要的大郡太守在内,绝大部分的势力都将宝押在了刘子勋身上。以江州为核心的郢、荆、雍、凉、益、湘诸州在西,广州在南,徐、青、冀州在北,会稽、吴郡、吴兴、晋陵、义兴诸郡在东,将首都建康团团围困。宋明帝刘彧虽然侥幸抢先一步登上了帝位,却是四面楚歌,危在旦夕。为了战胜刘子勋,他将倾国之力都赌在了这场你死我活的战争上,由于军费短缺而不惜卖官鬻爵,当时人只要献米献钱到一定分量,便可得到县令乃至郡守等级的品位。而战争的天平果然也逐渐向首都派出的台军倾斜,一度占尽先机的江州军由于指挥不力而节节败退,丧失了扼控长江中游要冲的战略优势。

从前废帝永光元年刘子勋起兵,直到泰始二年九月方才解严,前后持续了整整一年。这场动荡给刘宋士族社会带来了严重的挫折。由于前废帝朝的昏乱,人人自危,纷纷自求外放任官以避祸。刘子勋的谋主之一袁𫖮就是一个典型例子。他离开首都之前曾劝舅舅蔡兴宗也想办法离开,遭到拒绝;而他本人一直到抵达寻阳以后,才大大松了一口气说,我可算安全了! 当时像袁𫖮这样的人极多。然而讽刺的是他们一旦离都,便遇上这种全国性的大战乱,结果反而是"流离外难,百不一存",许多人都被卷入战事中丧命①。

首战告捷

在这样的动荡中,身处偏僻山城的萧赜,原本是很容易被周边势力挟

---

① 《宋书》卷五七《蔡兴宗传》:"时前废帝凶暴,兴宗外甥袁𫖮为雍州刺史,劝兴宗行,曰:'朝廷形势,人所共见,在内大臣,朝夕难保。舅今出居陕西,为八州行事,𫖮在襄、沔,地胜兵强,去江陵咫尺,水陆通便。若朝廷有事,可共立桓、文之功,岂与受制凶狂,祸难不测,同年而语乎? 今不去虎口,而守此危逼,后求复出,岂得哉!'兴宗曰:'吾素门平进,与主上甚疏,未容有患。宫省内外,人不自保,会应有变。若内难得弭,外衅未必可量。汝欲在外求全,我欲居内免祸,各行所见,不亦善乎。'时京城危惧,衣冠咸欲远徙,后皆流离外难,百不一存。"《宋书》卷八四《袁𫖮传》:"𫖮虑及祸,诡辞求出……狼狈上路,恒虑见追,行至寻阳,喜曰:'今始免矣!'"

裹着投入刘子勋阵营的；然而他却被一条命运之线牵着，而不得不与四面受敌的都城建康共同进退了。他的父亲萧道成，这时被宋明帝任命为辅国将军①，作为十四名主将之一参加首都东面的战事。作为敌阵高级将领之子，他选择了拒不接受刘子勋的招降②，于是立刻被直属上司、南康国相沈肃之逮捕下狱。幸得族人萧欣祖和门客桓康、杨璩之、皋分喜、潜三奴、向思奴等攻破郡狱，将萧赜抢救出来。沈肃之率领将吏数百人追击，却反而被萧赜等击败。据史书记载，这一战中萧赜只有部曲四十余人（或说是百余人），面对着兵力十倍的敌人，却斩首百余级，还生擒主将沈肃之③。如果叙述没有过度夸大的话，这委实称得上是一次漂亮的反击战。初出茅庐的萧赜，是在这种强弱悬殊的戏剧性形势下登场的，而他的锋芒在第一次作战中便已显露出来了。

不过，在这一场"劫法场"式的大戏中，和萧赜的个人能力比起来，他最初的班底力量毋宁说更值得注目。前文已经提到，兰陵萧氏本是刘宋的外戚，因而发达起来，萧承之、道成父子原本就是族中显贵人物的子弟而兼家将，而萧欣祖这种则是地位更低的族人，故依附萧道成家族。而另一位门客桓康，出身北兰陵承县（县在今山东枣庄）。尽管自永嘉南渡以来，逃到南方的兰陵萧氏已经安家武进，归属于南兰陵郡，但追根溯源还可算是同乡。桓康也许就因这一层关系，投奔到建康令萧道成门下，想必也就是奉了萧道成之命跟随少主人出任寻阳的。萧赜在这次落难中下狱后，属下已多半作鸟兽散，桓康遂用扁担一头挑着萧赜妻子裴氏，一头挑着萧赜年纪幼小的两个儿子，逃到山中躲藏起来④。之所以要如此行动，可能的原因无非两个，一是事起仓促，妇孺行走不便，需要加快逃亡速度；

①《南齐书·高帝纪》："值明帝立，为右军将军。时四方反叛，会稽太守寻阳王子房及东诸郡皆起兵。明帝加太祖辅国将军，率众东讨。"但《宋书·邓琬传》录东讨檄文及《明帝纪》皆仍称其职衔为右军将军。

② 当时的一般将士则多有家属分属双方阵营者，《宋书·孔觊传》："时将士多是东人，父兄子弟皆已附逆。"

③《南齐书·武帝纪》："江州刺史晋安王子勋反，上不从命，南康相沈肃之絷上于郡狱。族人萧欣祖、门客桓康等破郡迎出上。肃之率将吏数百人追击，上与左右拒战，生获肃之，斩首百余级，遂率部曲百余人举义兵。"《南齐书》卷三十《桓康传》："与门客萧欣祖、杨璩之、皋分喜、潜三奴、向思奴四十余人相结，破郡狱出世祖。郡追兵急，康等死战破之。"

④《南齐书·桓康传》。

二是让他们藏身笭箵之中,躲过追兵耳目——这在六朝乱世当中也是很经常使用的办法,类似招数屡屡见于各种记载。如是前者,其人挑起百余斤重物尚能长途快速行走,勇力自然可观;如是后者,则更见出其有临危不乱的胆略了。在安置好主母幼主后,桓康便与萧欣祖等前往劫狱,与郡兵殊死战斗而获得胜利。在日后的征战中,桓康成为著名的勇将,其悍勇形象甚至可恐吓小儿①。可以说,正是因为有这样实力坚强的亲信家兵集团,萧赜才得以逃过大难,也组建起了自己最早的武装力量。

声威渐著

在逃出生天后,萧赜召集人众,共得百余人,自号宁朔将军,与南康相沈用之②、前南海太守何昙直、晋康太守刘绍祖、北地傅浩、东莞童禽等占据南康郡,举旗反抗刘子勋。这时候始兴相殷孚受刘子勋任命为御史中丞,响应号召,率领上万郡兵前往寻阳会师。始兴即今天的广东韶关,位于赣县西南方,军队北上寻阳正要途经赣县。有人劝萧赜于中途截击殷孚,然而双方兵力相差近百倍,萧赜审时度势,没有采纳这一建议。但是,面对着力量雄厚的敌军,留在南康死守也有极大风险,他于是索性避其锋芒,转进东南,深入到今天广东潮州揭阳西北的揭阳山,打起游击战来。这时候他继续补充兵员,队伍扩大到了三千人。

萧赜离开后,南康国成了势力的空白地带。刘子勋遂命部将戴凯之为南康相,由军主(六朝军制中的中下级领兵官)张宗之统率兵力千余人把守。萧赜军转身杀回,先击斩张宗之,随后进围郡城。戴凯之率数千人守城——这当中除其带来的千余人外,大约也临时征召了当地民众。萧

---

① 《南齐书·桓康传》:"随世祖起义,摧坚陷阵,膂力绝人。所经村邑,恣行暴害。江南人畏之,以其名怖小儿,画其形以辟痁,无不立愈。"
② 《宋书·邓琬传》。按南康相沈肃之已被生擒,这个南康相不知是哪里冒出来的,或许和萧赜的宁朔将军号一样也是自封的吧。观沈用之名,与沈肃之当为同族,或即当地沈氏豪族中选择与萧赜合作的一派。另外,"用"字与"肃"字形近,也有很大的可能就是"肃"的讹字。沈肃之被生擒后如果投降了萧赜,自然更可以理直气壮打出南康相的旗号了。事件真相虽已难以遽断,但基于蛛丝马迹的种种悬测却充满了丰富的趣味。

颐亲率队伍攻城，兵力并不占优，但依然取得了胜利。就此可以见出他所率军队确实有相当的战斗力。城陷之后，戴凯之逃走，刘子勋所任命的赣令陶充之被杀，萧颐遂重新控制了南康地区。

重夺根据地的萧颐，形势变得主动起来。他迅速重整扩充兵员，制定了积极进击的战略。在揭阳山中时，他原本只有军力三千人，但这时除自率守郡的人马之外，还能派出军主张应期、邓惠真领三千人北上奔袭豫章（今江西南昌）。也有别的记载说他这时是派遣了幢主檀文起率千人戍守西昌（治今江西泰和西），与刘子勋部将廖琰、中兵参军胡昭对垒，呼应据郡起兵反对刘子勋的安成太守刘袭①。但综合来看，这两种史料记载的应当就是同一场战事的不同侧面。因为张应期的部队也只是进军到了西昌，便遭到刘子勋所遣军主谈秀之等七千人的阻击，双方陷入胶着对峙。换言之，进攻豫章是最初的目标，而中途受阻于西昌的攻防战则是现实战况。

从这种史料记载的差异中，我们恰恰可以看到萧颐当时的战略部署。一方面，刘袭所据的安成郡在今江西安福，位于萧颐所据的南康北面，而西昌正在两地之间。萧颐北进控制西昌后，便与刘袭的势力连接起来，南康、西昌、安成三地构筑起一条南北纵向战线，从而在刘子勋的大本营江州西南部树起了一面反抗旗帜。这是稳打稳扎的战术。而另一方面，豫章是江州州治寻阳南面的门户重镇，一旦攻下便可直趋敌阵大本营，这一锐利的进攻思路才是战略根本。只是后一方面的构思未能顺利实施——在戴凯之被萧颐击走以后，这个名不见经传的年轻人看来已经引起刘子勋阵营相当的重视，故刘子勋在派遣谈秀之等七千余人阻击西昌之余，还任命殷孚为豫章太守，都督这一区域战事波及的江州西部五郡，防止战火蔓延至寻阳。

在萧颐自南向北仰攻之际，西南方的始安郡（广西桂林）和东南方的建安郡（福建建瓯）等南方数地的长官都宣告服从首都。南方的广州方面，始兴国自从国相殷孚离开后，土人刘嗣祖等斩杀留守官员，据郡起义，也派人北上到南康与萧颐联合，继续扩大同盟战线。在全国一片倒向刘子勋的浩大声势中，这几点星星之火渐渐连接在一起，从遥远的南方为首

---

① 《南齐书·武帝纪》："上即据郡城，遣军主张应期、邓惠真三千人袭豫章。子勋遣军主谈秀之等七千人，与应期相拒于西昌，筑营垒，交战不能决。"《宋书·邓琬传》："始安内史王职之、建安内史赵道生、安成太守刘袭，并举兵奉顺……世子遣幢主檀文起千人戍西昌，与袭相应。琬又遣廖琰与其中兵参军胡昭等筑垒于西昌，坚壁相守。琬召豫章太守刘衍以为右将军、中护军，殷孚代为豫章太守，督上流五郡，以防袭等。"

都点亮了一线希望。

萧赜连战告捷,已开始树立起了声威。在西昌战事胶着之际,他声称要亲自出动,前往西昌作战,据说谈秀之军闻风退散,竟不敢与之作战。

历史是很吊诡的。从客观的历史进程来看,对于这么一个日后将要成为皇帝的人,青年时期在一二小城镇进行的几千兵力作战,和他日后要经过的大场面比起来不过是些小打小闹罢了,根本不足一提。然而对初出茅庐的萧赜而言,这一时期却是他建立起自己强大自信心的最关键时期,也是他一生中满怀豪情念念不忘的光辉往事。在他当上皇帝以后,发生了震动一时的三吴地区唐寓之叛乱,身边的亲信重臣都顾虑重重,而他却毫不介意,立刻雷厉风行地发动剿灭作战。正在乐游苑中享受太平之乐的他,在接到反叛消息时的第一反应是:

宋明初,九州同反。鼠辈但作,看萧公雷汝头!①

翻译成大白话就是——想当初泰始年间全国大乱,多少大风大浪我都熬过来了,区区小贼又算得了什么? 你们放胆来吧,看萧爷爷怎么收拾你!

这是一个很耐人寻味的表现。面对着呼啸席卷而来的叛乱,皇帝心中泛起的不是忧虑彷徨,反倒可以看到一丝抑制不住的兴奋。这时候反射式地出现在他脑中的情景,并不是后来其他的什么大场面,而就是宋明初年的自己如何横槊跃马,在九州同反的狂风暴雨中驰骋决荡的身姿——尽管那时候他根本就连主战场的边都没挨着,而那些决定天下气运的人里,也没几个会知道还有他这么一号小人物存在。但对日后的皇帝萧赜而言,那曾经就是世界的全部。出道第一战,对英雄豪杰的人格塑造力之大,真是不可估量的。

晋升入京

这一年(泰始二年,466)八月,战争结束。在长江沿线的主战场上,刘

---

① 《南齐书》卷四四《沈文季传》。

子勋兵败如山倒，本人及谋主邓琬、袁𫖮都被斩杀。宋明帝刘彧战胜自己的侄子，终于坐稳了皇位。萧赜等虽不能说起到了决定性的作用，但危难之际起义于敌军大后方，令刘子勋不得不分兵防守，两头难以兼顾，功劳亦自不小。史书记载他接下来的仕官经历是：

> 事平，征为尚书库部郎，征北中兵参军，西阳县子，带南东莞太守，越骑校尉，正员郎，刘韫抚军长史，襄阳太守。别封赣县子，邑三百户，固辞不受。转宁朔将军、广兴相。①

这一连串的官职当然不都是同时获得的，而是在此后数年中逐步转调升迁的记录。应该就在他担任广兴相期间，发生了另一次重要变乱：桂阳王刘休范之乱。这是元徽二年（474）的事情。因此萧赜这一连串仕历的时期，是泰始二年至元徽二年，也就是他二十七岁至三十五岁之间。但具体的年月则已难一一探明，只能作大致的分析。

首先，担任尚书库部郎显然是战争结束后的酬功。萧赜从一个偏远地方的小小县令，被提拔到中央尚书省任职，这一年他二十七岁。尚书省长官为尚书令，下设左、右二仆射（右仆射或置祠部尚书）和吏部、度支、左民、都官、五兵五部尚书，尚书省管理层的这八位长官称为八座，合议政事。左右仆射与五部尚书又分别下辖处理实际事务的二十曹，都官尚书下辖都官、水部、库部、功论四曹，库部郎就是负责库部曹事的官员。南朝时候的尚书郎，算是相当有前途的中央中等职位，但因为实务冗杂，犯了错误又要被杖罚（虽然只是名义上的，并不实际执行），高等贵族觉得既麻烦又不体面，并不是很乐意担任。然而对萧赜这种低等士族来说，便要算很令人羡慕的晋升了。

萧赜在这个职位上待了多久呢，并不清楚。在这种征伐之秋，萧赜恐怕并不会真的有多少时间留在京城处理任内的实际事务，很可能这仅仅是个晋身的资历之阶，短暂地形式上走个过场而已。因为接下来不久他便转任征北中兵参军，继续留在了戎马生涯当中。

不过，在这期间发生了一件逸事，倒可以帮助我们理解他这时期的处境。当时建康有位首屈一指的大富豪到扬。有一回萧赜搭朋友的顺风车路过到扬家，朋友下车与到扬聊天，而萧赜这种刚从外地回京的穷小子，自然

---

① 《南齐书·武帝纪》。

没有机会认识京城富豪，便老实待在车上不下来。到㧑问同乘者是谁？朋友答道："这是萧侍郎。"——出乎意料的是到㧑居然早闻其名，客客气气地走到车后见礼，请萧赜一同欢宴，亲热得就像早就熟识的老朋友一般①。

到㧑这一番姿态，所为何来，他又是从什么渠道听说了萧赜的名声？这实在是充满想象空间，足以写进小说、编成剧本的有趣素材。到㧑是当时著名的大豪，仗义疏财、"当世之士皆愿与交"的小旋风柴进式人物，他在之前素未谋面的情况下就如此加意笼络萧赜，不言而喻是看上了这个南方小县令身上的潜在价值，对他进行了预期投资。后来萧赜的发展果然证明他的眼光犀利，这番投资获得了超值回报。萧赜从此对他感恩戴德，当上皇帝之后更不断提拔，甚至一年之内就三度升迁，到㧑一路飞黄腾达，自然不在话下。

然而追根溯源，到㧑又是凭什么了解到这么一个名不见经传的小人物，并且判断出他将来前途不可限量的呢？恐怕唯一的理由，也就是他在南康战场上的活跃表现了吧。

史书对人事的记载，通常是很平淡也很洗练的。大多数的事情，都不会有超出事件本身之外的说明。但是事件经过本身不会告诉我们当时人的感觉，也不会自动认识它的价值。萧赜的出道之战只是个小得不能再小的事件，但是，在那个九州同反的时刻，南方居然有这么一个小人物，拉起一支部队，坚持敌后斗争，居然还没有被刘子勋军的狂潮给淹没——在某些眼线灵通的京师有心人眼里，这点火光也许已明亮得足以照见巨人将来的身影了。

转职北方面军

文职毕竟不是萧赜施展拳脚的天地。接下来他又转任桂阳王、征北

---

① 《金楼子》卷六："到㧑少有豪气，家产富厚，自奉养。伎妾艺貌，当时绝伦。筑馆穿池，雅有佳趣。饮食珍味，贵游莫及。当世之士，皆愿与交。㧑随方接对，无不谐款。齐武帝微时，㧑未之识。时尝附人车，载至㧑门。同乘与㧑善，独下造焉。言毕而辞退，㧑怪而问焉，对曰：'与萧侍郎同车。'㧑自至车后请焉。既而欢饮如旧相识。齐武甚怀之。"

大将军刘休范的中兵参军。刘休范原本是镇北将军，"总统北讨诸军事"①，于泰始二年六月进号征北大将军，继续北讨。北讨的对象，则是原属于刘子勋阵营的徐州刺史薛安都。

薛安都本是北魏降将，在元嘉年间叛魏投宋，以勇武屡立战功，孝武帝刘骏登位后，又在讨伐南郡王义宣之役中立下大功，至前废帝时已任至都督徐州豫州之梁郡诸军事、徐州刺史，成为当时南朝对北攻防边境线上最重要的长官。在刘子勋之乱中，他权衡形势，选择了支持刘子勋一方，反而摇身一变成了建康北面威胁最大的敌人。他派遣儿子薛索儿南渡淮河，结果被萧道成等击退。在刘子勋失败后，他眼见大势已去，本已打算投降，但得意忘形的明帝为了耀武扬威，竟派遣重兵前去纳降。薛安都不免心生疑惧，一不做二不休索性重新投靠了北魏，引北兵南下。宋明帝政权刚刚经历重创，元气大伤，毫无还手之力，淮北徐、兖、青、冀四州及豫州的淮西诸郡纷纷失陷。于是从泰始三年开始，刘宋在华北的全部国土丧失殆尽，仅能退保淮河一线。这也是南朝自刘宋武帝北伐，扩张领土至关洛中原以来后果最严重的一次失地，标志着国势的一蹶不振。

刘休范北讨，大致就是在泰始二年到三年北兵南下之间。而萧赜所任的中兵参军，是征北将军府中主管军事行动的重要职位，严耕望先生称之为"职总兵事，内而佐统兵政，外而率兵征伐，其任至重"②。这一任命或许正是因为看中了他之前的不俗战绩。不过这种重要军府中往往设有不止一名的中军参军，在重要的作战时期甚至可能达到上十名之多，再加上史载不详，因此萧赜在其中究竟发挥了怎样的作用，也已无法确认了。

不管怎么说，这一时期应当仍是他去年以来征伐生涯的延续，而身份则已从地方游击队性质的"义军"，进入了堂堂正正的正规中央军的中级武职行列③。

---

① 《宋书·明帝纪》。
② 严耕望《魏晋南北朝地方行政制度》（上），上海古籍出版社 2007 年，第 204 页。
③ 稍引人疑问的是《南齐书·刘悛传》载其"转桂阳王征北中兵参军，与世祖同直殿内，为明帝所亲待"，似乎征北中兵参军并非出镇莅职，实际上是在宫中直宿。但就当时形势及此职位的性质而言都不应如此。其中关节尚待研究。也许他们是在泰始四年薛安都事平定后返回都城宿直的。

在史传的行文中,紧接着他就受封为西阳县子(县在今湖北黄冈),其后又"别封赣县子,邑三百户,固辞不受"。这里的记载颇有疑问。一方面,先后两次封爵都是县子,为何要多此一举?另一方面,别封赣县子时明确有食邑三百户,而西阳县子却不明记食邑户数。按西晋以后,恢复理想中的周制五等爵位,贵族封爵分为公侯伯子男五等,皆有实际的封国食邑。东晋以后,又产生了"开国"爵与"五等"爵的两级分别,开国爵是有实际食邑的;而五等爵只是名义上的虚封,则无食邑。就南朝一般的惯例说,县子以某县为封邑,食三五百户为较常见,萧赜的西阳县子封爵并未明言食邑户数,也有些奇怪。

对于这一问题,可以有两种推测。一种可能是,史书这里是漏掉了"五等"二字,应写作"西阳县五等子"[①],亦即他一开始只是因为征战立功而获得一个名誉性的爵位,但政府并不因此付出部分人民赋税作为代价,是惠而不费的事情,因此萧赜也就坦然接受。另一种可能性,是与他的父亲萧道成有关。萧道成在这一时期,也正因拒防北魏入侵之功而被封为西阳县侯。父亲既已封为该县之侯,儿子又再封为同县之子,这也未免太巧合了些,所以这里的"西阳县子"可能是"西阳县侯世子"的略称或文本阙漏——这种可能性看来是比较大的,而且在史书中也有类似的文例可为佐证,如刘悛"假宁朔将军,拜鄱阳县侯世子,转桂阳王征北中兵参军"[②],叙述方式与此就颇为接近,如果漏掉"侯世"两字,也就变成"拜鄱阳县子"了。不过这种推测,也有一点疑问,因为史书记载他封为赣县子时的用语是"别封",也就是第二次的改封了,如果之前只是侯世子,似乎不需要这样表述。

不管怎么说,这个"西阳县子"看来都不会是一个正儿八经有实封的爵位。尤其泰始初年是比较特别的时代,史载"泰始初,军功既多,爵秩无序,佃夫仆从附隶,皆受不次之位。捉车人虎贲中郎,傍马者员外郎"[③],因为明帝刚经历过与刘子勋叔侄相残的那一场大乱,紧接着又要应付北魏的入侵,不得不多封官爵以酬答军功,连原本身份卑贱的拉车牵马之徒

---

① 这在文献中也有类似的例证,参见王安泰《再造封建——魏晋南北朝的爵制与政治秩序》一书注 120 的分析,台大出版中心 2013 年,第 153 页。
②《南齐书·刘悛传》。
③《宋书》卷九四《恩倖传》。

也能受封不小的官职。这情形就跟唐代安史之乱后封了数不清的上柱国一样，大抵乱世总是容易凭本事混出身，但混的人多了，出身也就贬值。所以这个西阳县（五等？）子即便确是封爵，也并不像听起来那么威风，大约不过相当于西欧封建社会中的骑士之类罢了。而另一种可能性，假定这个"西阳县子"其实是"西阳县侯世子"的话，《隋书·百官志》记陈代官品，侯世子为第五品，不言秩，也就是虽有官品，却无实际的俸禄，同样不过是得到一个门荫虚衔而已。与此相对，萧赜到后来进一步积累了功劳资历，在泰始七年封为食邑三百户的赣县子，那才是正儿八经有实在利益的开国爵位，所以萧赜（实际上是他父亲萧道成）才需要固辞不受——毕竟，只有真正的利益才有推辞的价值。

　　此外值得注意的一点是，西阳县和萧赜的经历毫无关系，而"赣县"包含的意味却很明显，那正是他最初担任县令，奋斗发家，为朝廷立下功勋的地方，这也旁证出赣县子才是朝廷经过慎重考虑后才授予他的爵位。

　　在这两次"封爵"之间，他还经历了一连串的官职。"征北中兵参军，西阳县子，带南东莞太守"在史书中是连在一起记载的，尤其南东莞太守职是"带"，也就是兼任，必定跟前面的"征北中兵参军"是相互搭配的，而不会是转任。南东莞郡是一个没有实际领土的空头侨郡，侨置于他家乡附近的常州一带；带此郡太守，性质上跟封西阳县子其实是一样的，是在他进入刘休范征北将军府中作战时授予的一种激励性荣衔，并不能算是实质性的地方长官。

　　对于临近三十岁的萧赜本人，我们几乎不能作出什么细节具体的观察，只能如上对他的任官作些推断。——但是反过来，事迹记录的稀少本身也不是没有意义的，因为萧赜并不是一般人，而是后来的皇帝，这意味着当时对他的档案记录一定是比其他人还要仔细慎重的。然则他生平中缺乏记载的部分，就应当优先认为是没有值得记录的事迹，而非记载的阙漏。因此记载的过于简单，正反映出这个时候的他仍是一条年轻的蛰龙，他的生活还乏善可陈，处在积蓄精力的阶段，没有闪耀出什么光彩来。

　　三十岁，是一个关口。

　　潜伏的巨龙开始张开他的须鬣。

　　蜕变开始了。

第二节 经营西楚：
从青年将领到中坚官僚

转向长江中游发展

在史书的记载里，萧赜三十五岁之前担任的官职连成一气，看不出什么变化来。但其实，接下来的越骑校尉、正员郎、刘韫抚军长史、襄阳太守等职位已经自成一个系列，表现出萧赜不再任职于刘休范府中，而是转向另一个方向发展。

配合着当时刘宋朝廷的人事调动，我们可以大致勾勒一下他的活动线索：泰始五年（469）十二月己未（夏历年末，公历已是 470 年 2 月 9 日了），刘休范从征北大将军、南徐州刺史升任中书监、中军将军、扬州刺史，大致相当于今天的某省省长兼某军区司令进京当总理、进常委，他的征北军府自然也就随之解散。而另一位宗室刘韫则于泰始六年六月庚子（当公历 470 年 7 月 21 日）担任抚军将军（泰豫元年 [472] 免职）。所以萧赜应该是从泰始二年到泰始五年末，也就是二十七至三十岁间，都任职于刘休范属下；在刘休范军府解散时，他也就调离，于五个月后转任刘韫新组建的抚军将军府长史。

关于他这个时期所担任的几个官职，我们首先来看看"越骑校尉"。这最初是汉武帝设置的八校尉之一，指挥京师屯驻部队中的越骑，在汉代地位甚为重要，品秩二千石，与郡守相当。关于越骑有两种说法，一说认为是内附的越人，另一说是取"材力超越"之义。从记载来看，越骑校尉是一个往往参与匈奴、西羌交涉征伐事宜的军职①。直到南朝时期，这一官

---

① 《汉书·金日磾传》："（金）参使匈奴，匈奴中郎将、越骑校尉、关内都尉。"同书《萧望之传》："（萧）复为越骑校尉、护军都尉、中郎将，使匈奴。"《后汉书·孝和帝纪》："南单于安国从弟子逢侯率叛胡亡出塞……越骑校尉冯柱、行度辽将军朱徽、使匈奴中郎将杜崇讨之。"同书《赵熹传》："子代嗣，官至越骑校尉。永元中，副行征西将军刘尚征羌。"《南匈奴列传》："新降胡遂相惊动……遂杀略吏人，燔烧邮亭庐帐，将车重向朔方，欲度漠北。于是遣行车骑将军邓鸿、越骑校尉冯柱、行度辽将军朱徽将左右羽林、北军五校士及郡国积射、缘边兵，乌桓校尉任尚将乌桓、鲜卑，合四万人讨之。"

职似乎仍然维持着征伐"异族"的职能传统。六朝时的长江中游地区，是居住着各种"蛮人"（学界一般认为是苗瑶系的民族）、不服"王化"的重灾区，历代南方王朝都深以为患。越骑校尉往往就在对该地区有所行动时授予。如《南齐书·张敬儿传》："南阳蛮动，复以敬儿为南阳太守。遭母丧还家。朝廷疑桂阳王休范，密为之备，乃起敬儿为宁朔将军、越骑校尉。"（宁朔将军号也是对北方作战时常带的职衔。）尤其典型的是《宋书·邓琬传》附《刘胡传》："出身郡将，捷口，善处分，稍至队主，讨伐诸蛮，往无不捷，蛮甚畏惮之……讨上如、南山就溪蛮，大破之……除越骑校尉。蛮至今畏之，小儿啼，语之云：'刘胡来！'便止。"刘胡是以讨伐诸蛮发家，威震蛮中的将领，而他正是官至越骑校尉。就此来看，萧赜这时候任职越骑校尉，有很大的可能，是参与到了对荆州、南阳的所谓五溪蛮、南阳蛮之类诸蛮的作战中。——耐人寻味的是，或是巧合，或是将门传统的某种延续，他父亲萧道成二十多年前，也正是在同一片地区讨伐过同一类少数民族。

　　大约是这时期的作战又积累了功绩，他擢升为正员郎。南朝中央官制有所谓三台五省之称，五省指尚书省、中书省、门下省、秘书省、集书省，正员郎就是集书省的次官散骑侍郎，因为散骑省官另有通直、员外等"编制外"的扩充职位，故"编制内"定额的散骑侍郎又称正员郎①。萧赜本是尚书库部郎，第六品；现在升为正员郎，第五品，上升了一品。不过这里记载的次序，也有些疑点。一方面他本来已是越骑校尉，官第四品，担任正员郎反而官品下降了，但史书并未记载他犯了什么过错受贬；另一方面，如果前文所证不误，那么担任越骑校尉意味着他已转向长江中游讨蛮，而刘韫抚军长史、襄阳太守与此都是相关的职位，理应连书。所以这里的记载次序或者也有颠倒②。

　　为什么说"越骑校尉，刘韫抚军长史，襄阳太守"是一连串的相关配套任职经历呢？刘韫是刘宋宗室，长沙王刘义欣的儿子，本不是什么出

---

① 见《通典》卷二一《职官三》"散骑常侍"条及卷二二《职官四》"历代郎官"条注。
② 不过，以上所论说到底只是一种假说，尚不能完全确认。因为从理论上说，越骑校尉为南朝五校之一，也是中央的西省官制，而正员郎则是东省官，所以另一种可能是他这时回到了中央任职。此外，据载萧道成也曾于泰始六年一度被任命为黄门侍郎，领越骑校尉，虽然最终未曾拜授，但年份、官职都十分相近，这里也不无可能是父子二人的官历相互混淆了。

色的人才,但妙的是在刘子勋之乱中,他非常不审时度势地(也许正是因为不够聪明)投奔建康,站到了明帝阵营中,于是捡了个大便宜,战争结束后酬功,先后封为荆、湘州、南兖州刺史,又改领抚军将军、雍州刺史。

荆州本是自东晋以来长江上中游最重要的中心,权臣屡屡据此与下游的首都建康对抗。刘宋初年惩于此弊,从荆州分出十郡成立湘州。此后荆州、湘州分别大致相当于今天的湖北西部和湖南地区,但基本上仍紧密地联成一体。雍州则是宋文帝时期从荆州分割出襄阳、南阳、新野、顺阳、随五郡①,组成与北魏接壤的一个新置边州。换言之,刘韫这时候就是负责两湖地区的最高地方长官。而长史是六朝地方长官属下地位最高的副手,为僚属之长,州刺史的长史往往就兼任州治所在郡的太守,所以萧赜也担任了雍州首郡襄阳郡的太守②。

襄阳太守可不比之前南东莞太守那样的空头支票,乃是实实在在的治民长官,像襄阳这样的历史名郡尤其具有特殊重要的地位。而且,他的上司刘韫,据史书记载是一个才能凡庸的人物,在这样的上司底下担任副手,应该是很有发挥才干的机会的。可以说,萧赜这时候已经跃升为了长江中游军事民政中一个居于中坚地位的人物。这一时期他的工作可以想见包含三个主要方面:管理治下襄阳郡乃至雍州的人民;讨伐镇抚当地非华夏族群的诸蛮;监控防御可能袭来的北魏军队。

这个时期的生活,于他应该是相当优游自得的。襄阳颇有古今胜迹,又是商旅繁盛之区。他在襄阳娶了几位妾侍,生了几个儿子,终于摆脱了军旅生涯中忙得连家庭生活都无暇顾及的状态。即使在后半生,他仍然对这一时期的生活追忆不已,还因此创制了南朝乐府中的一曲《估客乐》:

> 昔经樊邓后,假楫梅根渚。感昔追往事,意满情不叙。③

---

① 钱大昕考证认为不包括随郡,应为四郡。见《廿二史考异·宋书一》州郡志三"雍州"条。

② 与之相对地,他的同僚、抚军司马蔡那则兼任宁蛮校尉,这是雍州方面专门负责管理诸蛮的职位。配合来看,可知刘韫府中的官职确以对蛮事务为重要职责。

③ 这是《通典·乐典五》所录的文本。《乐府诗集》卷四八亦录此歌,文作:"昔经樊邓役,徂潮梅根渚。感忆追往事,意满辞不叙。"又,梅根渚当即今天安徽池州市东之梅龙镇,与襄阳地区(樊邓)相去殊远,二句或当读作分叙二事。

　　回想起在长江中游交错纵横的水道中泛舟泊渚的风物情怀，萧赜只觉言不尽意，已经不知如何用言辞表达自己满溢的感触了。这位长期在贫困生活中得不到满足的青年武将萧赜，终于在这个阶段首次体验到了物质上的富足逍遥生活。和远大到似乎遥不可及的"皇帝"宝座相比，"脱贫"对于这个一直在努力拼搏的底层青年来说，毋宁说才是更实实在在把握得住的"成功"。在这个未来皇帝的人生历程中，这无疑也具备着阶段性的意义，尽管没有任何具体的历史事件曾因此受到影响。

· · ·

父子同创大业

　　《南史》的作者李延寿在记叙萧赜时，写下过这么一句话："武帝在东宫，自以年长，与高帝同创大业。"①确实，四十岁才当上太子的萧赜，在当时的一般社会认知里，已是足够建功立业、当家作主的年纪了。就在他转战长江中游，作为地方长官奋斗的时候，他的父亲萧道成也正走在令人瞩目的飞黄腾达之路上。就在萧赜三十岁到四十岁的这十年间，萧道成已经从军队里的一个中层将领，攀登到了离皇位只有一步之遥的高处。不言而喻，父亲的炙手可热正是儿子事业遥远而不可忽视的背景，我们必须要将两父子的活跃一同配合起来观照，才能更好地看清萧赜走过的这一段人生。

　　前面说过，萧赜开始在江西任职时，萧道成大约正在担任着建康令，一个品位不高，却相当重要而有前途的位置。突如其来的政局动乱打断了他按部就班晋升的通道，却也给了他施展拳脚、快速攀升的契机。

　　在泰始初年的政治形势中，特别造化弄人的一点在于，原本处在风雨飘摇、朝不保夕险境下的人，可能最终化险为夷，喜出望外，走上人生的坦途；而原本以为终于脱离危险，从此天地宽广的人，却在不知不觉中进入了不可逃脱的绝境。前面提到的刘韫，战争中糊里糊涂站对了队，后来着实风光了一阵；反过来，刘子勋阵营中的顶梁柱之一，大贵族袁颛，原本在建康城每天对着喜怒无常的前废帝，战战兢兢不知噩运什么时候会降临到自己头上，然而就在他千辛万苦才终于找到机会离开都城，自以为从此

---

① 《南史》卷四七《荀伯玉传》。

安全了的时候,预想不到的末路却来临了:一年之后他便在刘子勋败军中被杀①。在那个风云变幻的年头,人们的命运并不掌握在自己手里。而萧道成也正是这些人中的一个。机会的降临是意料之外的,也是不可逃避的,恰巧任职于中央朝廷所在县的他,哪怕想要投靠刘子勋阵营也是毫无门路②,唯一的道路就是接受龙椅还没坐稳的明帝之命,领兵出征,去面对比自己强大十倍的敌人。

但是,命中注定的关口虽然不可选择,不可逃避,拥有真正力量的人却能将命运的缰绳紧紧握在自己手中。原本就已经南征北战,见惯风浪的萧道成,毕竟成功地将危机转化成了千载难逢的良机。

在子勋之役的初期(泰始二年初),战事一度以紧邻首都东南的会稽、吴郡最为吃紧,以至于要从西面主战场的前线调军回援。萧道成在这一形势严峻的战区表现活跃,据称在关键性的晋陵之战中"一日破贼十二垒"③。泰始二年二月,东郡刚刚平定,北面烽烟又起,薛安都之子薛索儿从徐州渡过淮水南侵,萧道成遂又奉命北讨救急。这时他的职位是征北大将军刘休范麾下的司马,同时任南东海太守、行南徐州事。

几个月后,萧赜前来任职征北中兵参军,父子可能曾一度成为共同负责征北军事的同袍。——之所以说可能,是因为紧接着,泰始三年正月就发生了薛安都招引北魏南下、宋军大败溃退的紧急军情,萧道成临危受命,被朝廷委为假冠军将军、持节、都督北讨前锋诸军事,扼防淮河南岸的重镇淮阴,从此也就脱离幕府僚属生涯,自立门户了。

经历过对刘子勋、薛安都乃至北魏的一系列战事,尤其是在镇守淮阴期间,萧道成在帝国北方的江淮间下游地域培养起了一批与当地土豪崔、刘、恒、李等强宗大族相结合的军事势力,迅速地从区区的县令,成长为镇抚一方的军区司令。凭借着捍卫边境的功勋,萧氏开始拥有了与朝廷叫板的筹码。

萧赜就在这时别封为赣县子。史书上记载的理由是"以功",这大约不完全是谎话,萧赜在襄阳太守任上多少也会有些政绩;但如果完全把这

---

① 吕思勉《两晋南北朝史》认为袁颛离开都城是基于前废帝的安排,然其言率无实据,几同臆测,不可信从。
② 萧家就在建康,在当时的都城—外地军政斗争模式中这就等于是人质了,萧道成即使领兵在外也难以倒戈。
③《南齐书·高帝纪上》。

次封爵当成他自己的奋斗果实，却也不然。这个爵位背后所体现的，恐怕更多地仍是父亲萧道成的政治博弈。

在天下承平的时期，干戈无用武之地，武人们只好卖剑买牛，归马华山；而每至国家危难之秋，边防将领乃至军阀的重要性便会陡然高企，这也是屡试不爽的历史定律了。善于利用这种形势的人物，地位变化可以是非常迅速的。从泰始三年镇守淮阴开始到泰始七年，不过短短的三四年间，萧道成已经隐约有了权臣气味，足以令皇帝感受到威胁。据说当时民间也有流言，谣传"萧道成当为天子"。明帝是从前废帝时代经历过非人的折磨，含羞忍辱才活过来的人；又经历过叔侄相残，从旁支以非常之举登位，已养成了非常扭曲猜忌的人格，对刘氏子孙尚且大开杀戒，自然不会放任外姓权臣威胁帝位。萧道成这时采用的策略，是师当年司马懿之故智，尽力表现出对皇位毫无兴趣，扮演成只是为国家守土御敌的忠臣，以麻痹皇帝的警惕心理。明帝曾经两度试探他，一次是派冠军将军吴喜"持银壶酒封赐"——古人认为银是试毒之物，特地用银酒壶赐酒，自然是故示无毒害之意，但更深层次的潜台词，却反而是此地无银三百两，要看看萧道成敢不敢喝这摆明了是"安全"的酒，结果萧道成毫不犹豫，当面一饮而尽，测试结果令人满意①。另一次就是泰始七年，朝廷将萧道成召回京师——这在古代政治构造中也是司空见惯的事情，镇守方面的大将被召回京，就意味着脱离军队，丧失兵权，任人宰割，岳飞就是这一传统政治智慧下最著名的牺牲品。但若不奉命回京，便显然是拥兵自重，有不臣之心，也就给了皇帝削弱兵权甚至讨伐诛杀的借口。人臣在这个位置上，诚然是左右为难的。然而萧道成早已洞悉一切，知道刘家的皇帝在经历过屡次宗室反乱之后，已经养成了心理阴影，他们真正担心的是和自己有血缘关系，也就是法理上可能继承皇位的其他刘家人，而不是自己这种外姓臣子。面对这道测试题，他胸有成竹，稳稳把握住了答题要点：必须要回京，而且不能首鼠两端、拖拖拉拉，必须一接到命令就立刻动身，让皇帝看到自己最完美的忠臣形象。而背地里，他也早已洞若观火，对即将来临的时代巨变做好了准备：这种残杀同族，置天下子民于风浪颠簸中的政权

①《南齐书·高帝纪上》："明帝常嫌太祖非人臣相，而民间流言，云'萧道成当为天子'，明帝愈以为疑。遣冠军将军吴喜以三千人北使，令喜留军破釜，自持银壶酒封赐太祖。太祖戎衣出门迎，即酌饮之。喜还，帝意乃悦。"

是长久不了的,自己的机会马上就要来了。

对于应命回京的萧道成,明帝果然放下了心——至少是在表面上。他被拜为散骑常侍、太子左卫率。这两个官职都是典型的高等清官,散骑常侍是集书省长官,虽然没有关乎政事的实际职掌,但却是地位的象征,尤其对萧道成这种常年在外作战的大将而言,封为散骑常侍意味着由武转文,由外入内,进入了皇帝亲近的高级政治空间,也有了更多迅速把握中央机密信息、参议内政的机会。如果武将本人没什么更大的野心的话,对这种"兜鍪换貂蝉"的升迁是非常得意的,因为这意味着他的家族从此脱胎换骨,迈上了一个新台阶,可以和那些看不起人的王谢家族分庭抗礼了。而太子左卫率则是东宫太子僚属中的中坚职位,只要在这个位置上干得好,得到太子的信任,将来等太子成了皇帝,前途自然无可限量。所以萧道成获得这两个职位,当然是对他的充分奖赏,同时想必也含有勉励他好好辅佐太子,帮助王朝下一任接班过渡的意味在内。

萧赜受封为赣县子,就是在这个时候。这显然是与萧道成配套的封授,都是朝廷为显示恩宠之举。而在这种处境中的萧道成,对背后的门道自然也是心知肚明。他本人已被封为西阳县侯,现在长子再封子爵,便是"一门二封"①,倘若真的坦然接受,不但树大招风,招人嫉恨;更显得自居有功,自大满盈,只会再次引起皇帝的猜忌。于是萧道成固辞不受,而皇帝在做足了姿态之后,也就顺坡下驴答应了。这一场表演的结果,萧赜虽然并未获得封爵,但却表现出他事实上已到了子以父贵,足以跻身高等贵族的地位了。

第二节　潜龙跃起:
蜕变前夕的惊风急浪

休范之乱:黑色幽默的独幕剧

辞掉了子爵的萧赜,转任宁朔将军、广兴相。广兴国在今广东韶关,

---

① 《南齐书·高帝纪上》。这也反证出萧赜原有的"西阳县子"确有文字上的错讹,并非实在的子爵,否则萧道成就不会到这时候才担心一门二封的嫌疑了。

《宋书·州郡志》所载的数据是领县七，户一万一千七百五十六，口七万六千三百二十八，地区既较襄阳为偏远，户数人口也要差不少（《宋志》襄阳户一万六千余）。粤北一带是交通不便的山区，经济落后，更不能和长江中游的枢纽重镇襄阳比。单纯从领郡来说，是地位显著下降了。但同时任宁朔将军，则是郡守加将军，成为领兵太守，甚至有可能开将军府，这种职位要比单纯治民官（太守）更高一等，权力也更大，同时兼管民政和军事（所以才要调到一个比较差的郡去从头做起）。因此这同样意味着他在政途中又踏上了一个新的台阶。

不过他在这个位置上也没有待太久，仅仅两年后，便又发生了一件大事，最终促使他再度回到了长江中游——因此广东地区的这一次短暂任职，只能算是一次提升资历的小插曲而已，期间也没有发生什么值得留在历史上的事迹。

宋明帝是战胜了侄子，在飘风骤雨中登位的；而他在位六年半①便告去世，戏剧性的是，他继位的儿子后废帝刘昱同样面临了来自叔父的挑战，新一轮的腥风血雨眼看又要掀起。而这回充当皇位挑战者的，正是萧赜的老上司，桂阳王刘休范。

然而刘休范的皇位挑战赛结果却是雷声大雨点小——他也许可以位列人类历史上最憋屈的野心家之一。他于元徽二年（474）五月壬午（十二日）从江州起兵，十日后（壬辰，二十二日）便率领大军，踌躇满志兵临建康城下。然而这却是乐极生悲的一天，他竟然因为轻敌大意，轻装简从离开阵营，结果被伪装前来投降的敌军将领轻骑挑下马来。主角刚刚登台唱出第一句，就被命运无情地降下了帷幕。

尽管如此，他属下的兵马并未第一时间得知噩耗，在接下来的四天里仍然在建康城内造成了相当大的巷战破坏，甚至进逼皇宫，形势一度危殆，刘勔、王道隆等朝中重臣都死于此役。不能不说休范的军锋确实相当锐利，如果主将不死，历史很可能会出现不同的结果，萧家的命运自然也将被改写。

不过，群龙无首的军队继续战斗下去终究是没有意义的。到六月癸卯（四日），这场皇位争夺战便带着些黑色喜剧的色彩收了尾。从休范起

---

① 宋明帝是泰始元年十二月即位的，泰始八年改元泰豫元年，四月驾崩，满打满算在位六年五个月。

兵到战局彻底平定,前后持续了一个月都不到。也正因为战事结束得如此突然,萧赜虽然派遣了援军奔袭其大本营寻阳(正是萧赜当年奋斗过的旧地),意图围魏救赵,但却连战场都还未抵达,战争就已结束了,因此也就并没有发挥实际的战斗作用。

郢州长史的战略性地位

这场开场惊心动魄,却又短促得有些可笑的动乱结束后,萧赜本拟改任晋熙王安西咨议,但却"不拜,复还郡"①。中古时代的授官包括两个基本程序,一是除授,即发出任职命令;二是拜受,即奉命履职,各有相应的礼仪,需要进行完整套程序才算任命完毕。不拜的场合,有时是因为本人拒绝,有时则是因为朝廷临时又改变心意,另行任用。萧赜的情形应当就属于后一种。在无功而返,回到原来的广兴相任上后,他继续滞留了一小段时间(大约是五个月),便调回中央任司徒右长史、黄门郎。元徽二年九月朝廷新任命袁粲为司徒,因此这次调动很可能是在这个时候。

而这次升迁的背后,恐怕仍然有着父亲的力量在。

在休范之乱这一次险死还生的政治危机中,远在南方的萧赜来不及再显身手,身居中央的父亲萧道成却又一次抓住了机会。他以右卫将军驻守新亭阻击叛军,指挥得力,其部将张敬儿力斩刘休范,陈显达在建康巷战中斩将破敌,立下大功,拯救都城君民于危难之中。萧道成于是迁散骑常侍、中领军、都督南兖徐兖青冀五州军事、镇军将军、南兖州刺史,晋爵为公,增邑二千户。尤其当时另一位朝廷倚重的大将刘勔已经死于阵中,余下的都只是些文人贵族;相形之下,萧道成手握重兵、一柱擎天的形象更为强烈,据说乱平之后,百姓满街随观,都感叹"全国家者此公也"②。在这个时期,主持朝政的四名重臣号称"四贵",萧道成和司徒袁粲正居其二。无论是他明暗授意还是袁粲卖个人情,萧赜这个司徒右长史的位置都可谓顺水推舟。司徒为三公之一,为朝廷中最尊崇的职位,长史则是其府中掌握实权的职位。单纯以萧赜刚刚达到领兵郡守一级的资历,在最

---

① 《南齐书·武帝纪》。
② 《南齐书·高帝纪上》。

近的战事中又未立下实在功绩，似乎还不太够格升到这个位置。

　　元徽四年，很可能是在九月①，萧赜转任晋熙王镇西长史、江夏内史、行郢州事。这一次调动，包含两方面的因素。从离开司徒右长史这一要职的方面看，有可能是基于萧道成阵营中另外一个重要人物的需要。那就是南齐时代琅邪王氏的领袖王俭。在日后，他与萧赜一君一相，将共同缔造出光芒璀璨的永明时代。而在这个时期（元徽二年前后），他还只是二十四五岁的青年，便已慧眼如炬，察觉萧道成的"雄异"，于是率先投诚到萧道成的中领军府中。对于萧道成这种从低等士族发迹的武将来说，得到琅邪王氏核心力量的支持，几乎就等于从那个贵族社会中得到了登位的认证书。而王氏与寒门权臣上一次的成功合作先例，正是由王俭祖父王昙首、伯祖王弘与刘宋开国皇帝刘裕共同实现的。元徽四年，王俭为母亲服丧期满，重新回到朝中，正需要一个恰当的职位②。萧赜虽然让出这个位置，但王俭随即接任，司徒府的这一关键职位仍把握在萧道成势力手中。从这一前后任的人选，我们也可察知这次调动必定是基于萧道成阵营的安排，体现了萧氏势力的利益。

　　另一方面，萧赜将要赴任的职位，同样意义重大。如前所言，两年前他已一度拟任晋熙王安西咨议，如今再度从中央外任，职位则是晋熙王镇西长史。晋熙王刘燮是宋明帝的第六个皇子，在刘休范之乱的前一年，元徽元年（473），为了从上游控防刘休范，他被任命为监郢州、豫州之西阳、司州之义阳二郡诸军事、征虏将军、郢州刺史，负责郢州（湖北东半部）的军政大权。但实际上他这时不过是个四岁孩童，实际的政务则由长史王奂代理。元徽二年刘休范起兵，刘燮加安西将军，从上游进攻刘休范的大本营江州。元徽四年，又加镇西将军。所以萧赜这回就任的军府虽然名为镇西将军府而不是安西将军府，但所事奉的将军其实就是同一个人。

　　至于咨议和长史，则是军府中地位数一数二的高级职位。咨议的全称是咨议参军。当时的领兵将军府中置有参军一职，分别负责各个部门

① 是年九月，刘燮自安西将军进号镇西将军。
② 《南齐书》卷二三《王俭传》："母忧，服阕为司徒右长史。"又《宋书》卷十八《礼志五》："宋后废帝元徽四年，司徒右长史王俭议公府长史应服朝服。"是知元徽四年王俭已任此职。而萧赜元徽四年九月以后方离任，距此年结束仅有短短两三个月，期间断无余裕另有他人任职。

(当时称为"曹")的具体事务。此外也有不具体负责职务,只是参谋性质的参军。而除此之外有时又特设咨议参军,地位最高,仅次于将军副手长史和主管军事的司马,可谓三人之下,万人之上。萧赜一开始瞄准的是刘燮府中的三把手安西咨议,失手后过了两年多,杀个回马枪,终于当上镇西长史,反而成了军府中的一把手。可见萧氏阵营对掌控刘燮军府的意图是一以贯之、志在必得的。从这儿我们也就可以反过来窥见一丝消息:两年前那次除而不拜的内情虽然不得而详,但恐怕是遭到了朝中反对势力的阻碍,不愿萧道成的势力过于迅速地膨胀。而两年后目标升级达成,当然是他本人,更是父亲萧道成地位资历提升的表现。

如前所言,他在那之前已经在两湖地区担任过一段时间的地方高官,理应在当地积累下了一定的人脉资源。而身为刺史的刘燮直到这时也不过八岁而已,萧赜作为长史依旧是"行府州事"。换言之,他已经当上了郢州的真正长官,成为这片地区的实际主宰者。

然则萧道成阵营何以如此重视郢州,一再策划要取得其中的实权职位?关于这一点,我们必须要了解郢州的重要战略地位,才可窥见史书未曾明言的关窍①。

如前文所言,荆州自东晋以来就是雄踞上游的大州,是与首都建康东西并峙的两大中心,上游方镇把持荆州刺史之位者,屡屡对都城造成威胁。因此刘宋代晋之后,宋武帝便从荆州割出十郡,另立湘州(当今湖南地区),也就是开始将今天的湖北、湖南划成了两个行政区域。但由于荆州强大的势力传统,二州屡分屡合,始终藕断丝连,而湘州位处南朝内地,缺乏军事上的沿江战略地位,无法对荆州真正起到掣肘作用。于是到宋孝武帝朝,便又从荆州东部割出江夏、竟陵、随、武陵、天门五郡,从湘州、江州、豫州分别割出巴陵、武昌、西阳三郡,成立了郢州。其中除了南部的武陵郡为遍布"蛮夷"的大片山区(今江西、湖北、湖南三省交界),无法自由通行外,其余七郡都是扼控两湖平原交通要道的重要地区。郢州与其北方的雍州(位于湖北、河南两省交界,如前文提及,也是从荆州割四郡分立的),如同一面张开的巨盾,从北、东、南三面弧形包裹着荆州。尤其郢

---

① 关于刘宋设立郢州的战略意义,饶胜文先生《试论刘宋时期郢州的设立》(《大同高等专科学校学报》1999 年 1 期)一文论说最为精详,请读者参看。这里只能结合本书主题,撮要介绍而已。

州七郡，正挡在荆州兵马沿长江而下的道路上；郢州州治位于夏口（今武汉市武昌区），扼控着汉水与长江合流的咽喉之地①。只要郢州不失，首都便可高枕无忧。

另一方面，东晋以来居于荆州和首都之间，时常起到平衡作用的另一大州江州（大致当今江西、福建二省），虽然土地辽阔，但多半是未充分开发的山区，其活跃区域集中在以九江为出口的鄱阳湖平原，而当武昌被分入郢州后，这一出口便恰恰处在郢州俯视监控之下，因此江州若有异动，郢州也能起到自上而下，与首都首尾夹攻的作用。

荆州刺史沈攸之

一开始，刘宋于元徽元年任命刘燮为郢州刺史，就是为了从上游监控江州刺史刘休范。但休范在元徽二年败亡后，这一目标已经失去了意义。然而在郢州的更上游，却又出现了一股更强大的新势力。郢州因而继续发挥着重要的军事控防意义。这股势力的中心，就是当时的荆州刺史沈攸之。

沈攸之出身武康沈氏。原本沈氏家族就属于江南土著的豪族将门，自东晋以来饱受贬抑，而攸之更是其中的孤贫之家。他跟随着从叔沈庆之南征北讨，作战英勇，尤其在子勋之乱中表现出过人的才略胸襟，功勋卓著，在宋明帝朝深受重用。到泰豫元年（472），他已升至"都督荆、湘、雍、益、梁、宁、南北秦八州诸军事、镇西将军、荆州刺史，持节、常侍"的高位，成为雄霸长江上中游的方镇势力。沈攸之和萧道成两人都从低等门户起家，以战功而达高位，原本关系是很不错的，两人还结成儿女亲

---

① 郢州在南朝时期的战略地位，在日后的齐梁革命之战中也体现得十分清晰。萧衍从雍州刺史任上起兵，沿汉水东下到夏口，正是遭到当时的郢州刺史张冲力拒，从永元三年二月直到六月都未能越过郢州前进，以至于当时议者产生悲观情绪，以为"今顿兵两岸，不并军围郢，定西阳、武昌，取江州，此机已失；莫若请救于魏，与北连和，犹为上策"，而萧衍则答复说："若郢州既拔，席卷沿流，西阳、武昌，自然风靡，何遽分兵散众，自贻其忧！"（《梁书》卷一《武帝纪上》）可见当时郢州已经成为长江航路上对上游最有力的，甚至是唯一的一道封锁线。郢城在这两次王朝鼎代之际，所起到的遏制上游功能当真如出一辙。

家——萧道成女儿嫁给沈攸之三子沈文和。不过，萧氏很早就去世了，两家因而后来也失去了这一现实纽带。随着巨兽的分别成长，地盘不可避免地逐渐接壤侵吞，曾经的亲密友好也就一去不复返，被猜忌提防取代了。

这儿我们需得补充解说一下这所谓"都督八州诸军事"是个怎样的地位。在刘宋后期，荆州屡经削弱，被分割出去近二十郡，范围已经极度收缩，只不过相当于现在的湖北省西部而已。但其势力辐射所及却远远超越这个范围。自刘宋以至梁代，担任荆州刺史的权臣往往同时"都督八州（或七州）诸军事"。换言之，荆州地方虽然极度收缩，得荆州者却依然居于上游中枢的地位，掌控着长江上游的军政大权。沈攸之担任荆州刺史，坐镇南朝政权的西部中枢。而湘州、雍州一南一北，夹持荆州。在这三州西侧，则自北而南分别是汉中地区的梁州、秦州，四川地区的益州，云贵地区的宁州。除了南方边缘的交州（越南）和广州（广东）外，这八州已是整个刘宋帝国的西侧半壁江山。换言之，这个时期的刘宋政局已被瓜分为东西两半。萧道成凭借着击溃刘休范之乱的功绩，稳稳控制住首都建康，成为国家核心所在东侧地区的主宰者；而沈攸之则与之相对，挟上游八州之威俯视下游。两个对立的巨人之间已经闪动着激烈的电火，紧张的气氛一触即发。

而屏隔在两股巨大势力之间的，正是萧赜担任长史的郢州。郢州东侧虽然还有江州，但这时的江州刺史是邵陵王刘友，不过也是个八岁的小孩子罢了。宋明帝在位期间患上了严重的妄想症，生怕文帝、孝武帝支系的后裔夺回帝位，丧心病狂地残杀宗室。在他死后，刘休范、刘景素等硕果仅存的成年宗室也相继因造反被诛，此时的刘宋已经"皇室寡弱"，只能仰仗外姓大臣了。刘友其人，史书中语焉不详，任江州刺史时的僚属也多无可考，以江州地位之重要，这也是不太正常的，反映出此时萧道成已经宰制全局，刘宋皇室几无可用之才了。

在这种情形下，沈攸之一旦与建康政权爆发矛盾，举兵沿江直下，唯一能够形成阻力的便是萧赜治下的郢州。如果郢州被突破，则西兵旬日之内便将直逼建康，刘宋后期已经三番四次经历的危急形势立刻便会重演。而沈攸之这种能征惯战的勇将，军事能力可不是刘子勋、刘休范这些宗室亲贵可比的。萧道成集团无论如何也要得到郢州，原因正在于此。而萧赜在这个时期身负的重任也就不言而喻了。

风云变色：萧道成弑帝

但是，在关注萧沈对峙的局势之外，我们还需要回过头来，先看一看建康城里发生的事情。因为此刻在国家大脑里的激烈变动，不但牵扯着萧道成和远在郢州的萧赜，也是萧道成、沈攸之之间张力破碎的最终动因。

在密切防备沈攸之同时，身处建康的萧道成日子也并不好过。他虽然屡立功勋，稳稳把持住了朝中大权；但在他的顶头上，始终有一个不可逾越的神圣存在：皇帝。只要他一天还是臣子，理论上皇帝就对他享有宰制之权。而这个皇帝，对萧道成却恨之入骨。

宋后废帝刘昱，是宋明帝的长子，十岁时便登基为帝。史书对他的描述，和前废帝颇为相似，都说是残酷暴虐，天性好杀，评价极恶。但前废帝的虐杀宗室大臣，班班可数，除了认定为变态杀人狂之外别无可说。而后废帝的罪证却远没有那么明确，史书所载诏令行事还颇有条理；其痛加诛杀的人物，如杜幼文为官贪暴、沈勃诌事恩倖阮佃夫等，都不是什么好人。如果换一个角度，倒应该称颂为有道明君剪除奸臣才是。

从史书的记载看，这个小皇帝有几个特点：一是特别聪明，各种技艺过目则能；二是爱好独自游行，不喜受约束；三是爱亲手用酷刑折磨人。除了最后一条，是在宫廷环境中耳濡目染，确有变态倾向外，其余不但不能说是缺点，反而见出他的早慧和有主见。《宋书》中的各种负面叙述，恐不免是因为成书于南齐之世，为萧道成讳而加油添醋的结果，实在是很可疑的。——顺带说一个八卦，宋明帝因为登基之前屡遭折磨，已经身心俱残，得了阳痿，根本无法生育。据说后废帝实际上是明帝亲信李道儿之子。这倒是可以从基因上解释，刘宋后期已经昏庸残暴到变态程度的皇室血脉，是怎么会产出这么一个早慧儿的。

事实上，最最令人惊讶地感受到这个小皇帝之天纵英明的，就是他以十四五岁的年纪，便已精准地把握住，谁才是真正对自己最有威胁的敌人。自从刘休范起兵被平，萧道成一手遮天之后，后废帝便对他屡起杀心。当时流传着种种故事。据说皇帝曾带人闯进萧道成的领军将军府，将萧道成的肚子画成靶子，意图用箭射杀，只是因左右劝阻才改用道具箭头,一发中的而未死。又据说他曾亲手磨矛,发狠宣称明日要杀萧道成,被其母陈太妃喝止。这些记事的具体细节未必可信,例如同样在《南史·齐本纪上》记载的故事中,又有的说后废帝刻木为萧道成形象,画其肚子为靶子而射,这与直接画萧道成肚子为靶的叙述显然是同一个故事的变体。同书还记载后废帝曾亲自焚烧领军府,想等萧道成逃出来时发难杀他①。另外一个故事则记载说后废帝路过领军府,从人建议他趁着深夜人人熟睡,从墙上爬进去谋害萧道成②。这些故事显然漏洞百出,如果后废帝能直接闯入领军府威胁萧道成的生命安全,何必要通过烧府才能逼他出来?又何必偷偷摸摸爬墙作案?在《南史》中常有揑合前代不同传闻合并记载的情况,这些故事显然也有不同的来源,从叙事类型的角度说,后废帝的这些举动,可以分为两种类型:一,直接有能力击杀萧道成③;二,欲杀而无能,只是策划设计或仅仅表达意愿。而这些故事几乎全部都属于类型二,只有第一个故事属于类型一,并且这个故事还与类型二中的某个故事互为变体。

就此观之,当时的实情,显然更有可能接近于类型二的情形,类型一则出于萧道成一方的塑造或传闻夸大。后废帝已经清楚意识到萧道成是他最大的敌人,但却并无能力直接加以危害。他的形象及行动,实在和曹

---

① 《南史·齐本纪上》:"休范平后,苍梧王渐行凶暴,屡欲害帝,尝率数十人直入镇军府。时暑热,帝昼卧裸袒,苍梧立帝于室内,画腹为射的,自引满,将射之。帝神色不变,敛板曰:'老臣无罪。'苍梧左右王天恩谏曰:'领军腹大,是佳射堋,而一箭便死,后无复射,不如以骲箭射之。'乃取骲箭,一发即中帝脐。苍梧投弓于地,大笑曰:'此手何如?'""帝威名既重,苍梧深相猜忌,刻木为帝形,画腹为射堋,自射之,又命左右,射中者加赏,皆莫能中。时帝在领军府,苍梧自来烧之,冀帝出,因作难,帝坚卧不动。苍梧益怀忿志,所见之物,呼之为帝。加以于自磨锯,曰:'明日当以刃萧道成。'陈太妃骂之曰:'萧道成有大功于国,今害之,谁为汝尽力?'故止。"按,骲箭,《资治通鉴》卷一三四《宋顺帝纪》作"骲箭",谓装有骨制箭头之鸣镝。然胡三省注对此有所质疑:"余谓骨镞亦能害人,况以之射人腹乎!盖当时所谓骲箭者,必非骨镞。"其说有理。今按"骲箭"可能是以柔软皮革、布物之类包裹箭头的钝头箭,故能中人而不伤。
② 《资治通鉴》卷一三四《宋纪十六》"昇明元年"条:"秋,七月,丁亥夜,帝微行至领军府门。左右曰:'一府皆眠,何不缘墙入?'帝曰:'我今夕欲于一处作适,宜待明夕。'员外郎桓康等于道成门间听闻之。"
③ 在第一个故事中,左右劝阻后废帝的理由是如果一箭把萧道成射死,以后就没得玩了。这一情节将后废帝此举完全塑造为小孩子不知轻重的贪玩恶作剧之举,也显然与各种故事所载他三番四次谋杀萧道成的一贯表现不合。

魏末年高贵乡公曹髦大喊"司马昭之心路人皆知"，亲自冲进司马氏大本营锄奸却反被惨杀的故事，是极其相似的。而后世这种人小志气高型皇帝的一个成功版本，就是清代擒下鳌拜的康熙帝，遗憾的是后废帝并没有那样的能力和运气。

　　无论如何，萧道成已经深刻地感受到了皇帝的杀意。他为此策划了各种方案。首先是联合另两位辅政大臣袁粲、褚渊实行废立，但无人附和，袁粲还反驳他说："主上不过是个小孩子，犯了些小错误而已，改过不难。"——这也明白表示出后废帝在位时并未作什么大恶，而且杀意是只针对萧道成而不及其他重臣的①。萧道成不得已退而求其次，一度策划从京城逃出，渡江至广陵（今扬州）起兵造反。江北是萧道成长期经营的大本营，他的计划是自己从都城潜逃，命留在北方的亲信将领垣荣祖、刘善明等向北魏挑衅，一旦北魏出兵，自己就有了起兵的借口。而倘若起兵不遂，甚至还留有叛逃北魏的后手②。

　　这时候在郢州的萧赜也接到了父亲的消息，约定日期，命他从郢州领兵沿江东下，至京口（今镇江）会合。萧赜遂与亲信柳世隆、萧景先等戒严准备③。但就在等候起事日期来临的过程中，萧道成的这一计划最终被左右劝止。最关键的是，次子萧嶷和亲信萧顺之（梁武帝萧衍之父）都指出了一个要害：刘宋以来从都城外围起兵造反的，都名不正言不顺，从来就没有成功过；而皇帝不过是一个爱好轻车简从出游的小孩子罢了，在都城动手反倒成功机会要大得多，一旦剪除首脑，其他都城贵族也就只能接受

---

①《资治通鉴》卷一三四《宋纪十六》"昇明元年"条："道成忧惧，密与袁粲、褚渊谋废立。粲曰：'主上幼年，微过易改。伊、霍之事，非季世所行；纵使功成，亦终无全地。'渊默然。"

②《南齐书》卷二八《刘善明传》："苍梧肆暴，太祖忧恐，常令僧副微行伺察声论。使僧副密告善明及东海太守垣崇祖曰：'多人见劝北固广陵，恐一旦动足，非为长算。今秋风行起，卿若能与垣东海微共动房，则我诸计可立。'善明曰：'宋氏将亡，愚智所辨。故胡房若动，反为公患。公神武世出，唯当静以待之，因机奋发，功业自定。不可远去根本，自贻猖蹶。'"又同卷《垣荣祖传》："元徽末，太祖欲渡广陵，荣祖谏曰：'领府去台百步，公走，人岂不知？若单车轻骑，广陵人一旦闭门不相受，公欲何之？公今动足下床，便恐即有扣台门者，公事去矣。'"

③《南齐书》卷二四《柳世隆传》："太祖之谋渡广陵也，令世祖率众下，同会京邑，世隆与长流萧景先等戒严待期，事不行。"

既成事实了,这些人对手握实权的萧道成是起不到什么真正威胁的①。

于是萧道成最终下定决心,借皇帝身边亲信小人之手,趁其熟睡之际谋杀了年幼的天子。这一天是元徽五年七月七日(戊子)。

仅仅过了四天(七月十一日壬辰),新皇帝,也是刘宋最后一位君主,宋顺帝刘准便在萧道成策划下火急登基。七月十五日(丙申),临时皇帝下诏给一众臣子加官晋爵:萧道成为司空、录尚书事、骠骑大将军,这是实实在在的宰执之位;沈攸之进号车骑大将军、开府仪同三司,则无疑是萧道成授意下的安抚之举。此外,萧赜所辅佐的郢州刺史刘燮为抚军将军、扬州刺史,从方镇回到中央,担任最为重要的国家腹地扬州的州长——尽管他只是一个年仅九岁的孩童。萧赜升任左卫将军,护送他一同启程。这一调动的意图不言而喻。父亲匡扶着傀儡皇帝登基,长子则监护着傀儡京畿长官回都,都城已经弥漫着将要改朝换代的空气。当然,从接到命令到动身启程,中间必定还得有一段准备时间。他们出发的时候,大约已到了十二月了。

从七月到十二月的这将近半年里,是暴风雨之前的平静期。沈攸之自然早就接到了京城变故的消息,也暂且接受了萧道成借傀儡皇帝之手给自己的加官晋爵。但他并没有立刻动作,而是在等待一个最好的时机。

这个时机,从后来的历史进程看,很可能就是萧赜的离开。

沈攸之的困境

宋顺帝昇明元年(477)十二月,荆州刺史沈攸之宣布起兵讨伐奸臣萧道成。

关于沈攸之起兵的因由,史书中称他自从成为上游方镇后,便有图谋不轨之心。不过现代学者对此多不信从。从各种迹象看,沈攸之主要针

---

① 《南齐书》卷二二《豫章文献王嶷传》:"太祖带南兖州,镇军府长史萧顺之在镇,忧危既切,期渡江北起兵。嶷谏曰:'主上狂凶,人下不自保,单行道路,易以立功。外州起兵,鲜有克胜。物情疑惑,必先人受祸。今于此立计,万不可失。'"又《资治通鉴》卷一三四《宋纪十六》"昇明元年"条:"道成族弟镇军长史顺之及次子骠骑从事中郎嶷,皆以为:'帝好单行道路,于此立计,易以成功;外州起兵,鲜有克捷,徒先人受祸耳。'道成乃止。"

对的还是已显现出篡位野心的萧道成，倒算得上是宋室的一位忠臣。沈攸之选择在萧道成弑帝之后起兵，其内心世界固不可知，但至少从表现来看，应该说颇有匡扶宋室的味道。在他起兵后，与萧道成同为"四贵"之一，也是萧赜原上司的袁粲这时也联络宗室刘韫（同样是萧赜的老上司）、刘秉及贵族王蕴等人在京城发动兵变，进攻萧道成。尽管这批人物最终失败被杀，但他们与沈攸之的行动正是相互呼应的。耐人寻味的是，后来萧赜在登位的第一年，便下诏修缮诸人坟墓："袁粲、刘秉，并与先朝同奖宋室；沈攸之于景和之世，特有乃心，虽末节不终，而始诚可录。岁月弥往，宜沾优隆。"①这或许可以看作萧齐政权对沈攸之的盖棺论定。在萧赜的内心中，对当年那场残酷的王朝革命实在怀着很微妙的感情，尽管立场不同，但他对袁粲、沈攸之等人忠于宋室是不无敬意的。萧家和沈家曾经的姻亲关系大约也让萧赜不无念旧之情。

　　沈攸之在当时人眼中的形象，是一位轻速剽勇，擅长快速掩袭作战的武将。在预想中，他会在尽可能短的时间内一举下都，兵临城下与萧道成对决，其局势正如当时人所言，"虑其剽勇，长于一战"，"拥众百万，胜负之势未可知"②。然而，历史的骰子却在旋转中戛然而止，卡在了"郢州"这个关节点上。为了攻击郢城，沈攸之竟被拖在城下逾一个月之久（从昇明元年闰十二月十四日到昇明二年正月十九日③），直到军心涣散，不可收拾。曾经雄霸不可一世的沈攸之甚至连建康的城墙都没能见到，便在郢州城下铩羽而归，兵败身死。

　　这种奇异的反差引起了时人的讶异。从江陵到郢州州治江夏，也就是今荆州市至武汉市，尚未出湖北省境，直线距离不过两百公里出头，沈攸之昇明元年十二月在荆州州治江陵（今荆州市）宣布起兵，已命麾下诸将相继沿江东下，中间还隔了一个闰十二月，却直到次年正月过半都未能越此关口一步。如萧道成麾下将领刘善明所言，沈攸之的为人原本"性既险躁，才非持重"，然而却"起逆累旬，迟回不进"，到底是为了什么呢？刘

---

① 《宋书》卷八九《袁粲传》及《南齐书·武帝纪》并载。
② 分别见《南齐书》卷二八《刘善明传》、卷二六《陈显达传》。
③ "闰十二月十四日"，中华书局点校本《宋书》卷七四《沈攸之传》作"闰十二月四日"，然据校记可知各本皆作"闰十月四日"，"十二月"为点校者补。而《宋书·顺帝纪》系沈攸之攻郢城于闰十二月癸巳，即十四日，而非四日。颇疑旧本作"闰十二月十四日"，脱去"十二"二字而成"闰月十四日"，又经后人妄改为"闰十月四日"耳。

善明的解释是"一则阁于兵机,二则人情离怨,三则有掣肘之患,四则天夺其魄"①。"天夺其魄"是史笔对沈氏之败必然性的渲染。"人情离怨"从当时的具体表现看也不太符合事实②。"阁于兵机"从结果来说可以成立,但在起兵之初,沈攸之阵营并非没有意识到"顺流长驱,计日可捷"这一显而易见的方案。史书记载他初至郢州,已有顺流直下的计划(实际上这从一开始就应该是明摆着的上策)。其部属或劝其先攻下郢城,或劝其绕过郢城,直接顺流进攻首都③——我们记得,刘休范只用了十天便从江州抵达建康城下了。而沈攸之最终却听从了前者的建议,宁可延宕一个多月,导致延误战机,也不敢留下郢城这块绊脚石在自己身后。如果不认为沈攸之是个连人才凡庸的刘休范都比不上的傻子,那么唯一的解释就只能是他心有所忌,迫于客观条件无法放手快速东下,也就是刘善明所谓的原因之三,"有掣肘之患"了。

那么沈攸之的掣肘之患到底来自哪里呢?

阻断溢口:萧赜的决断

让我们按照时间次序,逐日回放一下昇明元年年底到昇明二年春正月的这段历史,确认萧赜在其中穿插移动的身影(以下月日均为夏历):

十二月十二日(辛未),沈攸之举兵反。

十二月十八日(丁卯),六天后,消息传到建康。萧道成入守朝堂,坐镇中央,萧赜的二弟萧嶷、三弟萧映则分别镇守东面的要塞东府城和京口。萧氏父子完全掌控着政治和军事的中枢机能。

十二月十九日(戊辰),内外戒严。

十二月二十日(己巳),萧道成发令诸将讨伐沈攸之。

十二月二十一日(庚午),已东下到寻阳郡(江西九江)一带的萧赜当

---

① 《南齐书·刘善明传》。
② 《宋书·沈攸之传》载其各种笼络人心的事迹,传末又附记其部属感恩义相殉者多人。沈攸之这种从底层奋斗搏杀出一方事业的人物,显然有其自身独特的魅力。
③ 《宋书·沈攸之传》:"攸之初至郢州,有顺流之志。府主簿宗俨之劝攻郢城,功曹臧寅以为:'攻守势异,非旬日所拔,若不时举,挫锐损威。今顺流长驱,计日可捷,既倾根本,则郢城岂能自固?'攸之不从。"

机立断,取消行程,留驻寻阳的湓口城进行战备。湓口是长江支流湓水从九江汇入长江的水口,此城北临长江,东南绕湓水,西面连通护卫着当时江州州治所在的寻阳郡柴桑县,乃称为"接近东江诸郡,往来便易"的枢纽之地。萧赜入城后,上表请求将江州刺史刘友迁到湓口,改由左军咨议胡谐之负责寻阳城事务①,互为呼应。萧赜以左卫将军的身份,未得朝廷号令,便可入驻州城,又调动部署江州州治的负责人,实际上是接手了江州刺史的工作,这也表明当时萧氏父子的气焰之盛,已经无须在乎表面功夫了②。

从十二日事件爆发到此时还不到十天。萧道成在接到消息后,只过了两天便调兵遣将,可谓反应神速,这正反映出他对沈攸之造反早有预期,做了两手准备。而身在途中的萧赜几乎也就在同一时间做出判断。史书中说这是他在未得到中央命令的情况下独立作出的措置③,从时间上来看他也确实来不及从下游收到任何消息。他甚至无法知道自己父亲会有怎样的布置。

我们也可以遥想建康台城内谋划局势的萧道成,是一种怎样的心情。如前文所述,郢州乃是扼防荆州军的第一前线,偏偏州主和执行长官在这个时候都已奉调离开——从时间和形势上来推断,很可以认为沈攸之正是看准了这个时刻才起兵的。群龙无首的郢州是否还能发挥对荆州的刺刀作用?如果沈攸之趁虚而入,席卷郢州,长江门户大开,形势又将走向何方?萧道成对此的焦虑不难想见。无怪乎他在得到萧赜果断停步留守湓口城的消息之后,大喜过望,称赞道:"此真我子也!"

十二月二十三日,袁粲、刘秉、王蕴等在建康发动政变,进攻萧道成,失败被杀。

闰十二月十四日,沈攸之攻郢城。其后一月之久攻城不下,延宕战

---

① 《资治通鉴》称胡谐之为江州别驾,与《南齐书》不同,恐怕是因为后来萧赜任江州刺史时任命胡谐之为别驾,因而误会。

② 据说萧赜在郢州镇西长史任上,曾经做过一个梦,梦见有个人头上插着一支笔,从天上飞下,在他衣服两边画上纹样。当时的解梦专家庾温的解释是,这画的是"山龙华虫",也就是天子冕服上的专用纹样(《南齐书·祥瑞志》)。这似乎也表现出,郢州时期的萧赜对自己的将来已经有了那样的期待了。

③ 《南齐书·武帝纪》:"沈攸之事起,未得朝廷处分,上以中流可以待敌,即据盆口城为战守之备。太祖闻之,喜曰:'此真我子也!'"

机。期间萧赜被任命为西讨都督,亦即征讨沈攸之军的主帅,前锋平西将军黄回等均受节度。

闰十二月二十日,内外戒严。

闰十二月二十六日,萧道成出至长江边的要塞新亭戍备战。

昇明二年正月十九日,沈攸之溃散。战事进入尾声。

正月二十一日,沈攸之上吊自杀,被华容县汤渚村民斩首,传送京师。

正月二十三日,雍州刺史张敬儿攻陷荆州州治江陵,战争结束。

正月二十八日,解严。

整个沈攸之之乱就此结束。都城方面尽管内外戒严,齐王萧道成出镇新亭,一副如临大敌的架势,但实际的浪潮根本未曾波及建康周边,郢州城下的攻防成为战事的唯一关键。

与子同袍:萧赜的方略与柳世隆的郢城守卫战

在萧赜的一生当中,有过很多的敌人,也有过很多的朋友。关于他的家人朋友,我们留待下文去叙述。这里先要来提到一个重要的人物。这个人在《南齐书》中位居列传第五,在臣子诸传中仅次于开国元老褚渊和王俭,史官称之为"元帅之才"。此人一生中最初也最光辉的战绩,正是留在了沈攸之之役中。他就是柳世隆。

柳世隆(442—491)出身河东柳氏,是宋孝武帝朝重臣柳元景的侄子。柳氏自柳元景发达以后家族已经很显赫,但只能说是以军功起家的新贵权门,仍算不得什么名家。他比萧赜小两岁,这时候正在郢州担任晋熙王安西司马,主管军事,和萧赜不但在职权方面相辅相成,而且两人相处融洽,从这时开始便结下了深厚的交情。这种公谊而兼私交的搭档关系,正是他们能够默契合作,在面对强敌沈攸之时大放异彩的重要原因。

在萧赜离开郢州之时,朝中对沈攸之将趁机起事已有充分警觉。萧道成的老部下刘怀珍建议,有必要留下得力人物代替萧赜坐镇夏口,萧道成于是写信给萧赜,让他选择"文武兼资与汝意合者"托付郢州后事①——而柳世隆正是这样的一个人物。他虽然出身将门,但却爱好文

---

① 《资治通鉴》卷一三四《宋纪十六》。

雅,涉猎书籍,史载他曾向武帝借秘阁书,武帝慷慨地借给他二千卷——要知道当时整个中央图书馆的目录所收不过一万八千余卷而已(也可见萧赜对他的厚爱)①。他又善于清谈,弹琴号为士族第一,连占卜算命都是权威专家,著有《龟经秘要》——几乎是黄药师式的人物了。他本人自称马槊第一(这是将门本色),清谈第二,弹琴第三(这两样是贵族风流的"标配")。柳世隆真是允文允武的英才,千载之下犹令人想见风采奕奕。

从柳世隆身上,我们仍然很可以看出萧赜心里认可的价值取向。他并不是贵族高门出身,而是有实务能力的人才,这是与萧赜一贯气味相投的类型;他本人有着对贵族文化的高度向往,这点与萧赜不同,但风雅之道对他来说是锦上添花,而非文过其实,可以视为在社会上吃得开的一种高级技巧,本质上仍是务实而非务虚的。萧赜自身虽对此道无感,但也不会因此对柳世隆减分,毋宁说反而是加分。两人之间惺惺相惜、气味相投,是很自然的事情。

于是,萧赜当即举荐柳世隆为前军长史②、江夏内史,接替自己的原职,代理郢州军政。在二人道别之际,萧赜给柳世隆留下了这么一番嘱托:

> 攸之一旦为变,焚夏口舟舰沿流而东,则坐守空城,不可制也。虽留攻城,不可卒拔。卿为其内,我为其外,乃无忧耳。③

"焚夏口舟舰沿流而东,则坐守空城,不可制也"一句意思颇为费解,可能有文字阙漏,所以李延寿《南史》已经不录这一句。但揣摩辞意,我们还是可以大致分析推断,萧赜这里应该是在设想两种不同的应对策略。沈攸之一旦为变,则郢州有两条道路可选:

1. "(若)焚夏口舟舰沿流而东"。这句话从字面上来说,似乎应承上以沈攸之为主语,但这是无论如何也解释不通的。因为夏口是郢州所治,如果沈攸之已经能焚夏口舟舰,自然表示已经大胜,又何来"攻城不可卒

---

① 《隋书》卷三二《经籍志一》:"齐永明中,秘书丞王亮、监谢朏,又造《四部书目》,大凡一万八千一十卷。"
② 按刘燮迁为抚军将军,疑此处前军长史当为抚军长史。
③ 《南齐书·柳世隆传》。

拔"？因此我们只能将此理解为萧赜一方的行动，也就是指郢城僚佐撤出夏口东下时焚烧多余的舟舰，以免资敌。这一方案实际上就是脚底抹油逃跑（下文我们会看到萧赜在路上面临的第一方案同样是这个）。但往东跑无非是跑到江州，而郢州一旦被放弃，沈攸之便无后顾之忧，军锋直指防守空虚的江州，其势自然已"不可制"了。

2. "虽留，攻城不可卒拔"——这是我的标点方案。"留"的不是沈攸之，而是柳世隆。这句正表示出萧赜对自己团体工作的信心：郢州城防已在他和柳世隆等的同心协力下得到充分加强，即使婴城固守，也足以与沈攸之周旋。

这句话看来轻巧，其实耐人寻味。须知沈攸之最开始在上游构筑势力时，担任的就是郢州刺史。在当时人的认识中，他的这一势力盘踞上游已有十年之久，《南齐书·柳世隆传论》称："沈攸之十年治兵，白首举事。"又《刘善明传》："沈攸之控引八州，纵情蓄敛，收众聚骑，营造舟仗，苞藏贼志，于焉十年。"这大致是从他明帝泰始五年（469）出为郢州刺史算起的，到起兵之时已接近十年。《宋书》本传也说他"自至夏口，便有异图"。虽然到泰豫元年（472）他才改任荆州刺史，但原来在郢州时期所营治的船舸器甲等战略物资和精锐战士几乎全都随之带走，后来中央政府讨伐他的檄文中说"料择士马，简算器甲，精器锐士，并取自随，郢城所留，十不遗一"①，正是一条大罪。换言之，刘燮接任时的郢州，在军事意义上已经近于一座空城。史书虽然没有对萧赜、柳世隆等在郢州时期的具体战备状况多所着墨，但我们仿佛仍能透过拂面而来的历史云烟，窥见这些血气方刚的豪杰们在那座空虚城池中一手一脚重新整备起兵马器械，最终将苦心筹谋十年之久的沈攸之溃于城下的豪壮史诗。

在这一充分自信的前提下，"卿为其内，我为其外"一语表明萧赜从一开始就有就近驻守、声援郢城的设想。既然郢州不可卒拔，沈攸之受牵制陷入被动，而萧赜又在敌军外围呼应侵扰，令其前后受敌，不能顺流直下速攻，首都自然也就高枕无忧了。

假使这段话真是实录，而非后来的虚美之辞，那么萧赜在此时刻真可称得上是料事如神，运筹帷幄之内，决胜千里之外。事实证明，战局正是完美地符合着这一设想展开。柳世隆不负所望，拖住沈攸之攻城一月而

———————————

① 《宋书·沈攸之传》《南齐书·柳世隆传》并载。

不能下。而萧赜接到战报后断然就地驻守，阻断下游去路，则更像是有着充分预案的方略了。

当然，这一套方案的实施，最关键点仍在于柳世隆确实能做到以区区郢城周旋，令沈攸之不可卒拔。万一事到临头，他慌里慌张弃城而逃，或者两三天便不支失守，那么中途临时入驻孤城的萧赜丧失逃离时机，只会面临更严峻的危机。萧赜作出这样的预案，背后正基于对柳世隆能力与人格的充分信任。

而柳世隆也证明了自己的值得信任。

在沈攸之刚到郢城之际，对这座看似弱小的城池是颇为轻视的，打算略示警告，便扬长而过；而柳世隆也就利用了他的轻视心理，故意示弱，派人答复道："您大军东下，声威之盛我们早就有所耳闻。像郢城这种小城池，但求自保而已。"这看来完全吻合沈攸之对郢城的印象——自己是能征惯战的猛将率领筹备已久的大军，对方则是名不见经传的小儿困守孤城，何足道哉？据说沈攸之本已打算留下一支偏师牵制郢城，自率大军东下。然而柳世隆却在此时派兵出城挑战，这一举动在沈攸之看来，无疑是对自己的藐视。而这时郢城团队对柳世隆的心理战术也配合良好。中直兵参军焦度在城楼上高声辱骂，甚至解衣裸体（我们可以想见裸露的一定不是上半身），在两军万众之中公然侮辱沈攸之。沈攸之被气得发昏，大怒攻城，完全中了郢城一方的计谋。沈攸之昼夜进攻，放火焚烧郢城外郭，又筑起长围，督促士兵蒙盾登城；而柳世隆"随宜拒应"，屡屡挫败对手。

惜乎史书对具体战事的记录十分欠缺，我们已不可知其详，只知道城上守军曾投掷装着粪尿秽物的容器来击退攻城士卒而已。

播威夏汭：郢城战役中的萧赜

今日史家对此役的看法，比较重视柳世隆顽强守城、屡挫敌军的功绩。这当然没错。但正如前文所分析的，如果沈攸之一开始就无视郢城，率领大军直扑建康，则以郢城的区区兵力，也就对其无可奈何了。萧赜所言"卿为其内，我为其外"，亦即在长江中游就近建立两个据点首尾呼应的构思，正是刘善明所言对沈攸之进军的最大掣肘因素。在萧赜最初接到沈攸之起兵消息时,参谋团的第一反应其实并不是就地留守,而是日夜兼程,赶紧跑到首都!只要快一步溜进首都,不但自己性命无虞,而且天大的责任自然有老爹萧道成顶着,萧赜大可优哉游哉继续做他的纨绔子弟。这种打安全牌的想法,可谓庸人之常情,在六朝时代的贵族身上更屡屡表现出来。眼前最近的一个例子,就是都城贵族袁粲、刘秉等人图谋趁夜发动政变打倒萧道成之际,刘秉生怕一旦火拼起来自己身陷危机,天还没黑就公然带着姬妾车队逃奔到袁粲的驻地,因此才走漏风声,导致失败。这种表现,事后从局外人的角度看起来可笑得如同儿戏,但对于身处其中的人来说,没有一定的胆气勇略和相应见识,是很容易遇事首先想到脚底抹油的。

而萧赜显然不属于这类人。从前面的分析我们已可看到他与柳世隆对此变故是有着充分预期,准备好了对策的。在果断入驻溢口城后,他又迅速命军主桓敬、陈胤叔、苟元宾等八军回师上流,驻守在江夏和溢口之间的沿江要地西塞(今湖北黄石西塞山),从而在沈攸之和首都之间设下了两道封锁防线。萧赜进而命心腹胡元直偷偷返程,潜入郢州城内报告柳世隆,于是"内外并喜"。——萧赜远在溢口,并不能直接作为援兵帮助郢州攻防,这一喜从何来?很显然,让柳世隆大喜宽心的,正是他与萧赜的计划已经得到有效的实施,从而加强了他殊死守城的决心。

从直接的战事来看,萧赜根本未曾参与到实际的攻防战中,史书中对他的描述似乎只是对帝王的溢美之词。但在当时人看来,萧赜在此役中的表现却是他人生中的闪光点。沈约《齐武帝谥议》可以说是在他死后的一次官方盖棺论定,其中对他在子勋之乱、休范之乱等事件中的表现一字不提,却对他守溢口距沈攸之之举大加赞美①:

> 震雄图于九江,播灵威于夏汭。旌旆未麾,鲸鲵自殒。弗劳羌僰之长,无待六事之人。义等伐谋,功高善阵。

可以说是代表了一种当代史的看法:萧赜虽然人在九江,其"灵威"却远播夏口;他身在东下途中,尚未挥师回击,敌军首脑已经自乱授首;他

---

① 类似地,《南齐书·武帝纪》赞语对其一生功业,也特特拈出"韶岭歇裖,彭派澄波"八字,前一句是当年起兵的第一声号角,后一句指的就是溢城之功了。

虽未亲自率军参与攻防战事，其作用却表现在"上将伐谋"，作为郢州长官运筹帷幄，与属下配合默契，其功绩并不逊色于冲锋陷阵。——尽管这类文字仍难免虚张溢美的成分，但结合前文分析和时人观感，我们也应承认萧赜在此役中确实是准确地判断了形势，出色地完成了当初受命掌控郢州、掣肘沈攸之的任务。

关于萧赜的镇守湓城，还有一个似真似幻的传说，记载在《南齐书·祥瑞志》中。据说当时城内无水，萧赜打算凿引江流，先试着掘井，不想得到伏泉九处，都有地水涌出。这个故事显然不可信据，是为了证明真龙天子自有天佑而附会出来的传说。但要说完全空穴来风，却也未必。当时在《祥瑞志》《五行志》中记载的种种异事，如某女生下婴儿，胸以下脐以上相连（畸形儿）；海边飘来黑色无鳞的三十丈大鱼（很显然是搁浅的鲸鱼）等，从今天的知识看都应是事实记录，只是在解释层面上被渲染上种种光色而已。我们剔除这个传说中的书写动机及细节修饰，则当时湓城内曾经因为军队入驻而发生过缺水危机，而萧赜为此掘井引水，这一记事并非不可信的。类似的记事，又如他在修治湓城时，发掘到五尺长的大刀十一口①，正应了永明年数。这个解释当然是后人附会的，但我们从中也可以看到，萧赜入驻湓城的时日虽短，但仍迅速地疏浚壕堑，实施了城防整备。由于物资缺乏，萧赜命副手周山图征用过往商旅的船板，建造城楼防御设施、树立水栅，也都在旬日之间火速完成。这些叙事综合起来看，湓城在当时并不是一座保持着充分战备的城池，而是在相当程度上已经废弃或主要为民用的城镇。当时萧赜的部属中，就有人曾担心湓口"城小难固"，建议弃守②。从种种表现都可看出，萧赜就地留守的战略虽然早有腹案；但接到消息时恰恰来到此地，却非事先所能预断，因而他就近入驻湓城的决断也并非常规战术，而是行军中改造利用客观条件、随机应变的灵活举措。由此我们也就更能理解萧道成为何听说萧赜就近入驻湓城时，会如此大喜过望了。

---

① 《南齐书·祥瑞志》原作"一十口"，中华书局本校记已指出应作"十一口"。
② 《南齐书》卷二九《周山图传》："世祖与晋熙王燮自寻阳下，以山图为后防。攸之事起，世祖为西讨都督，启山图为军副。世祖留据盆城，众议以盆城城小难固，不如还都。山图曰：'今据中流，为四方势援，大众致力，川岳可为。城隍小事，不足难也。'世祖使城局参军刘皆、陈渊委山图以处分事。山图断取行旅船板，以造楼橹，立水栅，旬日皆办。世祖甚嘉之。"

人臣时期的结束

击败沈攸之之后，萧道成父子前进的道路上最大障碍已经扫清。萧赜最终有惊无险地渡过了自己蜕变前的最后一关。此时的他，已经是在平稳地等待着化为真龙的时刻来临了。

昇明二年（478，萧赜三十九岁），战事平定，萧赜转为散骑常侍、都督江州豫州之新蔡晋熙二郡军事、征虏将军、江州刺史，持节如故。封闻喜县侯，邑二千户。散骑常侍如前所述，是外镇武将进入中央朝班时常授的职衔，都督江州等军事及江州刺史，则是酬他坐镇江州退敌之功。这些都是理所当然的后续。

就在同一年，他又征为侍中、领军将军。侍中是门下省的长官，但与尚书、中书等省不同的是，并不掌管实际政务，往往同时有数人担任，实际上相当于皇帝最侧近的机要秘书。从"侍中"这一名称也可以理解，乃是身处禁中侍奉皇帝的职位。而领军将军也非同一般的将军号。六朝时期有护军将军，掌外军，负责监护诸将军；有领军将军，掌内军，负责戍卫京师。这正是他父亲被召回朝廷时历官散骑常侍和中领军的翻版。这时候的萧赜，进入了手握首都警卫部队，身在宋帝侧近随时监控的状态。接下来，他又领石头戍军事，加持节，督京畿诸军事，进一步扩大了对中枢军权的控制。石头戍是首都建康西侧长江边的要塞，一旦发生动乱尤其是来自上游的变故，这里便是扼守首都的门户。

第二年，他继续增加了几个高级头衔及相应待遇，包括尚书仆射、中军大将军、开府仪同三司，晋爵为公，持节、都督、领军如故，给班剑二十人等。不过对这时的萧赜来说，想必已经没有多少刺激感了。在他的前方，即将跨过这些"位极人臣"的荣誉，直奔另一个金光灿灿的目标而去。

在萧赜加官晋爵的背后，仍然是萧道成快马加鞭跃登宝座的征程。昇明二年正月沈攸之一死，正月二十八日解严，二月癸未（五日）萧道成便晋升太尉，都督十六州军事。三月己酉（二日），增班剑四十人，甲仗百人入殿。达到这种等级的人臣，事实上已经是在朝廷腹心之地公然耀武扬威，任谁有心加害都是无隙可乘的了。

接下来的半年，大致上可以理解为筹划实施禅让的准备工作阶段。

到九月丙午，萧道成进位假黄钺、都督中外诸军事、太傅、领扬州牧，剑履上殿，入朝不趋，赞拜不名。萧道成仅接受了黄钺，而辞退"剑履上殿，入朝不趋，赞拜不名"的特殊待遇。这是魏晋南北朝时期禅让戏码的一套规矩，须得处处讲究，不可荒腔走板的。正如方步要一步步地开迈，台阶也要一级一级地抬升，程序要拉得够长，才见出仪式的隆重和身份的矜贵。他的前辈刘裕在代晋之际也正是这么走过来的。被辞退了的殊礼，是在又过了近半年后，昇明三年二月甲午（二十二日）①，才又由皇帝重新下令赐予，萧道成这才总算接受。十天之后的三月甲辰（二日），萧道成进位相国，封为齐公，赐九锡，这时便正儿八经地拥有自己的"国家"——"齐国"了。

无论是从当时还是从今天的眼光看来，这都只是个面子上的仪式。萧道成封建了自己的齐国之后，仅仅过了一个月，便在四月癸酉（二日）晋爵为齐王；到这个月的最后一天（辛未，三十日），遂正式举行禅代，刘宋国祚至此宣告终结，萧齐成为统治南中国的新皇朝。

从齐公到齐王，再到齐帝，不过两个月而已，这段时间的变化在实质权力上的意义几乎可以忽略不计。不过从仪式制度上说，却有着性质上的差异。从这个时期开始，萧赜正式摆脱作为人臣的身份，结束他生涯的前半阶段，从此走进了另一个彻底不同的世界。

---

① 《南齐书·武帝纪》原文无"二月"，中华书局点校本已指出是年正月无甲午，疑上夺"二月"二字，可从。

第三章　建元宫斗：
权力与亲情旋涡中的父子兄弟

第一节　从齐公世子到东宫太子

以石头为世子宫：禅代之际的紧张空气

昇明三年(479)三月十二日(甲寅)，萧道成进位为齐公，建立齐国。萧赜顺理成章地当上了齐公世子。

史书在写到这里的时候，记了这么一句："以石头为世子宫。"①这一句看着轻描淡写，但里边却含着微妙的意味。石头是指石头城，也就是他原本就在指挥负责的石头戍军事要塞。以今天的眼光看，这倒是不难理解的，虽然以国公世子的地位，本应别营宫室居住，这时候的他当然已经不需要了，因为大家都知道，这个过渡性的身份用不上多久，他就会正式搬进建康台城的东宫里去。但尽管如此，直接以军事驻地为宫室，毕竟是一种因陋就简的表现。如果他是一个生长在建康都城里的人员族，未必就会心平气和地接受这种显得不够隆重的方式。在那个重视仪式甚于一切的时代，无论如何铺张浪费，只要能维持表现出身份等级，人们都会不惜任何代价去做。而萧赜显然并不那么重视这些东西。说得象征性一点，这位年轻的司令官，就是在自己的城堡中实现了身份的转变。他的身份已经一跃而尊贵无比，但真实的生活状态却还维持着惯常的军人气质。

当然，身份毕竟是已经不一样了。齐王世子虽然在制度上还没有入

---

① 《南齐书·武帝纪》。

主东宫，但这时他的待遇其实已经是"官置二率以下，坊省服章，一如东宫"①。所有仪仗规程都与东宫相同，事实上是准太子了。尤其值得注意的是"官置二率以下"，也就是开始可以正式拥有自己控制的一套官僚机构——说得更明白一些，他属下的亲信已经有了名正言顺进入国家中央官僚队伍的理由。

不过微妙的是，虽然礼仪已经和太子相同，但在和实质权力挂钩的方面却又还不能立刻就完全等同于太子，所以权限比对真正的太子要降一级，只能设置到一定等级位置的官属。"二率"是指太子左右卫率。太子东宫官属，从上面数下来是：

太子太傅、太子少傅，是最高级的荣誉职位，名义上的太子老师。太子詹事，实际上总管东宫所有事务，相当于朝廷里的宰相。以上是第一等级，拟于朝廷的三公、丞相，是名义或事实上的最高长官。

太子家令，负责管理食邑、狱、饮食，等于是太子的大管家；率更令，掌门户赏罚，负责东宫安保；仆，掌管车马亲族。以上是第二等级，拟于朝廷的九卿，分别承担若干方面的重要职权。

接下来有门大夫二人、中庶子四人、中舍人四人、食官令一人、庶子四人、舍人十六人、洗马八人。以上是东宫内的中级文职。在重文轻武的那个时代，这算第三等级。

接下来便轮到太子左卫率七人、太子右卫率二人，其职权是统率东宫卫队。其后有太子三校尉：屯骑校尉、步兵校尉、翊军校尉，各七人；太子冗从仆射，七人；太子旅贲中郎将，十人；太子左积弩将军十人、右积弩将军二人。以上第四等级的官职已多不能详知各自的具体职能，但从职名来看都是武职无疑。

因此萧赜在齐王世子期间官置二率以下，其实也就是认可他已具有在自己府中统领指挥一系列武将的权限，但构成完整意义东宫官属的上级长官及文职人员则还未得配备。这种暂时性的限制对他来说倒是无伤大雅，毋宁说这和"以石头为宫"一样，都透露出一点微妙的消息：我们回顾他从赣县勤王发家，到任职征北中军参军，到平定沈攸之之乱，到回到中央后仍然领石头戍军事，最后直到当上皇太子之前还以石头城为世子宫，置东宫武职的这一系列步伐，不由得感到在他身上洋溢着的始终是英

① 《南齐书·武帝纪》。

烈杀伐的武将气质。在六朝其他王朝禅代之际,特地规定世子待遇等同东宫,而所领官属又专为武职的,似乎就只有萧赜一个例子。这一方面表现出萧氏在问鼎大宝过程中鲜明的武力模式,需要在一系列的仪式过程中逐步消解转化;而另一方面,则反映出当时的政治形势并不平稳,身为继承人的萧赜仍然需要维系其手握兵权镇压京师的地位,甚至需要进一步加强这种有威慑力的形象。

宋齐鼎代,就是在这样如临大敌的政治氛围中一步步推进的。萧道成弑后废帝,改立顺帝,即于当年改元为昇明;两年后南齐代宋,也是在当年就改元为建元。按说改朝换代的正理是于次年改元,连续当年改元这种非常之举,只能理解为事急从权,时不我待,有必要尽快造成既定事实。事实上就在萧道成册封齐公的四天之前,还几乎发生了一场小政变。宗室临川王刘绰密谋联合凌源令潘智等在台城之内起兵推翻萧氏,却因潘智向萧道成告密而谋泄被诛。此外又有名为杨祖之者,同样图谋在拜齐公当天在典礼现场发难,封爵典礼差点被迫改期。如此形势,恐怕就是萧赜虽然当上了齐公世子,却仍然兵不解甲的理由所在。刘绰在劝诱潘智时曾说:"台城内许多人都有反对萧道成的想法,只是苦于无人振臂一呼罢了!"[1]这话看来不是空穴来风,即使在萧赜当上皇帝之后,北魏使者前来朝聘,归国后对魏孝文帝的报告中还有这样的话:"萧氏父子无大功于天下,既以逆取,不能顺守。"[2]这当然不免有些敌国立场的诋毁色彩在,但"无大功于天下"却不是虚语。萧道成得天下的底色,是六十年前的刘

---

[1]《资治通鉴》卷一三五《齐纪一》"建元元年"条:"杨运长去宣城郡还家,齐公遣人杀之。凌源令潘智与运长厚善;临川王绰,义庆之孙也。绰遣腹心陈赞说智曰:'君先帝旧人,身是宗室近属,如此形势,岂得久全!若招合内外,计多有从者。台城内人常有此心,苦无人建意耳!'智即以告齐公。庚戌,诛绰兄弟及其党与。"《南齐书》卷五六《倖臣传》:"及上将拜齐公,已克日,有杨祖之谋于临轩作难。僧真更请上选吉辰,寻而祖之事觉。"按杨运长为宋末恩倖,《宋书》卷九四《恩倖传》:"杨运长,宣城怀安人……运长质木廉正,治身甚清,不事园宅,不受饷遗,而凡鄙无识知,唯与寒人潘智、徐文盛厚善,动止施为,必与二人量议……沈攸之反,运长有异志,齐王遗骠骑司马崔文仲讨诛之。"文献不载其字,而"运长"与"祖之"意义颇相配合,杨祖之或即杨运长欤?虽《宋书》称诛杨运长在沈攸之反时,而《南齐书》称杨祖之谋作难在将拜齐公之日,其间相去一年有余,时间不合;然史料出于二书,叙述或有错位,亦属寻常,未可据此遽断是非。姑存疑。

[2]《北史》卷二六《宋弁传》。

裕代晋。而那一次革命颇有点众望所归的色彩。刘裕对外挥师北伐，收复关中，建立了东晋南渡以来百余年罕见的伟业；对内则当桓玄已经灭亡晋祚、自立新朝之际，振臂一呼将其赶下台去，重立司马氏为帝，继而又击溃孙恩、卢循的五斗米道乱军，等于两次挽救东晋于既亡将亡，以至于晋恭帝禅让时竟说出"晋氏久已失之，今复何恨"的话来。面对着这样的大英雄，萧道成的功勋无论如何卓著，也不免要黯然失色了。况且萧家所立的功劳，除了在北方捍守边境的一段时期外，多是内战所得（自然也要归功于刘家兄弟叔侄自身的关系感人），从臣子的本分来说，无论刘氏如何内乱，哪位上台，毕竟都是皇帝自己家中事，从当时人的历史经验来看，是不足以构成革命理由的。这也是刘秉等宗室和袁粲、沈攸之等重臣不惜身家性命要与萧道成斗争到底的原因。人们不敢当面指责萧氏父子，便拿他们的左右手出气。萧齐定鼎的头号重臣，大贵族褚渊，便因为投靠萧道成而饱受嘲骂，不但被外人如谢超宗当面讥为"卖袁、刘得富贵"①，连其家族内部都有许多反对意见，堂弟褚炤"常非彦回身事二代"②，感叹他少立名行却晚节不保；长子褚贲对父亲的选择也极不赞同，终身为此羞愧不已。李延寿《南史》本传史论说他"逢迎兴运，谤议沸腾"，可以想见当时舆论压力之大。史书中不会正面表现这种时代空气（尤其《南齐书》还是萧氏后人所撰），但通过这些蛛丝马迹仍能令我们想见一二。萧氏父子登位之际的姿态，仍是必须以武力为后盾，充满着紧张感的。

东宫太子：面对新挑战

四月初，萧道成为齐王，萧赜为齐王太子。

四月底，萧道成即位，是年改元建元。萧赜为皇太子。这一年他正好四十岁。

从昇明三年也就是建元元年开始，到建元四年三月萧道成去世，萧赜一直住在东宫，作为一人之下万人之上的储君，度过了三年生涯。三年的时间虽然短暂，但在他身上发生的波澜，却一点也不比人臣时代的前半生

---

① 《南史》卷十九《谢灵运传附谢超宗传》。
② 《南史》卷二八《褚裕之传附褚渊传》。

来得平淡。已经进入权力旋涡中心的他,不可避免地面对了权力对自身生命的撕裂。这种撕裂不但来自周边由于相互利益、关系而结合的不同阵营,也来自他所从属的家庭内部,来自理应是他最亲近的兄弟父子。毕竟,如今的萧家已经不仅仅是由若干个人组成的血缘群体,而是分担、指示着政治气候不同侧面,牵连着不同利益群体的符号了。无论愿不愿意,他都必须努力走完这一段从"太子"蜕变为"皇帝"的路途,如同夏天爬出地面的吟蝉;一旦失败,他面临的就将是如同枯空蝉壳般被北风碾碎的命运。

建元时局: 从北方烧来的战火

在都城的紧张气氛中,刘家的天下总算是有惊无险地改姓了萧。天下易主对任何一个人来说都是件大事,但身处漩涡中心,被锁住了咽喉的旧皇族刘氏及其阵营无疑遭受了最为痛苦的命运逆转。刘秉、刘绰等宗室先后因此被杀,而宋顺帝刘准也在被黜为汝阴王之后不到半年,便被杀死。——据说是看守他的士兵看见有人走马经过王府,担心是其勾结党羽谋反,于是奔入府中将其杀死。这般以下弑上的恶行,结果却得到了皇帝的重赏。接下来没过几天,刘宋剩下的宗室悉数遭到清洗,寸草不留。只有一个幸运儿,宋文帝的第九个儿子义阳王刘昶,在前废帝时期的乱局中也曾是趁乱起兵的一人,却早早就败北出局,逃亡到了北魏,反而因此得以在宋齐鼎革之际逃过一劫。

在那个家天下的时代,只要前朝还留有一丝血脉在,就有理由声称天卜本是我家之物。对敌国北魏而言,前朝遗孽刘昶正是奇货可居,援助刘宋复国成了南伐的大好借口。

于是自建元元年十一月起,经过半年的精心筹划后,北魏奉刘昶为丹阳王,在其名义下发动号称二十万的大军渡淮,进攻寿阳、钟离等要塞。负责边防的南兖州刺史王敬则闻风而逃,另一位大将陈显达临危受命,指挥作战。齐魏两军在淮河一线攻防大战,互有胜败,但总体是在齐境作战,萧齐属于防御被动的一方。战事延续了将近一年半之久,到建元三年四月方告平息。由于畏惧战乱,江北民众纷纷奔逃渡江南下,来不及逃离的兵民最终被魏兵掳掠而去的多达三万余人。

由于补充兵力的需要，新朝廷大举征发长江流域民众从军，而这立刻引起原本就"不服王化"的长江中游群蛮反抗，襄阳地区的蛮人攻破郡县，造成不小的纷扰。长江上游的局势也不安稳。四川山区的氐族军队将领李乌奴(他本人可能是汉人)趁机屡次入侵梁州。值得一提的是蛮人、氐人的叛乱都是由这时担任荆州刺史，负责控御中上游的萧赜次弟萧嶷派兵平定的。

建元年间整个国家社会走过的道路，就是从这样的外忧内患、战乱不安，逐步过渡到战事平息、民生恢复的状态。从更长的历史时段来看，这一阶段则是宋文帝、宋孝武帝朝以后长期动荡时局的尾声。从刘宋后期直到南齐建国之初，近二十年间整个国家从上到下，已经很久都没能喘一喘气了。

直到萧赜登上皇位之前半年，世间才总算开始看到了一些和平的曙光。从建元三年七月开始，南齐新政权和北魏之间开始相互遣使，推动和平外交，战争状态结束。而这一和平局面延续贯穿了整个武帝在位时期。将年号定为永明的这位皇帝，虽然无法真的让光明永恒延续，但这片和平之光毕竟在他手中维持了十一年之久，直到他离开这个世界为止。

东宫搜检风波

就在战火终于平息了的建元三年秋天，萧赜几乎失去了太子的位置。

这一年的夏秋间——也许就是由于战争结束，进入和平时期，到了祭告祖先的合适时节罢，太子萧赜前往建康东面的武进，拜谒祖父萧承之的陵墓(永安陵，在今丹阳市南胡家桥一带)。拜陵完毕后，船队走秦淮河水路回京，抵达都城东南的要津方山埭(今南京方山)时，太阳已经下山了。方山埭是当时入城的一道主要关卡，已经发展成了市镇，人们迎来送往，往往暂歇此地。萧赜于是决定暂不入城，停泊在此歇息一宿。

就在此时，忽见首都方面飞速驶来一艘飞燕楼船。刚从荆州刺史卸任回都不久的弟弟萧嶷火急前来传讯：父亲雷霆震怒，下命搜检东宫内有无违禁之处，请兄长尽快回宫！

不知就里的萧赜吓得魂飞魄散，连夜赶回宫中，进门时已是深夜将近三更时分了。萧道成下令暂不闭锁宫门，等候萧赜入宫。当天晚上的情形不得而知,但萧赜面对父亲的怒火想必也只有认罪求饶的份儿了。第二天,萧道成又命两个孙儿,萧长懋和萧子良捧着诏书到东宫去责骂萧赜,宣布其亲信张景真的罪状,收捕诛杀。这些动作的意图昭然若揭,宣布张景真之罪意在杀鸡儆猴,而特意让长懋、子良去责骂自己父亲,则是在给萧赜难堪的同时,宣示这个家族的主人仍然是我萧道成,我想要谁怎样便能怎样!——尽管这位老皇帝剩余的生命,其实在冥冥之中只有不过半年而已了。

面对这一连串的变故,萧赜的不知所措是可以想象的。他被吓得称病躲在东宫一个多月,而萧道成的怒气却丝毫未减。父子之间的这种紧张空气再僵持下去,萧赜的太子之位实在岌岌可危。而这时朝中某些派系注目的,正是父亲一贯疼爱的弟弟萧嶷。只要再出点什么问题,有个什么人来煽风点火一下,金光闪闪的太子宝座也许就会转移到萧嶷脚下去了。

事态将会朝着哪个方向发展呢?

第二节　亲爱的兄弟,潜在的对手

兄弟行

让我们从头开始,来观察这场宫斗大戏的舞台配置。

首先聚光灯应该打到的角色,便是萧赜的二弟萧嶷。在这场风波中,赶来向兄长传讯的是他;得到父亲偏爱,成为兄长潜在对手的,也是他。

我们知道,古人往往兄弟姐妹很多,这一点落实在权利场上也就是有资格分家产的人很多。当这份家产大到是"天下"的时候,每个人承担的份额就很炙手可热了。皇帝的兄弟,所谓宗室诸王,他们的存在无论对皇帝本人来说,还是对这个政权来说,都是不可忽视的存在。

萧齐皇室特别有意思的一个现象是,前两代皇帝生育子嗣情形,有一个非常相似的结构:他们都生了一大批的儿子,人数多达十几个,而且相互之间年纪差距很大,也就是生育时间上有很显著的断裂。造成这种结构的背后动因,是萧道成、萧赜父子相似的人生经历。萧赜的子嗣情形我们放到以后再谈,这里只来看看他的兄弟行。

首先是萧道成原配刘氏所生的两兄弟:

萧赜：440—493,享年五十四岁。

萧嶷：444—492,享年四十九岁。

前文已经提到,萧道成十四岁便生了萧赜,旋即奉命随萧承之南行豫章防守刘义康。按照《南齐书·高帝纪》的记述,他接下来十六岁时转调西北,讨伐襄阳地区的沔北蛮①,十八岁(元嘉二十一年,444)时与北魏作战至丘槛山(地点不详),似乎一直是在外地军旅之中,不知何时得以抽空回建康生子,颇难解释。按元嘉二十一年北魏的主要动向是征吐谷浑,未见宋魏交战记载,倒是前一年双方关于仇池地区(今甘陕川三省交界)的争夺动作频频,互有胜败,颇疑萧道成参与对魏作战实为元嘉二十年事,史书误为二十一年。在这之后,他得以回家,过上久违的家庭生活,生下次子萧嶷。倘若这一猜测不错,那么萧道成自生下萧赜后先后转战江西、湖北、川陕,真是戎马倥偬、离家千里,比萧赜带着妻儿当县令还要艰苦得多了。

萧赜、萧嶷一母所生,年纪只差四岁。不难理解,这样的年龄差,再加上贫困中必须互助的生活环境,是很容易培养起友于之情的。

在那之后,萧道成过了两三年,便随着家族中的大人物萧思话重新回到作战过的襄阳,继续他的讨蛮事业。前文已经提到,元嘉二十七年北伐大败之际,他一度被魏兵围困在盱眙城内,几乎性命不保。次年危机过后,他短暂还都,不久便又于元嘉二十九年北伐中担任西路军将领。如是戎马生涯十余年,绝大多数的时间都身在行伍之中无法归家。这种生活状态与青年时期的萧赜是颇为一致的。因此他们在组织家庭方面,也呈现出酷似的形态。

直到宋孝武帝孝建初年(454)以后,萧道成才得到机会回到都城。元嘉三十年(453),刘骏(后来的孝武帝)起兵讨伐弑父自立的哥哥刘劭,江夏王刘义恭前来投奔,被封为大司马。次年改元孝建,萧道成转任刘义恭的大司马参军,应该是从此就回到建康任职。这一时期他在都城迎来了从军队转向世俗生活的转机,于是便又开始过家庭生活,娶了一位姓谢的

---

① 前一年沔水(汉水)泛滥,此年又值善于治理地方、安抚民族关系的良臣雍州太守刘道产病卒,继任者不能赓续其事业,对汉水流域的所谓"缘沔诸蛮"压迫严重,导致矛盾激化,长江中游诸蛮反乱,成为自此以后南朝政权头痛不已的大问题。萧道成这一时期参与的就是这场镇压战争。

妾侍。孝建三年（456）刘义恭进位太宰，他也随府转为太宰府参军，两年后谢氏就为他生下了第三子萧映（458—489，享年三十二岁）——而就在同一年，萧赜的长子长懋也出生了。再过两年，谢氏又生下萧晃（460—490，享年三十一岁）。这两兄弟与萧赜相比，已经小了二十岁左右，完全失去同一代人的感觉了。

不过，萧道成开始生育的年份实在太早了，直到这时他也只有三十来岁而已。在那之后，经历过泰始初年的大动乱，从泰始三年萧道成又开始生儿子，直到他登基之后，陆续得到了十五位子嗣，其中有几位比长懋的孩子还要小。这些小皇子在明帝萧鸾登位后大多都遭到惨杀。

换言之，我们可以想见萧赜和他的这些小兄弟之间是种什么样的关系——在他眼里，只有萧嶷算得上是真正的"弟弟"，其他的十七个，只不过跟自己的儿子甚至孙子差不多罢了。

二弟萧嶷

二弟萧嶷，在建元、永明时代，是一个特殊的重要人物。虽然不是皇帝，却有如皇帝的影子一般，有着相互伴随的强烈存在感。而且对于这个人物，我们观察起来颇有一点难度，因为关于他的主要记载，是由他的儿子萧子显留下来的。儿子写父亲的事情，有多少是直笔实录，又多少是选择过、粉饰过的？实在是很不容易判断的事情。我们只能姑且按照文献留给我们的记录，来勾勒关于他的一切，遇到镜头晃动不清的影像，再随文来加以辨析。

仔细观察这两兄弟在位极人臣之前的生涯，会发现有一点是很有意思的，那就是他们的位置移动往往是交错的：一个在外地时，另一个便在家中。两兄弟同时都陪侍在父亲身边的时光相当少，大多数时候都只留下一人羽翼在侧，而另一人则派到外地去出任务。按照史书的说法，萧嶷是萧道成特别疼爱的一个儿子，而萧赜为太子期间则颇受萧道成的嫌责。这大概包含着很多不足为外人道的私人观感在内。但就三人早年比较外在可见的行迹来看，萧赜与萧嶷都分担了家族的重要责任，堪称父亲的左臂右膀。萧道成父子三人在从寒门而至权臣，终成霸业的路途上，表现出这么一种三位一体、相互协作的姿态，对我们了解那个时代的家族事业运作也是很有价值的。

由于史书的记载疏略，我们已难列出精确的年表，不过大致上还是可以来看一看这父子三人在人臣时期的离合相处关系。

440—454年，也就是萧赜出生到十五岁之间，萧道成都不在他们身边。这在前文已经说明过了。

454—461年(？)，也就是到萧赜赴江西出仕为止的六七年间，两兄弟都与萧道成在一起生活。

461年(？)以后，萧赜便离开建康，同时离开了父母兄弟，只带着妻儿到南方仕宦。这时候便只有萧嶷留在身边侍奉父亲了。应该是再过了三四年左右，他也起家出仕了，但最初的职位是太学博士，仍然留在首都，并不是像哥哥那样的外地郡县职。顺带说一句，太学博士在梁官品中属于流内十八班的第二班，也比萧赜起家时的寻阳国侍郎要高一级，好歹不算垫底了。

萧嶷接下来转为长城县令(在今浙江湖州长兴)。这是吴兴郡下的属县。吴兴当时与吴郡、会稽合称三吴，是护翼首都建康周边的心腹重地，属于江南最早得到开发的先进地区，当时便已号称"地沃民阜，一岁称稔，则穰被京城"①。而且长城县距离萧家所在的建康可谓咫尺之遥，同在长江三角洲，来回照应方便得很。长城令虽然和萧赜任职的赣令同为县令，但无论地方的远近还是民生的美恶，都相去云泥，远远胜过后者。而比萧嶷小八岁的堂弟萧鸾，二十岁时的起家官就是安吉令(在今湖州安吉)，时间比萧嶷大约要晚六七年，但同样是吴兴郡属县，与长城县毗邻。

从萧赜到萧嶷、萧鸾，尽管只是十年之内的足迹，但萧家子弟的出身境遇已经开始出现显著差异。换言之，萧道成已经渐渐有能力运作家中子侄们的就职岗位了。

关键性的蜕变，就发生在萧赜与萧嶷仅有的四年差距之间。那正是我们已经反复申说过的，彻底改变了萧家命运的泰始初年子勋之乱。现在我们又可以看到，那不但改变了这整个家族的命运，而且微妙地推动了原本年纪和生活环境都很接近的两兄弟的人生轨迹，令其发生了难以察觉的偏离。宋明帝面对动乱，必须倚重都城仅有的力量组建讨伐军，许下

---

① 《宋书》卷九九《二凶传》。不过吴兴地方低湿，水灾很多，仅就三吴地区而言倒不算富庶。

加官晋爵的各种福利是不难想见的。萧道成这时被任命为右军将军,又加辅国将军,在作战中立下了一连串的战功,在朝廷中的分量大大上升。这恐怕就是萧嶷能够被任命为建康周边美县的重要原因——当然,另一个很重要的原因是,这时候子勋之乱还未平定,中央政府也只有周边一圈的郡县职位还控制在手里,可供任命了。

和被派到远方任职,好几年都见不到家人的萧赜相比,弱冠时期的萧嶷基本上一直都留在首都地区,也就是留在了父母身边。他既承担起了更多的照顾家庭的责任,也获得了更多的侍奉双亲、与父亲交流的机会。

没过多久,萧嶷便从县令调入中央,任尚书左民郎。这与萧赜入京任尚书库部郎职位相当,时期也一致,大约是同一个过程。所以这段时期两兄弟应该有一段短暂的相处时光。但很迅速地,萧赜便又赴征北将军府参与作战,这回轮到他与父亲成为同袍;而萧嶷则改任吴郡钱唐(今杭州)令,仍然留在了首都周边、便于照顾家族的地位上。当时西湖还是一片海湾,杭州只是个山中小县,远没有今天这么发达①。不过不久以后(大约就在萧赜当皇帝的时期),钱唐已经出现了著名的歌妓苏小小了。

赐爵封侯问题

前文已经提到,泰始二年(466)薛安都响应子勋之乱,占据彭城造反时,曾派遣其子薛索儿渡过淮河南下侵掠。萧道成进军击破之,因功封为西阳县侯。《南齐书·豫章文献王嶷传》对此记载道:"改封西阳,以先爵赐(萧嶷)为晋寿县侯。"

不过这一条记载是有些奇怪的。因为无论《南齐书·高帝纪》还是别的任何史料,都没有萧道成在此前受封为晋寿县侯的记录。《高帝纪》对此事的写法是"除骁骑将军,封西阳县侯",也并没有说是侯爵的改封。皇帝曾经的封爵不在帝纪里记载,却反而旁见于其他的传记,对一部正史来说这简直是不可理解的纰漏。而《高帝纪》里倒是明白记载了,萧道成这时已袭了父亲萧承之的爵,爵位是晋兴县五等男——前面我们已经谈到

---

① 参谭其骧《杭州都市发展之经过》,《长水集》上册,人民出版社 1987 年。

这只是个类似于"骑士"那样的荣誉头衔，并没有什么实际的封邑，和侯爵相差太远了。"晋寿县"和"晋兴县"只有一字之差，这很让人疑惑这里是否会有文字传抄的错讹，虽然现在已经没有版本上的依据了①。

此外，萧道成破薛索儿的时期，还只是官右军将军而已。刘宋有实际职掌的将军号，从上面数下来是总管性的领军将军、护军将军（领护），左卫将军、右卫将军（二卫）、骁骑将军、游击将军（以上总称为六军），然后才数到前军、后军、左军、右军这"四军"。右军将军在武职中大概要排到第十位左右。从当时的居官实例看，右军将军往往与郡守为先后迁转之官，只能算是个中等偏上的职位。以这个等级的功绩地位，就能在自己获得一个新爵位的同时，让儿子继承侯爵，这也多少有些超乎想象。

而更奇怪的一点是，这个侯爵并没有赐给长子萧赜，而是给了次子萧嶷。

如果认可这条记载，那么萧道成对萧嶷的疼爱，真是异乎寻常，远远超出对自己的长子了。我们知道，萧赜这时候"封西阳县子"，前文已经辨析过，这可能是"西阳县五等子"的文献阙漏，也可能是"西阳县侯世子"的略称，但无论哪一种身份，显然都跟现成的侯爵天差地别。看到并没多少抢眼表现的弟弟居然如此一马当先地把自己甩开，萧赜不知道心里会是个什么滋味？即使在旁人眼里看来，这种处理也会显得过于出格，不免要对萧家的门风产生猜疑了吧。萧道成难道一点都不在乎把自己长子的不成器暴露在世人眼前吗？

但如果这条记载是有问题的，如前面的推测，只是"晋兴县五等男"的讹误的话（虽然不容易追溯为何会出现如此不着边的讹误过程），事情就变得自然多了。在父亲因功封侯的同时，两个儿子分别封为五等子和五等男，也就是封爵体系中最低端的两级，而长子又比次子高一级。这无论从父子还是兄弟的序列看都很完美，没有任何不正常的表现了。长子既然已经有了较高级的封爵（或如另一种推测，封为侯世子），那么父亲原有的爵位就留给次子，当然也是很合理的。

从本书的立场来说，是宁可相信事理，而不拘泥于文字记载的。

---

① 不过《南史》抄录此句，也同样作"晋寿县侯"。这是一个不容忽视的反证。假定说此处确有错讹的话，那么早在唐代就已发生了。

兄弟交替上场的角色安排

接下来,萧嶷似乎就一直留在了中央。从 466 到 474 这八年间,萧赜从征北将军府转任襄阳太守,扎实地升进到地方治民官的中坚层;而萧嶷唯一留下的任官记录是通直散骑侍郎,一个名誉性的闲官。值得注意的是,和萧赜长期担任武职不同,萧嶷从一开始担任的就是文职和治民官,形象和性格都比哥哥要文雅得多——而这在那个时代,几乎也就等于说是上流得多。后来萧嶷的诸子也多有爱好文史者,还出了萧子显、萧子云这种在文学史、史学史上都有相当地位的人物。

史书中记载了一个小故事,一位士人王瞻,看不起萧赜,有一天前来萧家拜访,看见萧赜在大床上睡觉,便对萧嶷说:"帐中物亦复随人寝兴!"①这话的意思不是很好解释,想来跟骂人"沐猴而冠"差不多。在王瞻眼中,像萧赜这种粗人不过是跟风装模作样而已,而真正有资格冠带寝兴的,自然是他和萧嶷一流人物了。这恐怕并不是王瞻个人的喜恶,而毋宁说代表着都城士人社会的一种风气。对于爱好儒学文艺的萧道成来说,可以想见也正是萧嶷相较于兄长的一个优点。

471 年,萧道成被征回都,担任散骑常侍,这回是萧嶷与父亲成为同部门的上下级了。次年萧道成太太刘氏去世,萧嶷遂免官在家居母丧(但史书却没有关于萧赜居丧的记载)。

474 年,桂阳王刘休范兵临城下,都城风声紧急,萧道成亲自前往长江南岸的新亭垒要塞驻守。萧赜这时远在广东韶关任职;被任命为宁朔将军,率领亲兵随身保护父亲的,是萧嶷。他这时候才第一次获得了与家门相称的武职,也第一次上了战场亲自指挥战斗,据说还指麾若定,表现颇佳。

接下来角色换位,萧赜回到京城担任司徒右长史,而萧嶷则一度外任为武陵内史。但这大约只是为了让他快速上升,所以要到外地去当治民官,累积起"外资"而已——前文已经说过,武陵郡是江西、湖北、湖南三省交界的山区,当时朝廷最头疼的"蛮人"(武陵蛮)聚居地。外放到这种地

---

① 《南齐书》卷二七《王玄载传附王瞻传》。

方,正如今天的支援边区锻炼,履历上写起来应该是很好看的。所以没多久他便又转回首都任职。

这时候两兄弟的角色再次转换,轮到萧赜直接上场面对敌手,而萧嶷则在大后方协助都城防守了。萧赜奔赴上游坐镇郢州防控沈攸之,萧嶷则在父亲身边守护家庭,帮助应付波诡云谲的朝廷局势。两兄弟各有所司,分担了萧氏阵营的重要任务——当然,留在父亲身边总是比离开首都独立面对强敌要稳妥得多了,这一方面符合兄弟长幼的角色安排,同时也表现出萧道成爱护小儿子,将其置于自身羽翼之下的考虑。

这时候萧道成与后废帝间的斗争已渐趋白热化。萧道成任职领军将军,住在将军府中;而萧嶷的起居则在清溪老宅。这是很有道理的。我们今天不太好想象一个身居中央高位的人物,家人还会轻易遭遇到什么人身危险,但五世纪似乎是一个危险得多的时代。就在萧道成、萧嶷出守新亭时,城内风声谣传守军已溃败,闹起骚乱来,萧家就曾被暴徒趁火打劫,几位女眷在长懋、子良的护送下逃到亲戚家,才算幸免于难。① 所以事平之后,萧嶷仍然留住家中,显然是为了守护家中眷属,只是这时候已经从军事危机转向了政治危机,而敌人也已经从上游方镇变成了头顶上的皇帝。

据说有一次,后废帝就曾摸黑前来偷袭萧家老巢,萧嶷这时机敏地察觉到了后废帝的行径,命左右亲信在庭院中舞刀弄枪。皇帝从墙洞里窥见这一情形,以为萧家早已有备,只好无功而返②。——虽然实在很难看出袭击萧道成的家眷有何政治价值,而皇帝亲自做这种鸡鸣狗盗的下三滥勾当也未免过于匪夷所思,所以这个故事到底可信与否,也有些可疑。但即使这一故事是萧家创作出来的,故事底色仍能颇为真切地帮助我们看到其自身对当时所处状况的体认。

面对沈攸之起兵,萧赜在前线与之针锋相对;而都城方面,萧道成坐镇中枢,萧嶷则出镇东府——东府城为拱卫都城东面的要塞,扬州刺史府邸即在其中,而萧嶷这时任职侍中,按常理根本轮不到他主宰东府。这些

---

① 《南齐书》卷二十《皇后·文安王皇后传》:"宋世,太祖为文惠太子纳后,桂阳贼至,太祖在新亭,传言已没,宅复为人所抄掠,文惠太子、竟陵王子良奉穆后、庾妃及后挺身送后兄昺之家,事平乃出。"

② 《南齐书·豫章文献王嶷传》:"太祖在领军府,嶷居青溪宅。苍梧王夜中微行,欲掩袭宅内,嶷令左右舞刀戟于中庭,苍梧从墙间窥见,以为有备,乃去。"

非常举措都反映出当时萧家在都城一手遮天的局面。

事情平定之后，萧赜顺利回都就位齐王世子，这回又轮到萧嶷离开首都了。他于昇明二年(478)八月，出为江州刺史及都督江州军事，接替萧赜之位；四个月后(昇明三年正月)便又改为都督荆、湘、雍、益、梁、宁、南北秦八州诸军事、镇西将军、荆州刺史，实际上是接管了沈攸之原来的地盘，负责上游的善后工作。随后又加上湘州刺史和南蛮校尉二职，成为"二州二府"，其权势之重，号称"近代莫比"。而他在这一时期也颇有政绩，成功镇压异族动乱的事迹我们前面已经叙述过了。

任命萧嶷为中上游总管的这一安排，颇有些耐人寻味。从一般方案而言，这是完全符合常规的。自刘宋以来，南朝政权惩于东晋士族权力过大、凌驾皇权之弊，便定下扶持宗室诸王，分陕上游以羽翼皇室的方针。萧赜作为继承人，这时的职责已经不是作为方伯坐镇一方，而是要准备着转变为天下之主了；那么上游半壁江山的打理，除了萧嶷以外也就不作第二人想。但在东晋以来的历史传统中(所谓"故事")，得荆州者就意味着有了在事实上足以抗衡建康的实力。一个过于强大的弟弟对皇朝继承人来说永远是个不安定因素，由此产生的两种问题过去历朝也早已浮现：其一是可能由于皇帝本人的偏爱而更换太子，其二则是权力膨胀的弟弟可能图谋夺位。无论哪一种，都是始终困扰着南朝政权的深刻阴影，使这一时代中的皇室兄弟父子相残不已，中央政治也随之波动不安。反过来，由于对此高度过敏而先下手为强残杀同族的皇帝，又会使宝座落入失去自家人守卫的困境，最终拱手让给了外姓权臣。这种宫廷政治的困境在南朝反复上演，其背后的结构性动因无非在于：在制度性皇权未能发展到个人化高度集权的阶段，皇帝在同族和异姓权力集团之间必须选择依仗一方来维持共同统治。这是这个时代的政治智慧还无法解决的问题。

不过，尽管结构性的根本问题无法解决，但在不同因素的凑合下，短时期内却仍然会呈现出发展方向的差异，有时走向了安定繁荣，有些时候却导致动荡混乱。从建元到永明，就是南朝政治史在这个结构之上走向正面发展的一个鲜明案例。与此相对，从永明告终到接下来的建武时期，则是走向负面发展的恶劣案例。

建元三年的东宫搜检风波，根本上正是围绕着萧赜、萧嶷兄弟展开的太子之位的归属问题。是什么因素掀起了这一风波，又是什么因素让它最终平息，而未能发展为动摇皇朝根基的狂风恶浪呢？

第三节　易储危机：
权力三角中的命运博弈

少主人与大管家的恩怨

事情要从萧道成的一个部属说起。这个人的名字叫作荀伯玉。

在泰始初年的动乱中，荀伯玉本是刘子勋阵营的得力人物，已经封到侯爵，应该正是萧氏父子的死对头才对。谁料强弱悬殊的这一战中，大占上风的刘子勋竟然逆转落败，荀伯玉只好落难回都，靠卜卦算命度日——就从他身为败军之将却能安然逃脱、免受牵连这一点来看，便可知是个颇有心机手段的人物。接下来萧道成镇守淮阴，开始展开羽翼之际，他看准形势前来投靠，毕竟也凭着自己的专业技能，准确预言了萧道成的一次政治危机，从而取得萧道成的信任，成为亲信。据说他"忠勤尽心"，常在萧道成左右护卫差遣。萧道成接受明帝的考察过关，奉命回都之时，"令伯玉看宅，知家事"①，荀伯玉从此成为萧家的大管家。

我们知道，当初萧赜在南方打游击的时候，刘子勋阵营是已经知道萧赜，并且对这个年轻人有点重视了的。荀伯玉在这个时候或许曾经听说过他的传闻，但两人自然无从相识。那之后的泰始二年，萧赜与父亲有可能曾同在桂阳王休范的征北将军府任职，但就在第二年正月，萧道成便已脱离征北府，被封为假冠军将军、持节、都督北讨前锋诸军事，镇淮阴，成为淮水沿线镇防北魏的前敌总指挥，而荀伯玉正是在这时候投入萧道成阵营，担任冠军刑狱参军。因此他与萧赜很可能刚好错过而未能相逢。假使这一推测不错的话，我们就很好理解他与萧赜的关系了——不但没有机会结下交情，而且很可能残留着曾经作为敌人的印象。在荀伯玉那里，萧赜只是存在于抽象概念中的一个少主人而已。

元徽二年至四年（474—476），休范之役结束后，萧赜从广东回到首都任职朝官。这应该就是两人的初次见面。一个已经羽翼渐长，却常年离

---

① 《南齐书》卷三一《荀伯玉传》。

家外任的少主人;和一个新近从敌营投靠而来,却忽然掌管了家族事务的大管家。双方互相打量的眼神里,只怕都不免带着些戒备和测量的味道吧。

萧赜这时候已是三十五六岁的人了,居官的等级也已经不低,很合理地,他打算搬出清溪老宅,营建自己的新家了。大约是为了建筑材料或园林装饰的需要,萧赜派人回到老宅,挖掘几株树木。在萧赜眼中,这或许是微不足道的一件小事,自己大可以做得了主——这份家业,将来还不是我的吗,区区几棵树又算得了什么?然而在新上任才两三年的大管家那里,事情却是另一个看法:不管多么微小的物件,都是萧家的产业,都应当属于家主萧道成所有;而我荀伯玉,就是老主人的代表,几时轮得到当儿子的说话?

于是荀伯玉一面阻止萧赜掘树,一面飞驰报告萧道成。萧道成的答复是:"卿执之是也!"①这一反应不难理解——从上面所述搜检东宫的风波里,我们已能体会到他这种老领导心态:老子还没退呢,接班人就打算自作主张,哪天等你真上台了还得了!而管家为了我萧家的整体利益,不惜得罪少主人,如此赤胆忠心,自然是值得大大嘉奖的了。

这场小小的冲突,最终以萧赜吃了个哑巴亏而告终。

关于刘宋末年萧赜与荀伯玉的交涉,史书里只记了这么一件,但不难想象,这绝不会是唯一的一次恩怨。嫌隙的种子既然已经种下,恶果早晚就将要结成了。

大管家的小算盘

荀伯玉,正是东宫搜检风波这一出戏码的幕后推手。

在史书中是这么记载的:萧赜自从当上太子以后,自恃年长有功,觉得这天下是自己和父亲一同打拼下来的,于是肆意行事,不遵法度。比如前面谈到看不起萧赜的那位王瞻,后来果然因为没有眼力而吞下苦果。萧赜当上太子后,看准他有一次觐见皇帝时跪拜马虎不合礼仪,立刻以此为借口将他召到东宫,捆送廷尉先斩后奏,接下来才派左右去向父亲报告

---

① 《南齐书·荀伯玉传》。

说："父辱子死，王瞻傲慢朝廷，儿臣已将他收拾了！"萧道成闻言大惊道："快去告诉太子，这点小事何必计较！"然而却已来不及了。于是皇帝也就只好接受既成事实，"乃默无言"①。从这件事情来看，萧赜当太子时自负决断，无视法度，确是事实。像王瞻这种刘宋年间已任至方伯的人物，一般来说，即使皇帝要动他也得通过御史倚奏，走正规通道处分，萧赜这一回仗着新朝廷刚刚建立的气势，公报私仇，虽然出了一口贫贱时的恶气，恐怕也增添了父亲对他的不满。

而更重要的是，所谓法度，不仅仅像今天理解的那样指国家法律而已。在那个等级社会中，服色用具都是各有等差的，皇帝、后妃、太子、诸侯王、各级官僚、平民，一丝不能僭越紊乱。在今天的现代社会，不论你是平头百姓抑或达官贵人，身体状态并不会有很显著的分别，从发型装饰到衣裤鞋帽看起来都差不多。有钱人顶多通过"奢侈品"来展现自己的财富，但奢侈品与非奢侈品之间的差异大多只是由价钱标注出来的，东西本身的特征通常并不能一望而知，更非明文规定。昂贵的钻石可以用玻璃来假冒，名牌的挎包可能设计得跟民工扛货用的蛇皮袋没什么两样，各种豪车的车标对一个不关心汽车的人来说也难以分辨。而"权力"的形状甚至比财富更加隐而不显。现代人的"外在"已经被高度同化，因此"内在"的因素在生活中占的比重更大，我们需要通过一个人行使的职权、专业的技能以及言行谈吐等，才能对其作出判断。然而古代却是一个高度依赖"观看"的世界。因为视觉上的差异实在太清楚了。只要看一个人身上衣冠的颜色剪裁、所用器物的材料形制、出门坐什么样的马车轿子、住宅的门户规模如何，就马上能够判断出此人在社会上属于什么等级，与自己的身份高低关系如何，应当对他采取怎样的应对方式。因此我们也就可以理解，如果反过来，这样一目了然的判断竟然出了错误，那直接就会导致社会秩序发生紊乱，因为人们不知道该如何恰如其分地相处沟通了。而站在权力者的角度，高低之别的混乱更具有高度的危险性，因为服色用度既然是内在秩序的最直接符号，那么低位者一旦擅用高等物，当然也就最

---

① 《南齐书·王瞻传》："建元元年，为冠军将军、永嘉太守，诣阙跪拜不如仪，为守寺所列。有司以启世祖，世祖召瞻入东宫，仍送付廷尉杀之。遣左右口启上曰：'父辱子死，王瞻傲慢朝廷，臣辄以收治。'太祖曰：'语郎，此何足计！'既闻瞻已死，乃默无言"。

直接地反映出"彼可取而代之"的内在野心①。

萧赜正是在这个方面犯了大忌。他宠信自己的亲随张景真,赏赐他的东西都是御用珍奇。据说在拜陵回来的途中,张景真白衣(便装)坐在画船上,旁观者见其服饰,都惊动赞叹,以为他就是太子。——如果太子的亲信就已经服御拟于太子,那么太子本人呢?

正是在这样的背景下,据称荀伯玉见此情形,心忧如焚,慨叹道:"太子这些所作所为,皇上都蒙在鼓里。大家都爱惜身家性命,不敢冒险启奏。除了我以外,还有谁能向皇上说明真相呢?"②

于是荀伯玉便向萧道成打小报告去了。

史书所载未必是假,或者至少表现上是如此。荀伯玉对萧家皇朝的忠心耿耿毋庸置疑。因为像他这种缺乏家族根基,甚至还是从敌营投靠而来的人物,除了对皇帝忠诚之外全无立身之地。萧家好就是姓荀的好,这点道理他不难明白。萧赜的表现有违制逾越之处,荀伯玉站在管家的立场上启闻,就像当年的掘树事件一样,是很正常也很合理的。

但是内里的曲折,是不是就如此简单呢?恐怕也未必。至少基于他和萧赜的恩怨,我们大可以推断荀伯玉心里还打着另一副小算盘:

老皇帝现在虽然在位,但他总有一天是要离开的。自己和太子已经闹僵了,将来他顺利继位,哪里会给我荀伯玉好果子吃?如果能找机会抓住萧赜的小辫子让他下台,不管换谁当太子当皇帝,情形总不会比现在更坏。

——更何况,最有可能接位的人,还与自己另有一层关系,说不定推了这一把,自己还能立下新的功劳,继续长保富贵呢!

之所以这么说,是因为建元二年萧嶷从荆州刺史任上入京升任司空、

---

① 与此相反的表现是"天子微服"。身居高位者却自降服色仪从,这种事情在今天只被当作趣闻,然而在那个世界里如果真实发生,实际上是比庶民们口中的津津乐道要严重得多的政治问题、社会问题。南朝皇帝身上就屡屡出现这类问题,前文提到的宋后废帝即是一例。

② 《南齐书·荀伯玉传》:"世祖在东宫,专断用事,颇不如法。任左右张景真,使领东宫主衣食官谷帛,赏赐什物,皆御所服用。景真于南涧寺舍身斋,有元徽紫皮裤褶,余物称是。于乐游设会,伎人皆着御衣。又度丝锦与昆仑舶营货,辄使传令防送过南州津。世祖拜陵还,景真白服乘画舸艒,坐胡床,观者咸疑是太子。内外祗畏,莫敢有言。伯玉谓亲人曰:'太子所为,官终不知,岂得顾死蔽官耳目!我不启闻,谁应启者?'因世祖拜陵后密启之。"

扬州刺史,他的司空咨议参军正是荀伯玉。萧道成让自己这个大管家出任次子的辅佐职位,对头脑灵活的荀伯玉来说,迹象已经足够明显了。而且,这层关系还能再往前追溯:在宋末形势最为凶险的时刻,萧赜远在江州防御大敌;留在都城清溪家中负责保卫眷属的是萧嶷。可以想见,荀伯玉这个主持家务的大管家,在此时期正和萧嶷有着一份并肩共事的情谊。

而我们还可以进一步追问,为什么荀伯玉要选择在建元三年夏秋间向皇帝打小报告?萧赜当上太子已经不是一天两天了,为什么他早不报告晚不报告,而要选在这个时刻当忠臣?

事情的关键仍然在于萧嶷。自从昇明二年出京接任江州刺史以来,他与萧赜两兄弟的"内—外"关系就互换了,萧赜一直留在都城,从世子当到太子,萧嶷则任职上游方镇。在这期间,荀伯玉只能静待时机。

建元二年年底,转机终于出现了。萧嶷被征还都。但不幸的是,他却在从江陵水路下建康的途中得了一场大病,直到回归都城后也一直缠绵未愈。萧道成对次子的这次大病关怀备至,次年六月壬子为此下诏宣布大赦,以祈求上天对萧嶷的福佑。不久后萧嶷果然病愈,萧道成大喜过望,车驾至萧嶷府邸所在的东府城设金石乐庆祝,并特别敕许萧嶷入宫时,乘舆直入到宫城六门才停下。

老主人对次子的关爱备至、殊荣屡赐,恐怕正让荀伯玉嗅见了成功的气味。在萧嶷病重未愈之际,即使是神算子荀伯玉,也只能困于形势未卜,无法放手采取行动。假使萧嶷就此一病不起,萧家天下自然谁与争锋,萧赜的地位不可动摇,荀伯玉也就只能束手无策了。但如今缠绵病榻大半年之久的萧嶷竟一夕痊愈,不啻给荀伯玉吃了一颗大大的定心丸(甚至可以看作是预示着成功的吉兆),只要能一举掀翻萧赜,太子之位非萧嶷莫属,自己自然也就得以摆脱危机了。这正是促使他在这个时刻抓住萧赜离开都城的机会,向萧道成进谗言的直接动力。

没过多久,趁着萧赜拜陵未归,搜检东宫的风波就爆发了。

萧家的忠犬：平息风浪之人

荀伯玉的算盘几乎成功了。

萧赜开始被召入宫的时候,大约还一头雾水,不知事情有多严重。第二天两个儿子带着祖父的敕令前来,将张景真捉拿处死,萧赜还心存侥幸,请托萧家另一心腹、负责殿内宿卫的萧谌替自己传话求情,想免张景真一死,不料萧道成勃然大怒,吓得萧谌退避三舍。萧赜这才醒悟过来,知道大事不好,灰溜溜不敢捋父亲的虎须,称病躲在东宫一个多月,苦苦等待转机。

转机的出现是由于另一个人物,王敬则。

王敬则其人,是出身比萧氏还要低下的贫民,但从年轻时就辗转四方,经历过不少风浪,还曾经经商到过朝鲜,跟当地女子有过一段情缘,最后被逮捕遣返,可算是一个传奇式的人物。他善于刀技,能像杂技演员一样将刀掷上高空再接住,百无一失。在刘宋后期的昏乱时局中,这样的人物是很有用武之地的,但出身寒贱的他没有找到一条堂堂正正的战场立功之道,而是被选录进了宫廷卫队中,从此卷入高层政治的权谋世界。刘彧弑前废帝,萧道成弑后废帝,在这两次大逆不道的事件中,他都充任了急先锋打手。

尤其在后一次事件中,他对萧道成表现出了超常的忠诚。当时他已官至越骑校尉、安城王车骑参军,并不是一个很低的官位了;然而他每天下班以后,便前来萧道成的领军府,重操旧业,穿上与夜色融为一体的青衣,匍匐潜行,为萧道成充当侦测环境的探子。刺杀后废帝那一夜,是王敬则携带着皇帝的首级飞驰通报萧道成;最后废顺帝那一天,也是王敬则将皇帝押解出宫的。在袁粲、刘秉等图谋推翻萧道成的政变中,王敬则亲手搏杀了与自己同掌禁兵的直阁将军卜伯兴和在中书省值班的刘秉,清除了腹心之患的宫中内应。

在此起彼伏的连环风暴中,王敬则与萧家的关系已不仅仅是上司和部属、首领和随从那么简单了。他所立下的一切功劳,都来自萧家夺位过程中最关键,同时也是最不光彩,最不足为外人道的那些黑暗任务。他是萧家最忠诚、最可靠的一条斗犬。他的表现,连同为寒人出身的其他将领都看不过眼。曾经勇斩刘休范,在都城保卫战中立下首功的张敬儿就曾当面讥刺他说:"我一个粗人,只会上阵杀敌,哪儿能像您一样靠着谋害皇帝立下大功呀!"①

---

① 《南齐书》卷二五《张敬儿传》:"遗诏加敬儿开府仪同三司,将拜,谓其妓妾曰:'我拜后,应开黄阁。'因口自为鼓声。既拜,王敬则戏之,呼为褚渊。敬儿曰:'我马上所得,终不能作华林阁勋也。'敬则甚恨。"上文已经提到,在听说北魏入侵时望风而逃的南兖州刺史,正是这位王敬则。

　　然而，正是这种不足为外人道的影子任务，让王敬则获得了超越一般臣属的地位，而几乎已经可以算是萧道成家族中的一分子，成为家奴甚至被当作家人了。

　　他也因此获得了敢于，也足以在萧家父子兄弟阋墙的漩涡中心插上一脚，打破僵持局面的能力。

　　风波发生已经一个多月了。这一天，余怒未消的萧道成正在太阳殿午休。王敬则直入殿内，叩头劝说道：

　　"您刚刚得到天下还没几年，正是要稳固根基，考虑传之千秋万代的时候。现在太子并没犯下什么罪过，却被如此责罚，大家看在眼里都十分不安。请您动身到东宫去宽慰太子，让天下人恢复对朝廷的信心吧！"①

　　萧道成闭着嘴不说话。

　　王敬则于是站起来大声宣布皇帝旨意，命内侍准备车驾伺候皇帝前往东宫，又命太官（御厨）准备宴席。

　　乘舆已经安排好了。萧道成仍然坐在一边不动。

　　王敬则索性直接从左右手中取过衣袍给皇帝穿上，牵着他的手送上乘舆，前呼后拥到了东宫。萧赜，以及萧嶷与以下的弟兄们簇拥着父亲，在东宫北边的玄圃园宴游了整整一个下午。皇帝摆开家宴，年仅22岁、身强力壮的四子萧晃站在身后扶持华盖，24岁的三子萧映手持雉尾扇侍立在旁。两个孙儿长懋、子良向祖父敬酒，子良端起盛酒的酒鎗，嫡长孙长懋斟酒进献。而风波的主角，长子萧赜和次子萧嶷则亲自手捧菜肴，献到父亲席上。

　　在这样一幅儿孙环绕、洋溢着天伦之乐的画面当中，齐高帝萧道成的怒气不知不觉飞到了九霄云外，放怀痛饮。自萧赜以下众人都受赐御酒，一同酣醉，直到太阳下山方才散席离去。

　　我们看这一出家庭喜剧，实在是很难忍着不笑出声来。一代枭雄萧道成，此时此刻只像是一个要不到糖果在闹别扭的小孩子。他是威严的皇帝兼父亲，然而同时也是一个期待着儿孙亲情的孤独老人。当他意识到长子也许正在迫不及待地等着自己离世，不禁暴跳如雷，心中的天平开始倾向恭厚本分的次子；但父子关系的撕裂并不能让人获得满足，从后来

① 《南齐书·荀伯玉传》："世祖忧惧，称疾月余日。上怒不解。昼卧太阳殿，王敬则直入，叩头启上曰：'官有天下日浅，太子无事被责，人情恐惧，愿官往东宫解释之。'"

的表现看,他其实也是在悄悄地期待着有人能来拉上一把,让家庭回归到父慈子孝的理想状态中。然而震怒中的龙颜,又有谁敢轻易来触碰逆鳞?于是下不了台的皇帝,闷气就只能一直生下去。王敬则之所以敢对皇帝作出如此"犯上"之举,根本是哄小孩儿似的半劝半拽,"不说话就当你答应了"——恐怕在这颗狡黠的头脑里,早就洞悉了主子深深的无奈吧。

《南史》的作者李延寿在叙事的末尾,用这么一句话来收束:"是日微敬则,则东宫殆废。"①这句朴素的论断正点出了局势的微妙所在。萧道成显然没有因此事就在理性上下定决心废太子,否则他就不会拖延上一个月之久。但如果他的怒气再持续下去,那就好比曝晒多日后的干柴,只需要一点火星,情绪就可能驱动着理性作出决断。但王敬则的亲昵行动却恰到好处地戳破了他无处发泄的闷气,打出一副最基本的家庭温情牌,将皇帝的情绪拉回到原来的轨道上。太子废与不废,这种关系到国家气运的大事,还真就被这么一个下人的行动给扭转了。

说到底,无论是怎样的英雄豪杰,毕竟平日里也只是父子家人。在一个屋檐下过着日子,难免就会有飞短流长,会有分歧争执。一点点看似鸡零狗碎的因由,对家庭内部的当事人来说也许就是天崩地裂。家庭就是小社会,不管帝皇将相,还是村夫野妇,都难免为这些事情所苦的。而一旦化开面子上过不去的冷脸,乐也融融的天伦之乐被重新营造出来,让暴动的情绪得到安置,即使看似危机重重的大问题,也就不妨在杯酒笑语中消释于无形了。我们对于那些已经手握天下大权的大人物,通常天然地选择不从如此"浅薄"的理由,而是倾向于从那些更理性冷静、更宏大高远、富于深意的结构性、大局性因素去分析他们的行动——然而历史告诉我们,很多时候恰恰并不是这样的。

人,毕竟只是人而已。

王敬则是一个文盲,然而他无疑在底层的社会经验中学通了"人情世故"这部大书,这是他成功的关键所在。但是,他为什么会在这一次事件

---

① 以上细节记录在《南史》卷四七《荀伯玉传》中:"高帝无言,敬则因大声宣旨往东宫,命装束。又敕太官设馔,密遣人报武帝,令奉迎。因呼左右索舆,高帝了无动意。敬则索衣以衣高帝,仍牵上舆。遂幸东宫,召诸王宴饮,因游玄圃园。长沙王晃捉华盖,临川王映执雉尾扇,闻喜公子良持酒枪,南郡王行酒,武帝与豫章王嶷及敬则自捧肴馔。高帝大饮,赐武帝以下酒,并大醉尽欢,日暮乃去。是日微敬则,则东宫殆废。"《南齐书·荀伯玉传》的记录则要简略得多。

中,采取这一显然对萧赜有利的举动?史书中没有任何解释,我们已经难以确认。正如荀伯玉宣称进谏是为朝廷尽忠一样,王敬则的说辞也极尽公心,我们同样大可以相信这条萧家忠犬对主子利益的感情是真实的。不过同时应当考虑到的是,尽管他有着向萧道成进谏的资格,但这一举动仍然是不无风险的(萧谌就碰了个大钉子)。无利不起早,他也不可能没有点自己的小算盘。很有可能,在这一个多月里,号称躲在东宫养病的萧赜已经与他缔结了同盟。一个证据就是,在王敬则把萧道成半推半就领出宫来的途中,他就已经派人秘密报告萧赜此事,让他赶紧做好准备迎接大驾。当萧赜登基以后,着手清洗父亲那些老臣子的时候,他也果然获得了可观的回报,不但安然无恙,还一路升迁,永明末年已经位列三公,与出身高贵的宰相王俭同列,荣耀无比;直到齐明帝朝才因其"高、武旧臣"的身份遭到猜疑,起兵失败被杀。

风波的后续

有惊无险度过一劫的萧赜,想必从此安分了些。而幸运的是,他也用不着安分多久了。仅仅半年之后,头顶上的阴霾就一扫而空:父亲去世了。在这段时间里,萧道成似乎再也没有过易储的想法,只是在弥留之际,尽了自己的最后一点努力,向将来的皇帝嘱托道:

"荀伯玉对我忠心,得罪了不少人,我死之后,一定有人向你说他是非,你千万不要相信!就让他到东宫去伺候太子长懋吧,如果觉得不行,大不了把他外放到边境去当南兖州刺史,也就是了。"①

一代枭雄讲出这样一番话,也着实够辛酸的了。这几乎已经是变相的求情,萧道成焉有不知心中对荀伯玉最恨之入骨的人便是自己的长子?在离开人世的这一刻,萧道成终于不得不承认,这个家,这个天下,终究是要脱离自己掌握的。新主人愿不愿意尊重自己这最后一点权威,可是毫无把握的事情。

病床前的萧赜,自然不能公然违背父亲的这点遗愿——事实上他一

---

① 《南齐书·荀伯玉传》:"世祖深怨伯玉。上临崩,指伯玉谓世祖曰:'此人事我忠,我身后,人必为其作口过,汝勿信也。可令往东宫长侍白泽,小却以南兖州处之。'"

时之间也还真没法拿荀伯玉怎么样。所谓投鼠忌器,在荀伯玉一方还有另一个人,是让刚刚接位、根基未稳的萧赜不得不心存顾忌的。

在萧道成争夺天下的过程中,有一批人物发挥了举足轻重的作用,那就是前文提到过的,他在镇守淮阴时结纳的青徐豪族。崔、刘、垣氏等植根于江淮之间的武力强宗,率领着他们以万人计的门生部曲,形成当地乡里社会中一个个根深叶茂的基层单位,成为北魏与南朝内地之间的缓冲带。他们既能在北方敌人入侵时自行发动,或独立或协作,形成抵御战线;也能结合在有力的方镇周边,转过头来对南方朝廷的中央政治形成影响。在萧道成称帝之后,这些人物及其背后的乡曲势力仍然发挥着"淮蕃海捍"的作用。其中代表性的人物之一,就是垣崇祖。

垣氏是徐州下邳(今江苏睢宁)的豪族,垣崇祖尤以干略勇武著称。他在泰始初年的战乱中,原本选择站在薛安都一方,后来不服北魏管制,起义投奔萧道成,曾孤军深入淮北七百里建立根据地,又戍守龙沮抵抗魏兵数万骑,令其无功而返,显示出过人的才能。

而作为南北疆界交错之地的边荒土豪,他不但具有更为务实的政治立场,而且善于在魏、齐各种势力之间游走,这一点是萧道成麾下其他资源所无法提供的。萧道成在宋末深受后废帝猜疑,一度策划出逃之际,就曾命垣崇祖先率部曲数百人作为先头部队叛逃北魏(只是因形势变化而未实行)。在这一点上,垣崇祖与王敬则相似,都是萧家可托以非常之事的心腹。萧道成登位后,便封他为豫州刺史,对他说道:

"我新得天下,北魏必定替刘昶出头,以此为借口南侵。南侵的突破口,必定在豫州的要塞寿春(今安徽寿县)。能够制伏敌寇者,除了你以外还能有谁呢?"①

果然,在建元二年的南北大战中,垣崇祖立堰堵塞肥水(就是淝水之战那条淝水),待魏军来袭时,决堤水攻,溺死数千人;当年冬天又渡淮作战,杀获千计,威名赫赫,被当时人称许为韩信、白起般的人物。

像这样一个被朝廷倚为长城的边镇大将,又新近破虏立下大功,在朝中说话的分量可想而知。不幸的是垣崇祖并不看好萧赜,而是更倾向于支持萧嶷。史载他与荀伯玉友善,这很可能是在北边就结下的交情。荀

---

① 《南齐书》卷二五《垣崇祖传》:"太祖践阼,谓崇祖曰:'我新有天下,夷虏不识运命,必当动其蚁众,以送刘昶为辞。贼之所冲,必在寿春。能制此寇,非卿莫可。'"

伯玉本在刘子勋阵营，而垣崇祖则隶属于刘子勋一方的江北势力薛安都麾下，两人都是从敌营投奔到萧道成麾下的，不说惺惺相惜，起码也是同病相怜，这也许就是两人友情的基础。荀伯玉的立场和利益所在会影响到他的站队，也是不难理解的。

据史书所载，垣崇祖在建元二年冬天击破北魏后，萧道成召他回朝秘密商讨。这时萧赜已经听到了一些流言，疑心他们商量的就是废太子之事，于是在东宫设宴款待，对他加意笼络，表示自己根本不信外间的流言蜚语，只要你好好跟我干，以后一辈子的荣华富贵享之不尽。垣崇祖感激拜谢，萧赜也就放下心来。不想这夜之后，萧道成忽然因边境有事，派荀伯玉传口敕给垣崇祖，命他连夜赶回豫州防守。于是垣崇祖星夜启程，竟来不及向萧赜辞行。在萧赜看来，这不啻是做贼心虚，当面一套背后一套，先把自己骗得团团转，随后脚底抹油开溜，于是从此恨在心头，老账上便记了垣崇祖一笔。

像这样的宫闱秘事，掺杂着不同人物的种种动机言行以及史家的叙说立场在内，究竟几分虚几分实已很难断言。即如荀伯玉奉敕命垣崇祖离京，为何偏偏来的是荀伯玉而不是别人？两个盟友之间暗地里又商量了什么？所谓的边事到底是指何事，紧急到竟然连辞行都来不及？种种疑点，我们都难以强作解人。唯一可以确定的是，萧赜与垣崇祖的嫌隙，从这时便已结成了。

在建元末年的政局中，荀伯玉权倾朝野，垣崇祖则是北方最重要的方镇，一内一外相互呼应。对于太子萧赜来说，这一隐然的反对势力无疑造成了沉重的压力。

新登位的萧赜根基未稳，一时之间还不敢轻举妄动，反而要对荀、垣示好，加意安抚，升迁他们为散骑常侍。直到一年以后的永明元年四月，宝座正式坐稳以后，皇帝才终于下诏诬陷他们与北敌勾结图谋不轨，一并下旨诛杀，铲除了心头大患。

永明初年的旧账清算与政治换血

和其他朝代的通例一样，新皇帝上台，总要铲除上一代的旧人，巩固自己的亲信势力，实现政治权力的换血。

在这个意义上,武帝即使和荀伯玉没有私人恩怨,恐怕也容不下他。荀伯玉作为皇帝管家,原本就已经是朝中的大红人,传说他母亲去世的时候,朝官前去吊丧,队伍排了两里多路,有人一大早就去排队,到了晚上才进门。其权势熏天到了如此地步。在东宫搜检风波发生后,萧道成赞赏他的忠心,更加器重,军国机密大事都让他掌管。当时人有一句口号说:"十敕五令,不如荀伯玉命。"①实际上已经具有皇权代言人的色彩。在这种情形之下,新皇帝上台,焉能容得了他人酣睡卧榻之旁?

在剪除荀、垣之后,仅仅过了一个月,武帝便又诛杀了另一名大将张敬儿,理由是其有不臣之心。传说他最初当上南阳太守时,妻子梦见自己一只手火热;后来升任雍州刺史,妻子梦见一边肩膀热;到开府仪同三司时,更梦见半身都热了。于是张敬儿更野心勃勃,对人说妻子已经梦到全身皆热——开府仪同三司已经是官僚金字塔的顶端,再上去只能是皇帝了。这个故事被用来说明张敬儿图谋不轨,但同一篇记录中又说他"意知满足,初得鼓吹,羞便奏之"②,根本是一副胸无大志的表现。按说张敬儿出身为地位极低的地方寒人③,积功升到车骑将军,已经如登青天。在那个门阀森严的社会中,这样的家世竟敢梦想当上天子,是无法想象的。所以这种故事也不过仍是杀他的借口罢了。比较切实的理由大约是张敬儿自阵斩休范后,便担任雍州刺史,与当地聚居的蛮人贸易往来。这时候沈攸之的前车之鉴未远,张敬儿的行动引起了武帝对上游方镇利用少数民族资源拥兵自雄的忧虑,故而要将他置于死地④。

---

① 《南齐书·荀伯玉传》。《南史·荀伯玉传》记作"千敕万令,不如荀公一命"。
② 《南齐书》卷二五《张敬儿传》。
③ 张敬儿原名苟(狗)儿,弟弟则名猪儿。立下功劳以后,宋明帝觉得这名字实在太不上台盘了,才给他加了个文旁,改名叫敬儿,大约也包含了希望他能有点文化的意思。从这里也就可以看到他门第之不足道。另外,陈三平《中古贱名的由来》认为:"注意涉及猪狗的许多人名,包括苟子、苟女、猪子、猪儿等等,从结构上说并非贱名,而是以十二生肖为保护神的神事名。"(《文史知识》2018年第1期)但至少这在张敬儿兄弟的场合是不成立的,宋明帝给他改名的理由明确是"以其名鄙"。
④ 《南齐书·张敬儿传》载武帝诛杀张敬儿的诏书说:"往莅本州,久苞异志。在昔含弘,庶能惩革。位班三槐,秩穷五等。怀音靡闻,奸回屡构。去岁迄今,嫌贰滋甚。镇东将军敬则、丹阳尹安民每侍接之日,陈其凶狡,必图反噬。朕犹谓恩义所感,本质可移。顷者已来,衅戾遂著,自以子弟在西,足动殊俗,招扇群蛮,规扰樊、夏。"从这一份诏书,可以窥见两方面的情形。一方面,张敬儿本身就是南阳人,最初就是以(转下页)

　　除此之外,有一条史料也颇耐人寻味。据说萧道成去世后,张敬儿暗自在家中哭泣道:"官家大老天子,可惜! 太子年少,向我所不及也。"①后半句的意义不明,颇难理解,但"不及"也许正可以解释为他与萧赜之间没有结下交情,他只是萧道成的老部下,却不是萧赜的忠臣。

　　在张敬儿死后,其女婿谢超宗曾对另一名开国功臣李安民说:"往年杀韩信,今年杀彭越。尹欲何计!"②这是把永明初年的政治空气比作汉高祖得天下后诛杀韩信、彭越等功臣,以安刘氏基业的行径。从这里我们也可以窥见元戎老臣们对形势的危惧了。

　　说到谢超宗,也是一个颇有典型性的人物。萧道成对他十分看重,两人在刘宋末年常常一起切磋文艺,宋末萧道成为骠骑大将军,任命他为骠骑咨议参军;即位后又命他撰作国家大典的郊庙歌词,算得上是老班底了。此人乃是大文豪谢灵运的孙子,因为祖父被诛而随父亲流放岭南,属于"我们先前比你阔多啦"的贵族破落户,徒有文才傲气,却已失去了家族阶级。他继承了乃祖谢灵运的高傲不羁,连当时权贵褚渊、王俭等人都不放在眼里,当面顶撞讥笑,我们也就可想而知他对贵族社会

（接上页）　襄阳武将发家的,平刘休范后又极力求为雍州刺史,雍州就是他本乡本土、长年经营的大本营(如诏书所言,"茬本州")。这种以乡土人情为背景的势力经营,比沈攸之那种只能依靠个人手腕的模式更有威胁,就算本人离开,他留在当地的亲族子弟仍然足以"招扇群蛮,规扰樊、夏"。另一方面,张敬儿在高帝末年其实已位至三公,不但自身入朝,而且将家口也都从襄阳迁到了京城。一般来说这乃是方镇自示无异心,愿意将身家性命当作人质的表现。然而当他向皇帝上启报告此事,表示忠心之际,皇帝竟然无一句慰问示好之语,这反过来又加深了张敬儿对自身处境的疑惧。武帝为何会有如此反常的表现? 恐怕这当中既有前述"子弟在西"的因素,同时也是由于政治经验的积累——萧道成当日不就是积极奉宋明帝之命回京,从而取得了明帝的信赖吗? 然而这反而给他这个地方军阀提供了直接染指中央权力的机会。前车之鉴就在身边,武帝会对这种模式心存警惕,也是不难想见的。可以看到,当君臣之间这种各怀鬼胎的政治角力反复进行下去,经验教训越积越多,政治的运转也就越来越无法保持单纯,"厚黑学"像漩涡一样把当事人都吞噬进去,不管怎么做都难以规避风险了。
① 《南齐书·张敬儿传》。
② 《南齐书》卷三六《谢超宗传》。按此语出于汉初淮南王黥布反时,汝阴侯滕公夏侯婴问其客薛公事:"薛公曰:'是固当反。'滕公曰:'上裂地而封之,疏爵而贵之,南面而立万乘之主,其反何也?'薛公曰:'前年杀彭越,往年杀韩信,三人皆同功一体之人也。自疑祸及身,故反耳。'"(《汉书》卷三四《黥布传》)又《史记》卷九一《黥布列传》此语则作"往年杀彭越,前年杀韩信"。

里根本不入流的萧赜会有什么样的态度了。从前在宋末刘休范之乱后，司徒袁粲任命谢超宗为(左)长史，萧赜这时正是司徒右长史，两人是工作上的搭档，想必在那时候就受了谢超宗一肚子气，一向已经怀恨在心。这回终于抓住了讪谤朝政的小辫子，将他免官流放南越，走到豫章时便赐他自尽了。

垣崇祖、张敬儿等或与武帝立场对立，或形迹可疑而遭忌的元老一一遭到清洗，反过来，也有一开始就站对了立场，得以避免清洗的高帝旧臣。除了王敬则，谢超宗曾经游说的李安民也是其中之一。在武帝诛杀张敬儿的诏书中就有这么一句："去岁迄今，嫌贰滋甚。镇东将军敬则、丹阳尹安民每侍接之日，陈其凶狡，必图反噬。"①可见至少在萧道成去世后，李安民已经常常在和王敬则一起，向萧赜打同僚的小报告，从而深受赏识了(向皇帝打谢超宗小报告的说不定也就是他)。《南齐书·李安民传》也说："时王敬则以勋诚见亲，至于家国密事，上唯与安民论议，谓安民曰：'署事有卿名，我便不复细览也。'"在萧氏皇朝的开国元老当中，王敬则是萧家亲信的老奴，而李安民则是有治干而投诚太子的一派，观此甚明。

在清算父亲老班底的同时，武帝也开始逐步擢用自己亲信看重的人物。例如刚一即位，他就将柳世隆从南兖州刺史的边防职位上内调进京当散骑常侍、侍中。太子中庶子沈冲，原本就是萧赜在江州刺史任上的长史，这时也立刻提拔为侍中。尤其显著的是，永明二年正月乙亥任命柳世隆为尚书右仆射，仅仅过了二十七天的壬寅，就转为左仆射。因此尚书右仆射这一任命在政务运作上几乎是毫无实际意义的，但这种无意义在南朝社会中却有很明确的意义，那就是所谓速迁。速迁有两方面的意义。一方面因为在当时的贵族社会中，升迁是有一定轨道的，不能随意越级提拔，所以皇帝想要重用某人，让他迅速上位时，往往便让他形式上当一下某官，个把月便调职，这样既能够满足任官的资历条件，又符合了皇帝的用人意愿；而另一方面，任官所经历的好位置比较多的话，资历显得更可观，建立的人脉也会更雄厚。柳世隆这一迁转正属此类。与诛杀前朝旧将的背景同看，武帝刻意提拔恩旧的意图可谓跃然纸上。

---

① 《南齐书·张敬儿传》。

第四节　余音：
建元宫斗面面观

萧嶷：看似矛盾不可解的存在

从建元到永明，随着武帝的皇位日渐坐稳，父子兄弟、旧臣新主之间的明争暗斗也就此尘埃落定了。拂去从宋末到齐初的杀戮烟尘，武帝才最终开启了新朝的光明局面。永明时代的方方面面我们留待下一章去细说，在本章即将收束的尾声，还得回头稍微谈一谈东宫斗争中的那位核心人物，萧嶷。

在东宫搜检风波中，萧嶷的存在感是很微妙的。历来对于他的解读，有两种基本的对立方向。第一种，是萧子显在《南齐书》中定下了基调的基本史料呈现方向。在这些基本史料的摘录、书写和评论当中，萧嶷既是一个允文允武、雄才大略、勤政爱民的贤王典范，又是一个谨守本分、孝亲悌兄、团结亲族的道德完人。萧子显对东宫搜检风波的解释是：萧嶷虽然是父亲易储意图的最大潜在获益人，但却并未就此落井下石，而是始终对兄长保持着高度的尊敬。在父亲雷霆震怒之际，正是萧嶷飞骑通风报信，才挽救了兄长的前程。因此武帝与他的兄弟友爱之情始终深厚不渝。

而有些现代学者则转向了第二种解读方向：萧嶷在这场政治斗争中乃是与萧赜对立的一方，荀伯玉作为他曾经的部属，是在为他作打手，图谋篡夺兄长之位；垣崇祖这样的青齐豪族也是因为与他素有渊源而支持站队。最终失败之后，萧嶷在永明时期备受猜疑，不得不夹着尾巴做人，而萧赜对他也只是保留着面子上的尊重而已，兄弟之间实际上是面和心不和。——按照这种阴谋史观的解释方向，萧嶷就有点大奸似忠的味道了。

第一种解释，不用说，当然包含着萧子显为自己父亲塑造形象的因素在内。事实上前人也早已指出，萧嶷和他哥哥一样好色纵欲，房中搜罗姬妾无数，但这一点却被萧子显完全隐去，仅通过《南史》的记载而得以窥见。这种史料歪曲所留下的富于想象的空间，无疑是诱使着学者往第二种解释转身的重要因素。应该说，这种质疑、转向在某些局部上是颇为合理甚至有力的。例如《南齐书·萧嶷传》中所载萧嶷本人多份上书，其中就提到有一次武帝出行，萧嶷乘车跟至仪仗之后，被负责安保的官员奏了一本，说他驱车逼突天子车驾，似有不轨之意；又有一次，都城因故加强警戒，而人们却开始流言说是因为萧嶷在华林园逾越本分，手执御刀，才引起皇帝的戒心。这些事实，可以见出萧嶷本人确实仍处在一种"可疑"之地（而当时对皇弟的一般定位却是"不疑之地"），当年宫斗换储的阴影仍然有所残余，因此萧嶷本人也要赶紧上书剖白。所以对《南齐书》所勾勒的萧嶷完人形象，显然是不能全盘信从的。至少在永明当日，那些对萧嶷摆出防范猜疑姿态的人们，必定不像萧子显那样对萧嶷满怀正面感情。

但是，这是否就可以说，第二种解释已完全捕捉到了那段政治生活的真相呢？恐亦未必。一个最难以解释的关键是，在荀伯玉处心积虑要把萧赜拉下马来的行动中，我们确实没有看到萧嶷本人进行了任何积极的动作，以至于我们在叙述分析时几乎无需将他牵涉在内。假如他真的有心勾结荀伯玉等，甚至就是幕后黑手，那么在父亲已经有心易储的大好形势下，他为何只是坐看机会白白溜走呢？

同样难以解释的是，在风波结束后，武帝依然给萧嶷保留着高度的尊荣——萧子显可能隐没某些情节，却不太可能编造事实，萧嶷在永明朝始终位居人臣之极，身居三公之位，发挥着皇室元老的功能，这是无法否定的。武帝并不是一个对兄弟子侄心慈手软的人，忤逆冒犯他的子弟完全可能被打入冷宫甚至身败名裂（参见第六章）。如果说萧嶷曾经在立储这种事关生死的大问题上与他为敌，他又焉能一直隐忍不发？就算父亲未死之前他不敢对萧嶷有何报复举动，那么在皇位坐稳了以后，他还有何必要一直表现得如此兄弟友于，备极恩宠呢？

让我们进一步来借助这个典型的案例来思考一些更深入的问题。现代学者往往对既有的史料文献采取一种辨伪颠覆的姿态，这种立场在大量的场合无疑都是必要而富于价值的。然而有必要注意到，对文献的质疑存在着一条宿命性的边界，这条边界就是：质疑的依据，不能本身就来自被质疑的对象。一旦跨过这一边界，学者便成了那个要拔着自己的头发离开地球的人。回到萧嶷这一案例，前面提到的那些有力的质疑声音,背后都存在着一个无法回避的悖论:学者得以发微索隐的那些材料,正全都来源于那个"希望塑造父亲完美形象"的萧子显。难道他在阅读这些材料时,竟然看不出来其中包含着这种破坏父亲形象的危险性吗?——事实上整篇《萧嶷传》在这方面都呈现出相当特异的色彩,全传八千字左右的篇幅,有大约三千字都在抄录萧嶷与武帝的相互启答文字,仅从叙事角度来说,这些部分即使全部删去,都不妨碍我们理解萧嶷的生平。所以这些材料必定是作者认为有特殊意义的,才会特地予以抄录,用来构成全传一个相当主要的部分。无论是所谓逼突乘舆,还是手执御刀,萧子显眼中所看到的这些情节,一定都不会导向今天学者的那种解读结论,否则他只要无视这些材料,我们便没有任何因头来引起对萧嶷人格污点的猜疑了——这毋宁说才真正是"塑造父亲完美形象"的做法。

唯一的解释只能是,萧子显从这些文件中所读到的,绝不是今天学者所读到的那种阴谋气氛,而是武帝和萧嶷之间深厚的友于之情。萧子显所构建的叙事逻辑是:不论旁人如何中伤窥伺,萧嶷始终清晰地体认谨守自己作为臣子和弟弟的本分,而武帝也充分体谅弟弟的这种处境并处处加以维护。可以看到,在传中所有这些叙述都是以两兄弟的对答或"行动—回应"模式来构成的,在武帝答书中不断强调的是萧嶷对自己的特殊意义,希望打消萧嶷的过度谨慎小心,恢复一种家人兄弟的亲情关系而非等级森严的君臣关系。事不关己的学者很可以将这些信息解释为矫揉造态、相互演戏;但萧子显作为人子人臣,真正希望通过抄录这些文件告诉读者的却是:外间固然有种种流言伎俩,但萧嶷的表现堪称弟弟和臣子的完美典范,他恭敬谨慎,对任何流言都第一时间上报解释,对武帝的任何要求也第一时间满足;而武帝对他也充分谅解关爱,不断在答复中表示我对其他人尚且不会如此,你是我最疼爱最特别的弟弟,又何须如此?很多看似会引起严重后果的事情,其实都不过是小误会而已,通过兄弟君臣间开诚布公的交流,迅速地大事化小、小事化无,永明时代的兄弟君臣关系由此得到了积极正面的树立。

在萧嶷传之外,通观《南齐书》整体,还有不少事例都表现出萧嶷在永明时代的说话分量仍然是很重的。武帝关于恢复官吏田禄和开设国学的政策,都是由萧嶷提议或首先发起,而武帝加以采纳的(见下章)。尤其是在家庭内部的事务中,萧嶷屡屡成为斡旋兄弟关系的润滑剂。当四弟萧晃违制被罚时,是他哭求武帝开恩;五弟萧晔出言不逊冒犯兄长时,也是他出言救场,才使得武帝转怒为喜①。像这些表现,都很难说是一个备受猜疑、战战兢兢过日子的人的所为。萧嶷如果真像学者理解的那样只能缩着头做人,在这种场合中站出来发言岂不是更遭忌讳吗? 所以我们对于萧嶷、萧赜的兄弟关系,实在有必要从人情出发,加以更微妙的体贴。在"猜忌"和"相亲相爱"这种抽象词语表述的两个极端之间,是存在着非常多的不同比例混合可能的。萧嶷尽管毫无疑问是身处嫌疑之地,但他仍然并没有失去兄长基本的友于之情和信赖。而他之所以能做到这一点,唯一的解释也只能如史书早就明言的:尽管父亲一度打算让萧嶷即位,但萧嶷本人却并未借此机会积极运作,而是在尴尬的父兄矛盾之间守住了作为儿子和弟弟的本分。

在我们对于政治斗争的一般观念模式中,往往倾向于认为权力面前一切都无足轻重,什么亲情友情都得放到一边。应该说,在人类残酷的政治世界中,这确实是一个基本的底色。所谓"成大事者不拘小节",史书中记载的父子相杀、兄弟相残事件数不胜数。不过,这种观念模式同时也有掩盖人性另一面的倾向:再怎么残酷冷静功利的政治动物,在冰冷面具之后的私人生活世界中,也终究不过是一个有血有肉的人而已。尤其在斗争中失败,或并未积极争取权力的一方,更往往可以看见这种情感上不够坚忍残酷的软弱或曰温情一面。把政治世界甚至古代世界理解为纯粹计算下的利益厮杀,恐怕归根到底仍是斗争史观主宰下的思维方式。尤其在古代那些接受了儒家或佛教等主张宽仁慈悲思想的知识人身上,更不容易看到如此单纯地基于冷酷利害算计的行动。因此,本章中虽然主要是从夺嫡斗争的角度刻画了这一事件,但同时也应当承认,萧嶷在斗争中的表现,其实很难说是野心勃勃的争夺者。

---

① 《南齐书》卷三五《高帝十二王·长沙王晃传》:"晃爱武饰,罢徐州还,私载数百人仗还都,为禁司所觉,投之江水。世祖禁诸王畜私仗,闻之大怒,将纠以法。豫章王嶷于御前稽首流涕曰:'晃罪诚不足宥。陛下当忆先朝念白象。'白象,晃小字也。上亦垂泣。太祖大渐时,诫世祖曰:'宋氏若不骨肉相图,他族岂得乘其衰弊,汝深戒之。'故世祖终无异意。然晃亦不见亲宠。当时论者以世祖优于魏文,减于汉明。"又同卷《武陵王晔传》:"晔无宠于世祖,未尝处方岳,数以语言忤旨。世祖幸豫章王嶷东田宴诸王,独不召晔。嶷曰:'风景殊美,今日甚忆武陵。'上乃呼之。晔善射,屡发命中,顾谓四坐曰:'手何如?'上神色甚怪。嶷曰:'阿五常日不尔,今可谓仰借天威。'帝意乃释。"

事实上，在政治史上这种相同模式的事件——一个权力在握的父亲，一个受到猜忌的长子，和一个夹在父亲与兄长之间，有机会依靠父亲夺取大权却又对兄长心怀亲爱的弟弟——并非仅在中国出现。日本战国时代的战神武田信玄，与其父武田晴虎、弟弟武田信繁之间，就上演过与建元宫斗极为相似的一幕。信繁虽然得到父亲宠爱，一度有机会代替兄长继位，却始终对信玄忠心耿耿，在信玄将父亲流放后，兄弟间的感情依然亲厚，信繁更成为武田二十四将之首。像这样的戏码，在短时段的、具体而微的政治事件中，极易因为参与者的人格差异及偶发事件而改变。倘若信繁怀有野心，帮助晴虎，则信玄是否能成功流放其父便大成疑问，日本战国史自然也就此改写了。

所谓青齐豪族

与萧氏兄弟关系相类似的问题，是东宫波澜中的特定派系问题。学者倾向于认为，曾在宋末拥护萧道成的青齐豪族，在这个关口选择了支持弟弟。这不无一定的道理，如垣崇祖甚至荀伯玉，从这一角度进行分析都是有效的。但如果更进一步，把故事全盘叙述为萧嶷与青齐豪族一党合作造成的夺嫡事件，则同样未免过于单线化和模式化了。所谓青齐豪族绝不能理解为一个一体化的集团。如果说垣崇祖等是因为与萧嶷有经历上接近的因缘，因而投向他的一方，那么我们也可以举出身青齐却反而与萧赜关系良好的人物。例如崔慧景出身清河，正是青冀人士，也是在萧道成淮阴时期投入萧氏阵营的，与垣崇祖在这方面并无二致。但他与萧赜的关系却很好，萧赜甚至将其引为唯一知根知底的知己。而在东宫搜检风波中，有些人物的行动也显然是无法用党派斗争模式解释的。例如在荀伯玉之前，骁骑将军陈胤叔就已向萧道成打过小报告，告发萧赜在东宫奢侈过度，然而陈胤叔却与青齐豪族并无关系，反而是南方（余姚）人，是萧赜自己在郢州长史时期属下的军主，按照集团模式的视角来看，应该是萧赜一伙才对。他又是为了什么要对萧赜发难呢？事实上陈胤叔本以武力担任禁军的小头领，泰始初年萧道成从京师出征，这种危急之秋，有本事的武士当然都要送上第一线，他于是从此长期追随萧道成征讨，后来才转入萧赜的随从队伍。在这一点上，他与萧赜早期的家臣桓康等类型完全一致①。他的立场,其实与自己出身南北之类都无关系,他和荀伯玉这类人物的自我认同感毋宁说是"萧家人",是从萧氏家臣的立场来考虑问题的。而忠于主人及其家族利益正是一个家臣应守的本分。

观察这样的历史,实在足以引起我们许多的感慨。基于地缘、政缘拉帮结党当然常常是有必要的,但那也不过就是人世间沉浮之术的一种手段而已。在严酷的政治斗争中,一切的诉求,最终还是视乎什么能够满足自己最大、最终的生命价值。这种生命价值往往可以等同于"自身利益",但在很多时候,理想、恩义、感情等因素也会成为重要的价值诉求。在自己所认定的生命价值面前,既然连最刻骨铭心的血缘——亲如父子兄弟——在波诡云谲中都未必是不能背叛的,又何况那一点松散的地缘政缘盟友关系呢。所谓政治集团,不过是我们观察历史时的一个方便符号罢了,那就好比时代浪涛冲击之下时聚时散的砂堆浮木,尽管时时抱成一团来抵御大浪,却也时时在拆伙分崩,各奔前程。无论用什么词来表述,阶级也好集团也罢,本身都绝不能捆绑在一起当作历史行动的基本单位。历史世界的原子,只能是独立的生命有机体——"人"。只有每个人自己,才是一切行动的发动源及利害所在,才是不会自我背叛的统一体。在微观史的研究中,一切超出个人之外的因素,都只能通过落实在个人的身上去理解其具体化合作用,否则是很容易缘木求鱼,沦为空谈的。

---

① 陈胤叔与桓康在《南齐书》中被写入同一篇传记,同传中还有薛渊、戴僧静等人,都属于这一类型。

第四章 永明天下：
齐武帝和他缔造的时代(上)

在走过人生的前两个阶段后，萧赜作为个人的生命事实上就静止了——不管是永明元年还是永明十年，他都是那个建康台城中的天子，再也没有发生任何值得书写的变化。我们无法再像前几章那样，按照时间次序来继续叙述他作为皇帝的生涯。作为一国之君的巨大符号性意义，已经完全限定了他的个人活动范围，也掩盖了他个体生命能量的那点微弱热度。在他生命的最后十年里，有意义的不再是这个人，而是由这个心脏来负责搏动的国家命脉。

在《南齐书·良政传》中，对永明时代的国家治理有一段总结：

> 永明继运，垂心治术。杖威善断，犹多漏网，长吏犯法，封刃行诛。郡县居职，以三周为小满。水旱之灾，辄加赈恤。

萧子显的生活年代虽然略晚于这个时期，但在永明末年也已经出生了。作为这个皇族的直系后人，以及几乎是第一时间地记录了这段历史的学者，他的概括不但为我们提供了一些基本的观察支点；而且可以相信，这些概括本身就带着那个时代的色彩和风气，几乎就是"当时人"所切身体会到的永明时代，展现出了当时人眼中这个时代最显著的一些特征。

这是一个皇权强化的时代。"永明继运，垂心治术"，"明罚厚恩，皆由上出"，都表现着这一时期统治与皇帝本人的密切关系。所以当我们试图理解永明时代国家治理的时候，本身就是在理解齐武帝萧赜本人的政治思想及举措，而非其他权臣的越俎代庖，或某种延续因循而来的惯例。

"杖威善断"，则言说着这个时代的严峻政治空气。依仗威势，意味着实质化的皇权；善于决断，则是对皇权的充分发挥。其典型表现就是"长吏犯法,封刃行诛",连重臣犯法也不讲情面,立行诛伐。下文我们会看到,这正是皇权在这个时期落实在具体事件上最令人震撼的表现。

作为一个拥有实际决策权力与能力的皇帝,武帝施行了多项社会政策,包括调整官僚任期的小满制度、赈恤灾情的福利政策等。此外还包括萧子显这里没有提到的恢复禄田、设立国学、清理户籍等等。这些政策有些取得了明显的成效,体现出武帝本人的施政能力。但同时,也有些施政则最终归于失败,正如萧子显浅浅点出的一句"犹多漏网",反映出皇帝个人能力或当时的政治结构尚不足以克服的社会问题。例如对户籍的清理,就引起了永明年间唯一的一次大规模内乱,最终令武帝不得不以妥协收场。

无论成功抑或失败,齐武帝萧赜都作为一个政治人,以自己的生命能量创造出了属于自己的时代。观察分析这个时代,与触摸理解这个人,是相互表里的行动。在这一章中,我们就来观察武帝的施政及其政策影响下的永明社会。

第一节　社会政策:
福利措施与人口管制

水旱救灾,赈恤贫民

建元四年,并不是一个十分太平的年头。前面我们已经谈到,建元二、三年间刀兵好不容易止息下来,而高帝就在这一年的三月八日去世了。萧赜继位为武帝,但要直到次年正月,才终于改元永明,完完全全地拥有了属于自己的时代。他现在是先接父亲的班,给建元时代站了九个月的岗。

然而刚刚坐上宝座两个月,便遇上天文星象灾异——这在那个时代是非常忌讳的,简直像是在给新任皇帝一个下马威似的。不但如此,同时现实中的天时也在给武帝出难题。首都建康及周边地区连降暴雨,洪水泛滥。武帝于是在五月三十日(癸未)和六月十五日(戊戌)连下两道诏书,赈恤京师建康、秣陵二县贫民,对吴兴、义兴二郡的遭灾县则免除田租和户调,又命远近州郡长官迅速判理案件,以仁政来回应上天的兆候。

永明元年正月二日(辛亥),萧赜正式即位改元(一日是元旦朝会),大赦天下,到三月七日(丙辰)赦期尚未满,便又因为"星纬失序,阴阳愆度"①,重申辛亥大赦之诏,延期五十日,赈恤贫民。八年七月,也因阴阳失时、太子患病、水灾历旬,下诏大赦天下。

永明二年八月,则下诏要求京师二县有坟墓因年深月久而毁坏发露者,官方予以掩埋修理;有野死无人埋葬的尸体,则加以殡葬。古人基于事死如事生的思想,对丧葬是极为重视的,所以这也算是一种郑重的赈恤方式。

永明三年春,车驾祀南郊。郊祀天地,在古代皇朝是头等庄严的大事,于是便又下诏大赦,除都邑三百里方圆内的重犯降一等处刑外,其余一概赦免。同时又赈恤首都所在的建康、秣陵二县贫民。四年闰正月十九日,行籍田礼,这是祈求春耕丰穰的大典,于是又释放死刑以下罪囚,免除民众永明三年以前拖欠的租调,考察孝悌力田者授予爵位,孤老贫穷则赐谷十斛。永明八年、九年又祀南郊,仍然赈赐京邑贫民。

永明五年七月,基于优待京师的理由,武帝下诏免除丹阳郡所属县的中等资产以下人家建元四年以来至永明三年的拖欠田租。永明六年闰十月,由于长江下游北兖、北徐、豫、司、青、冀八个北方边缘州邻接疆场②,人民常为战火所困,免除永明以前所拖欠的田租户调。七年春正月,又对长江中游连年戎役,且新遭水灾的雍州民众免除永明四年以前的欠税。八年七月,因司州、雍州连年歉收,又分别免除其八年、七年前的欠租③。值得注意的是,永明十年正月一日元会,武帝下诏完全免除了全国到七年前为止的欠租,但"高赀不在例"。当时户口按家庭资产水平分为高赀、中赀和非中赀④,大户人家拖欠租税,就不能享受免除的优惠政策了。这和永

---

① 《南齐书·武帝纪》。

② 《南齐书·武帝纪》。按史料称八州,实际仅列出六州。疑"八"为"六"之形讹。

③ 史文简略,这里的"八年""七年"到底是指永明八年、七年以前的欠租全部免除,还是指从永明八年倒推八年、七年,也就是建元四年、永明元年以前的欠租?不是十分明确。

④ 《南齐书·武帝纪》载永明五年七月诏书:"丹阳属县建元四年以来至永明三年所逋田租,殊为不少。京甸之内,宜加优贷。其非中赀者,可悉原停。"按高赀、中赀的语例来说,似乎应该叫作下赀或低赀,但我们从文献里找不到这样的说法。同时,文献中又有"下贫之家"的表述,如《宋书·孝武帝纪》载大明三年七月"王畿下贫之家,与近行顿所由,并蠲租一年"。《南齐书·武帝纪》载永明五年九月诏书:"凡下贫之家,可蠲三调二年。"从文意来看,"下贫"与"非中赀"的指代人群应是重合的。

明五年的只免除非中赀人家欠租一样,都显示出朝廷优待贫民的理念。

如上这些社会福利政策,武帝历年均有施行。在赈恤理由上,在遭受自然灾害、年成歉收、举行国家祀典、战乱导致人民生活困苦等场合,都会发布相应的恩恤诏书。在赈恤方式上,则主要有三种:1. 赈赐口粮物资;2. 大赦或减免一定等级以下的罪刑;3. 减免民众拖欠的租税及免除赋役。相信"应天以人不以文"的武帝,应该说在这方面的举措还是相当勤快的,《南齐书·良政传》评价说他"水旱之灾,辄加赈恤",并非虚言。当然,这些都是中古比较常规化的施政,倒也不足为奇。

在永明年间的种种社会福利措施中,最常见的莫过于水旱灾害(尤其水灾)的赈恤。在农业社会里,无论统治者如何励精图治,都无法摆脱一个根本性阴影,那就是年时的丰歉。尽管人治能够通过兴修水利、改进技术等办法加以调整,但归根到底还是要靠天吃饭的。永明在这方面的情形如何呢? 我们来整理一下文献所载武帝在位期间遭遇的水旱灾害:

建元四年五月,首都地区大雨洪灾,建康、秣陵、吴兴、义兴等郡县均遭水灾。五月五日,雷火烧毁宫城安昌殿。

永明三年大旱。以此为导火索,第二年便发生了唐寓之叛乱事件(见下)。同年会稽郡大水。

永明五年六月,京师霖雨水灾。夏,吴兴、义兴水雨伤稼。

永明六年,吴兴、义兴两郡大水。

永明七年,雍州水旱为灾。

永明八年四月二日开始,连日阴雨直到十七日方止。

永明九年,京邑大水;八月,吴兴、义兴大水。

永明十年,京师霖雨。

永明十一年三月至六月连续降雨成灾①。

我们看以上的记载,除了永明元、二、四年这三年较为平稳外,武帝在位的每一年都遭遇水旱灾害,尤其是连降大雨造成的水灾(同时期北魏政权下的北方地区也差不多)。萧赜这个皇帝当得并不省心。不过也应该看到,这些年的天灾实际上又以首都地区及扬州吴兴郡(今浙江湖州)、南徐州义兴郡(今江苏宜兴)为主要受灾地。所以即便某年某地记载有灾害,也并不意味着其他地区就不平稳甚至丰收。如永明三年虽然发生了

---

① 参照《南齐书·武帝纪》及《南齐书·五行志》的记载。

颇严重的大旱,但琅邪郡民芟除枯苗,及时控制灾情,到秋天反而大有收获①;又如永明六年的吴兴、义兴地区虽然因为大水歉收,但会稽却是丰收,于是来往两地间转贩粮食的商人也比常年成倍增加②。所以我们也不能因为连年有灾害记录,便认为这是一个天灾泛滥的时代。毋宁说史书中的记载,一方面或许有着重记载首都周边情况的因素在,另一方面也反而表现出,永明时代发生的多半只是局部地区的天灾,在全国较大范围内还是相对平稳的。

关于这一点,不妨对比前一个盛世,元嘉时代——顺便也再一次回头看看萧赜少年时代生活过的那个世界。元嘉年间,除了五年、十一年、十九年、二十一年、二十九年分别都记载了京邑大水之外,十二年丹阳、淮南、吴兴、义兴四郡大水,京邑道路需乘船才能交通,十七年徐、兖、青、冀四州大水,二十年诸州郡水旱伤稼,此外还有元嘉五年旱疫成患,八年扬州旱灾。相比起来,永明时期虽然频年水患,但像元嘉时期这种广达一州乃至数州的灾害反而几乎未见记载。吴兴、义兴二郡为当时的水灾高发区,从晋末刘宋时代已经频见于记载,这是因为"二吴、晋陵、义兴四郡,同注太湖,而松江沪渎壅噎不利,故处处涌溢,浸渍成灾"③,永明社会只是延续了这种弊害而已,不仅武帝,整个南朝社会对这个棘手问题都没什么对付的法子。

当然,由于首都圈以及周边地区的特殊重要性,一旦发生灾害,对政权稳定及中枢运作的影响便非同小可,因此武帝对此屡屡下诏救灾。——事实上即使没有发生特别的灾害,首都秦淮河两岸仍然拥挤着大量的贫民,与贵族高门歌舞升平的生活形成鲜明对比,对他们给予照料抚恤同样是不可忽视的,不然便容易酿成梁代侯景之乱那样的惨象。

但是,武帝本人的施政意愿是一方面,实施的效果又是另一方面。学者已经指出,当时的赈恤政策大抵都是些书面文章,缺乏严格的量化标准,上下其手的空间太大,能够有多少落实到真正有需要的贫民身上,是

————

① 《南齐书·武帝纪》"永明三年"条:"是夏,琅邪郡旱。百姓芟除枯苗,至秋擢颖大熟。"

② 《南齐书》卷四六《顾宪之传》载永明六年杜元懿启:"吴兴无秋,会稽丰登,商旅往来,倍多常岁。"

③ 《宋书》卷九九《二凶传》。

很可疑的。关于永明时代的实施状况,《南史》给了八个字的评语,即:"多无事实,督责如故。"①为什么会形成这种"上有政策,下有对策"的局面呢？永明时代缺乏更详实的记录,但稍早一些,建元初年萧子良的一份奏疏却透露出社会上的实情。

从刘宋以来,朝廷为了更直接地从民间收取租税,设置了一种称为"台传御史"(简称"台使",台原指尚书台,代指中央朝廷)的职位,从中央直接派些小吏到地方上实行催逼。这些官吏下乡,自然狐假虎威,假公济私,从民间盘剥种种好处,而其中的表现之一就是"万姓骇迫,人不自固,遂漂衣败力,竞致兼浆。值今夕酒谐肉饫,即许附申赦格;明日礼轻货薄,便复不入恩科"②——老百姓迫于威吓,纷纷送上好处贿赂,而这些台使今天吃饱了酒肉,便醉醺醺地答应将送礼人的名字放进"赦格",也就是纳入前文所述那些恩赦逋债欠租的诏令的有效名单;明天嫌送的财礼轻薄了,便又大笔一挥从赦免名单里勾销。像萧子良这样有良心的官僚,对这种现象自然切齿痛恨,请求取缔,不过却没起到什么作用,直到南朝后期这一制度仍在延续。从这里我们也就可以知道中央恩典落到地方基层上是个什么结果了。武帝本人频频下诏赈恤的良好意愿我们不必怀疑,毕竟民怨沸腾、矛盾激化对统治绝不是什么好事,从基层打滚上来的他应当是很清楚的;但他毕竟没能超越那个时代的惯性,除了年年重申恩典之外,也想不出什么新的法子来解决问题了。

"剩男剩女"时代

和社会福利政策相对的,是为了增加政府收入而调控人口、加强社会管制的政策。永明时代发展到中期,可能已经出现了相对于经济发展状况的人口不足问题。这一点我们由于缺乏更细致的数据,并不足以确定,但仍有若干史料可供推测。首先是武帝在永明七年春天下的一道诏书:

> 春颁秋敛,万邦所以惟怀;柔远能迩,兆民所以允殖。郑浑宰邑,

---

① 《南史》卷五《齐本纪下》。
② 《南齐书》卷四十《武十七王·竟陵王子良传》。

因姓立名；王濬剖符，户口殷盛。今产子不育，虽炳常禁，比闻所在，犹或有之。诚复礼以贫杀，抑亦情由俗淡。宜节以严威，敦以惠泽。主者寻旧制，详量附定，蠲恤之宜，务存优厚。

前文说过，武帝自登基以来，历年都下诏赈恤贫民，所以"蠲恤之宜，务存优厚"并不奇怪。但这一年诏书中赈恤的理由却很特别，是由于"产子不育，虽炳常禁，比闻所在，犹或有之"，也就是民间的溺子风俗。那么更进一步的理由就值得注目了。诏书是以"兆民允殖"，"户口殷盛"为着眼点的，也就是贫民因无力扶养而杀死刚出生的婴儿（刘宋开国皇帝刘裕就差点遭遇到这种命运），会导致人口无法蕃盛，其结果自然就影响到社会劳动力的数量。永明七年是因为这个原因，才下诏给贫民提供生活保障的。而从这一逻辑反推，武帝为什么会注意到产子不育的问题，很可能也就是因为当时的经济生产恢复，已经开始感受到有必要大力提倡增加人口繁育了。

到这一年夏天，武帝又下了一道诏书，这回的主题是人的再生产的另一环节——婚姻。发布诏书的主旨倒并不在于鼓励结婚生育，而是针对当时婚礼过于奢侈，相互攀比："同牢之费，华泰尤甚；膳羞方丈，有过王侯。富者扇其骄风，贫者耻躬不逮。"许多人由于无力跟风准备盛大婚礼，而不得不推迟甚至无法结婚的现状，下令禁止士庶婚礼奢侈过制。但值得注意的是这种社会风潮的结果是导致"年不再来，盛时忽往"。

同年冬天十月份的另一道诏书，则扩大到对吉凶诸礼奢侈过度的管控，当时"或裂锦绣以竞车服之饰，涂金镂石以穷茔域之丽"，而结果同样是导致"至斑白不婚，露棺累叶"①。死而不葬的问题，我们前文已经在永明二年八月抚恤殓葬的诏书中看到了；"剩男剩女"的结婚难问题，与前一道诏书合看，则可以见出永明七年一整年间武帝都为此问题而忧虑。中国政府对这一问题的管理，并非自永明始的，先秦时甚至会对达到一定年龄尚未嫁娶的男女予以强行配对，其目的不外乎都是为了保证生产力的充足；武帝自不例外，只是当时的结婚难原因表现为礼俗奢侈而已。

所以永明七年从年头到年尾的三道诏书，其实本质上的目的都指向同一个问题，即大家要按时结婚，生了小孩要好好养大。结婚的目的当然

① 三诏并见《南齐书·武帝纪》。

并不像现代婚姻那样是为着双方感情而结合,而是为着生育子嗣、延续家族,对政府来说则是增加人丁、提高生产力,这与反对溺婴在宗旨上就是一回事。而当时严重妨碍着社会正常再生产的因素,则是奢侈攀比之风的盛行。关于这一点,我们在下文讨论武帝经济政策时还会涉及。

欺巧哪可容:宋齐检籍运动

人口问题更典型地表现在户口清查问题上,当时称为"检籍"。学者对这方面的情况,已有很多研究。要而言之,东晋南朝由于户口问题而影响到中央财政收入,有三方面的因素:其一,自东晋以来,南渡士庶散落寓居各地,很长时间里只是作为暂住人口登记,在赋税服役上难以按照常住人口的标准进行管理;其二,当时豪强大族往往占山护泽,包庇大量流民用作私人劳动力,国家无法对这些依附人口登记户籍、收取租税;其三,当时有一些特殊阶层或群体享有免税免役权,例如僧侣、残疾人等,尤其庞大的士族阶层都在此范围内。因此当时人为了躲避赋税徭役,无所不用其极,假装失踪逃亡、残废疾病、出家为僧、冒领军功的不用说,许多有钱人更利用户籍制度的漏洞,买通负责官吏,将自家的户籍造假,伪造祖先三代居官的履历,摇身一变成了接受供养的上流阶层,国家不但不能从他们身上收取赋税,还要分出资源来供养他们。对于中央政府而言,这种情形当然是有弊无利、深恶痛绝的。

其中前两种因素,自东晋以来已通过土断户籍、侨立郡县加以管理,也收到了相当的成效;但第三种因素,在南朝时期却表现得尤为显著。这是因为元嘉二十七年北伐,宋文帝为了动员兵力,从民间大量征发士兵,但又不能触犯士族官僚阶层的利益,因此便出台了七条(一说八条)标准,规定符合标准的官僚家庭可以免除兵役,这就打开了从户籍上舞弊的口子;其后宋孝武帝孝建元年又搞过一次统计户籍的"书籍"运动,于是人们便开始趁着政府重编户籍的机会,挖空心思伪造冒报户籍。潘多拉的盒子一经打开,便再也合不起来。从泰始年间开始,政府遂连年发起检籍运动。

检查户籍,本质上是为了将那些伪冒士族、和尚、残疾之类的户口清除出去,所以当时又称为"却籍"("却"是"退还"之意)。但刘宋时代却籍的效果却并不好，由于县一级政府的工作不到位，只负责收集数据而不负责核实，将核查工作都推给上级的州政府，导致工作效率低下，从泰始三年到元徽四年，扬州九郡虽然检查出假冒户籍七万一千余户，但直到南齐初年，前后已超过十年，得到纠正清退的户籍却连四万户都不到。反正上有政策、下有对策，越是混乱便越需打击，而每次打击又给了人们新的浑水摸鱼之机。中央的要求到了地方上总有办法推诿过去，坐享其成的特权阶层越来越庞大。于是齐高帝建元二年，专管检籍的骁骑将军虞玩之便提出建议，实行两项措施：

第一，对于户籍的登录，要求县级政府长官先行核实，再上缴到州，数据一旦批准，便作为正式依据，如果发现问题，州、郡、县长官连坐，同受罪责。

第二，专门设置"板籍官"，要求具体负责工作的令史每人每日都要清查出若干件假冒户籍，以防止他们松懈怠职①。

对于后一条，年纪稍长的读者应该都不难明白其问题何在，自上而下的教条式定量命令必然导致人们为了完成任务而制造冤假错案，在罪与不罪之间又给了负责人巨大的营私舞弊空间——但是一千五百多年前的施政者们显然还缺乏足够的历史经验来理解这一点。于是从建元二年开始，这一政策便推行开来，成为永明时代的一大社会背景。

户籍检查的结果一年年累积起来，令史们每天都像小学生一样完成皇帝布置的任务，遇到假户籍，往往收了贿赂便睁一只眼闭一只眼放过去；结果变成任务完成不了，反倒为了凑数，把那些真户籍当成冒牌的清查出去。这样一直工作到永明三年，皇帝和民间，上下两头的忍耐都已经到了临界点。皇帝发现竟然有如此之多的冒牌户籍清之不尽，真正岂有此理，大怒之下断然下命，将所有被清查出来的舞弊者都征发到遥远的边境去服兵役。而民间呢，造假户籍的舞弊者固然惶惶不可终日；而被办了冤假错案，原本就一肚子气的真户籍人家无辜受株连，其愤怒不甘就更是可想而知的了。

---

① 《南齐书》卷三四《虞玩之传》："玩之上表曰：'宋元嘉二十七年八条取人，孝建元年书籍，众巧之所始也……愚谓宜以元嘉二十七年籍为正。民惰法既久，今建元元年书籍，宜更立明科，一听首悔，迷而不反，依制必戮。使官长审自检校，必令明洗，然后上州，永以为正。若有虚昧，州县同咎……'上省玩之表，纳之。乃别置板籍官，置令史，限人一日得数巧，以防懈怠。于是货赂因缘，籍注虽正，犹强推却，以充程限。"

这一肚子的怒火,借着永明三年发生旱灾的时机,熊熊地燃烧起来了。

却籍政策与唐寓之之乱

富阳有个风水先生唐寓之,祖上传下来看风水选墓地的本事,这时候便宣称自家祖坟上有王气,又说自己从山中得到一枚金印,诳惑民众相信他有天命在身。永明三年冬天,唐寓之纠合四百余人在桐庐附近的新城县起事,抄断商旅,驱赶县官,势力逐步从浙西扩展到浙东,富阳、钱塘(杭州)、东阳(金华)相继失守。只是风水先生毕竟眼浅,得了几个郡县就忘乎所以,永明四年便在钱塘即位当起皇帝来。辅佐他的大臣,是钱塘富人柯隆——不消说,必定是那些想要凭财富谋取阶级地位,却在户籍检查运动中吃了苦头,心怀不满的人物之一。当时被却籍的三吴人纷纷投入唐寓之阵营,兵力一时间发展到了三万之多。

这一次的动乱,规模虽然远不如泰始初年那么大。但三吴为京师之辅,三吴失守,乃是腹心之患,中央立刻处在敌军兵锋之下。何况首都那些贵族富豪的产业也正大批分布在这一地区。于是一时之间,京师震恐,人心浮动起来。

在这次动乱中,萧嶷与兄长间进行的一次意见交流很是耐人寻味。他启奏道:

"我们大齐新得天下,对万民的施恩还不多,民众对我们的感情也不深厚。虽然陛下常常恩诏赈恤,但底下那些士庶官僚却有自己的一套小算盘,专出些刻剥民众的馊主意。包括排查假户籍、敛取会稽修堤工钱[①]、清理隐匿户口人丁等等政策,都徒然增添老百姓对我们的怨恨而已。所谓水至清则无鱼,宇宙之大,哪能容不下一点儿灰色地带?陛下您自己的子弟大臣,尚且不能都要求他们安分守己,何况天下万民的品类之复杂呢?"

萧嶷和萧子良的政治思想,无疑都近于儒家"仁政"和黄老清静无为的一路(萧子良还有佛教的影响),他们并不是不知道治下是有问题的,官

[①] 此谓王敬则敛取修堤工钱事,见下论。

吏的私心和民众的逃避，都会导致国家收益耗损，但是他们宁可将这些耗损看作为了维持人心稳定、风俗淳厚而不得不付出的交易成本。这点政治智慧，早在东晋渡江之初，就已经由名相王导成功地践行过了。为了维持与士族的共同统治，皇权必须要看清自己的边界，认可容忍他们收取权力盘子里的那一份利益，这是这个时代的必然要求。在萧嶷看来，唐寓之之乱，正是"官逼民反"，是有必要对政策加以反思的。

然而武帝偏偏不信这个邪。他的答复是：

"欺巧哪可容！当初刘宋时的乱象，不就是因为人们不遵法律造成的吗？小小螽贼何足道哉？我大军一到，立时叫他们土崩瓦解！哪个时代没有亡命之徒？我倒是替他们担心，只怕兴不起什么风浪来呢！"①

——读者想必还记得。我们在前文已经提到过，武帝在接到唐寓之造反的消息时，第一反应不是忧虑，不是手足无措，而是带着兴奋的摩拳擦掌："看萧公雷汝头！"

深信自己的能力足以克服一切困难，拒绝承认世间之事应当随波逐流、和光同尘，萧赜的性格中就是有如此强硬的一面。

他的自信很快得到了证实。

动乱并没有延续太久。武帝断然调遣禁兵数千人前往讨伐，其中包含骑兵数百骑。唐寓之拉起来的只是一群乌合之众，无法抵御精良的骑兵，果然一战即告溃败，唐寓之被斩首，短命的朝廷也就结束了。

而武帝的法纪严峻，更突出地表现在对这场叛乱的处分上。当时政府军趁着战胜叛军，意气骄奢，对当地百姓大加掠夺（军士们想必觉得他们都是些从叛之徒，就算被欺负了也没人敢出头）。其中有一员武帝宠爱的骁将

---

① 《南齐书》卷二二《豫章文献王传》："四年，唐寓之贼起，启上曰：'此段小寇，出于凶愚，天网宏罩，理不足论。但圣明御世，幸可不尔，比藉声听，皆云有由而然。岂得不仰启所怀，少陈心款。山海崇深，臣获保安乐，公私情愿，于此可见。齐有天下，岁月未久，泽沾万民，其实未多，百姓犹险，怀恶者众。陛下曲垂流爱，每存优旨。但顷小大士庶，每以小利奉公，不顾所损者大，摘籍检工巧，督恤简小塘，藏丁匿口，凡诸条制，实长怨府。此目前交利，非天下大计。一室之中，尚不可精，宇宙之内，何可周洗。公家何尝不知民多欺巧，古今政以不可细碎，故不为此，实非乖理。但识理者百不有一，陛下弟儿大臣，犹不皆能伏理，况复天下悠悠万品！怨积聚党，凶迷相类，止于一处，何足不除，脱复多所，便成纭纭。久欲上启，闲侍无因，谨陈愚管，伏愿特留神思。'上答曰：'欺巧那可容！宋世混乱，以为是不？蚁蚁何足为忧，已为义勇所破，官军昨至，今都应散灭。吾政恨其不办大耳，亦何时无亡命邪。'"

陈天福,武艺精强,"善马矟,为诸将法"——有点"八十万禁军教头"的意思——这时候更是仗势妄为。谁知武帝闻讯大怒,当即下令将他收拿,斩首弃市。这种"挥泪斩马谡",拿自己人先开刀的雷霆手段,把当时人吓得目瞪口呆,"内外莫不震肃"①。著名的勇将周奉叔,当时也在奉命东讨唐寓之的军中。奉叔曾与其父周盘龙双骑突阵,在建元元年与北魏的大战中数进数出,史称"父子两匹骑,萦搅数万人,虏众大败。盘龙父子由是名播北国"②,威名赫赫,远震南北。他同时也是凶悍残暴的将领,出战领军多所暴掠。而这样一个豪勇之士,竟也因此受到震慑,约束部下,不敢放纵劫掠百姓。

但是,强有力的皇帝足以压制一时的叛乱,却奈何不了那底下累积厚重的民怨;也正如他们可以诛杀一个甚至一家贵族,却无法把庞大的贵族阶层连根拔起一样。到了永明八年,武帝再度下令将却籍者押送到淮河边上去戍守北魏十年③。然而这回在民怨沸腾之下,他不得不下了一道诏书,承认宋末昇明以前的户籍全部有效,既往不咎;因此被谪发守边的民众也都各自释放回家。却籍运动最终以政府的妥协而告终了。

第二节　政府治理整顿: 恢复田秩与实行小满

吏治政策的重点

武帝的社会政策,无论是正面的福利设施,还是反面的人口管制,最终恐怕都不得不归于失败。不过,同样是以矫正秩序混乱、增加政府收入为主眼的政府治理整顿,看来却收到了一定的成效。

建元四年三月,武帝登基为帝,随即发布了几条诏令。从中我们可以

---

① 《南史》卷四七《虞玩之传》。
② 《南齐书》卷二九《周盘龙传》。
③ 按这是依据《南齐书·虞玩之传》的记载,《通鉴》亦同。但《南齐书·幸臣传》明言唐寓之乱起是由于吕文度上启将却籍者"悉充远戍",《豫章文献王传》则记载唐寓之乱后,"乃诏听复籍注"。颇疑《虞玩之传》所记"永明八年"为"二年"或"三年"之误,两次征发却籍者充远戍其实就是一次。今姑据文献所载叙述。

看到他在吏治方面关心的焦点——同时也就是永明初年国家面对的政府机能主要弊端，是在于地方民政官员（郡守县令）的整顿问题。具体办法，一是整顿地方官员的收入体系，二是调控地方官员的任官期限。而这两项办法的根本目的，都是为了防止数量庞大的地方官僚过度侵吞社会财富，将民间财富更有效地收归国有。

恢复田秩，打击灰色收入

关于收入问题，主要的手段就是整顿俸禄制度，恢复地方官的禄田。先来看永明元年春正月壬子颁布的诏书：

> 经邦之寄，实资莅民，守宰禄俸，盖有恒准。往以边虞告警，故沿时损益；今区宇宁晏，庶绩咸熙，念勤简能，宜加优奖。郡县丞尉，可还田秩。[1]

今天已习惯了高度体制化社会的人大约不太好想象，中古时代有好些时期，官员是没有俸禄的，也就是不从国家财政领固定的工资；或者即使有俸禄，也并不按时发放或只是减额发放（我们不妨想起鲁迅等现代作家常常写到的政府"欠薪"、职员"讨薪"现象）。例如北朝的"胡族"政权，直到魏文帝改革以前，百官都是没有俸禄的[2]。而中原皇朝虽然早就建立

---

① 《南齐书·武帝纪》。

② 朝廷是否给官员发放俸禄，其实是一个相当重要的指标，直接反映着皇权与臣僚之间的结合形态。官员从朝廷领俸禄，类似于打工人从公司领工资，端人饭碗服人家管，当然要老实听老板的话办事。朝廷不给官员发俸禄，则意味着这种组织另有一套结合原理，朝廷当然是因为有"饭碗"之外的吸引力（对政治权威的分沾、对政权将来"股价上升"的投注、政治权力在统治民众上的利益分成等等），才能让官员们不拿工资也愿意效力；而官员没有俸禄却仍然能够生存甚至维持大家族的运营，则其背后必定有自身的生存之道，能够从其他渠道获得收入（经营田商产业、官商盗勾结发财、凭借权力盘剥民众等等）。换言之，官员不拿俸禄的时代，官僚集团相对于皇权必然有着相对独立性，不会完全依附寄生在政权上。名为君臣，实际上却更接近于具有合作色彩的盟友关系。而皇权一旦进入致力于整备制度、发放俸禄的阶段，官僚中依靠皇权吃饭的人当然就会大量增加，导致官员群体发生质变，其实质就是在削弱臣僚的独立性，加强皇帝对政权的控制力。

起一套严密的官僚体制,但就江东五朝的情况而言,东晋元帝过江之初,只能组织起一个山寨朝廷,江东各地土豪割据自雄,连落脚之地都几乎欠奉,国库哪里发得出薪水来?是谓"朝廷空罄,百官无禄"①。后来虽渐渐站稳脚跟,还屡次因饥荒战乱而将俸禄减半。宋武帝刘裕上台,对此乱象进行了整顿恢复,但元嘉二十七年一旦北伐,为了筹措军饷便又减俸三分之一。尽管继位的宋孝武帝一度恢复了百官俸禄,但到明帝泰始之乱后,朝廷已被举国大乱耗尽了元气,再度直接"百官断禄"了②。这种状况,在那以后看来就一直延续到了南齐初年,所谓"边虞告警,故沿时损益"的建元年间紧张局势③,我们在上一章中已经观察过了。

当然,政府不发福利,当官的也不会老实勒紧裤腰带挨饿。不但当时的官僚大抵出身士族,不少都有自家的祖业田产甚至大庄园,用不着靠薪水维生;而且南朝时候到外地郡县去当长官,各种馈赠、地方上的杂供税役,发财门路多得很,这在当时甚至已经是公开化、常规化的。所以某贵族若在中央当官当得不如意,往往便申请说我家里穷得没米下锅,连老母亲都养不起,请让我到外地去当个太守吧!"外地当官好发财"已成了政府上下一致默认的前提。政府之所以敢于要求地方官当"活雷锋",其实也就是因为知道他们并不会真的就此饿死,这个职位本身就是特权的载体,已经自带各种丰厚福利。

而到了武帝上台,针对政府管理做的第一件事情就是恢复田秩。田秩是指田禄,即政府对地方官员给予相应规模的公田使用权,以其收益作为俸禄。一方面,如诏书中所言,"今区宇宁晏,庶绩咸熙",这种"总算天下太平了"的心情,经过建元末年的休息之后,确实开始重新涌现出来了,政府也有能力重新统合全境,为官员提供基本的薪水保障了;而另一方面,这当中其实包含着更积极的政策构思,是武帝针对之前官僚体系所作的整顿尝试——田禄制度既已恢复正常运作,那么政府在法理上也就可以理直气壮地限制官史们在经济上上下其手了。这当中隐含着的深层矛盾,是担任各地郡县长官的庞大士族官僚群体将巨额社会财富收入私囊,

---

① 《晋书》卷八一《刘胤传》。
② 《南史》卷三《宋本纪下》:"及泰始、泰豫之际……军旅不息,府藏空虚,内外百官并断俸奉。"以上东晋以来百官俸禄情形,又参黄惠贤、陈锋《中国俸禄制度史》第三章,武汉大学出版社 1996 年。
③ 《南齐书·武帝纪》。

和中央政府因长期动乱而导致国库虚耗不足,亟待增加国家财富这两者之间的矛盾①。

武帝下定决心整顿地方官员收入,从文献记载来看,应该是由于萧嶷的建议。萧嶷在宋末任镇西将军、荆州刺史时便已注意到这一问题,下令杜绝了军府、州府的"送故迎新"惯例(从民间聚敛大量钱财送走原官,迎接新官),重新厘定合理的税额,取消各种滥收的市场税,禁止郡县长官参与经商、与民争利。在他解任地方官、返回中央之际,又以身作则,践行送故迎新禁令,下令随行部曲不得取军府、州府的公物出城。这些记载虽然出自其子萧子显之手,但想必无法向壁虚造,至少他曾推行过这一政策是可以相信的。正因如此,就在武帝登基后,萧嶷即提出建议说:

> 循革贵宜,损益资用,治在厹均,政由一典。伏寻郡县长尉俸禄之制,虽有定科,而其余资给,复由风俗。东北异源,西南各绪,习以为常,因而弗变。缓之则莫非通规,澄之则靡不入罪。殊非约法明章,先令后刑之谓也。臣谓宜使所在各条公用公田秩石迎送旧典之外,守宰相承,有何供调,尚书精加洗核,务令优衷。事在可通,随宜开许,损公侵民,一皆止却,明立定格,班下四方,永为恒制。②

一以贯之地,萧嶷采取了稳健温和的路线。他并没有建议武帝彻底禁绝存在已久的这些灰色收入空间——事实上无论从士族社会的运作惯

---

① 须要稍作辨析的是,诏书所言"郡县丞尉,可还田秩",似乎只是针对郡县长官的副手,而不包括作为长官的郡守县令。不过,自从宋明帝时期百官断禄以来,期间并未有恢复郡县长官俸禄的政策。而寻此诏书的书写脉络,前文也是以"守宰禄俸"沿时损益",也就是郡县长官的俸禄不稳定为讨论前提的。并且,下文所引萧嶷的上表也明言是"郡县长尉俸禄之制"。综合观之,诏书所指涉的范围,仍当以包括郡守县令到丞尉等高级职位的系列官僚为是。《宋书·文帝纪》载元嘉二十七年"以军兴减百官俸三分之一",原本只是针对朝内百官的措施;但同一年"淮南太守诸葛阐求减俸禄同内百官,于是州及郡县丞尉并悉同减"。诸葛阐是淮南太守,自请减俸,结果却是州郡丞尉并悉同减,这也旁证出州郡长、丞、尉在这个问题上是被一体化看待处理的,说"丞尉"的时候已经不言自明地包含"长"在内了。

② 《南齐书·豫章文献王传》载萧嶷上表。

性,还是从政府的代偿能力来说,也都是无法禁绝的。他的建议,是基于"宋氏以来,州郡秩俸及杂供给,多随土所出,无有定准"①,亦即地方官吏收入缺乏一定的操作标准,各地自由浮动,差距太大的现状,提出两条建议:

第一,公用公田秩石与迎送旧典维持不变。——但实际上从武帝的诏书和其他史料都可知道,所谓公田秩石的"维持"其实是"恢复"。

第二,除此之外,地方上的各种"资给""供调",即地方官巧立名目从民间剥削的财富,须先报尚书省。政府认为合理者,才予以通过;若认为"损公侵民",便须禁止。并且要求对此定立法规,作为长期性的制度确定下来。

可以看到,武帝诏书实际上就是对第一条的落实,而这正是实施第二条的前提。换言之,如果地方官吏在事实上并没有从政府领取到俸禄,则皇帝又有何理由要求他们只办事不拿钱呢? 睁一只眼闭一只眼允许灰色收入是必然的结果。

耐人寻味的是,就在齐武帝宣布恢复田秩的第二年,北魏也着手实施俸禄改革。北魏本是鲜卑部落的联合政权,虽然在立国后便解散了部落,改游牧为定居,但从鲜卑部落首领转化而来的官僚一直都未改变其部落贵族的性质,朝廷也没有采用过汉人皇朝的俸禄制度。直到太和八年(永明二年),魏孝文帝才下诏说:"置官班禄,行之尚矣;自中原丧乱,兹制中绝。朕宪章旧典,始班俸禄。户增调帛三匹,谷二斛九斗,以为官司之禄;增调外帛二匹。禄行之后,赃满一匹者死。变法改度,宜为更始,其大赦天下。"②与齐武帝的诏书合看,正是前后呼应。虽然还不好断言齐武帝的举措是否对北魏政府有何影响或刺激,但孝文帝此诏正好补足了武帝诏书中没有清楚说出来的话。"禄行之后,赃满一匹者死",就暗示出班禄之前北魏官员大量贪污受贿的事实③。故班禄后才能以此为条件规定赃

---

① 《南齐书·豫章文献王传》。

② 《魏书》卷七上《高祖纪上》。实际上下主意的应是当时摄政的太皇太后冯氏。冯氏执政期间的一系列举措与南方朝廷之间的同步关系值得进一步的关注。

③ 当然,在国家官僚体制未完备之前,这种行为本身恐怕就不应叫做贪污,而只是按照一种固有的传统获取收入罢了。但一旦班禄之后,这种传统便被转化成了有罪的"赃"。

满一匹者死①。南北不同，所面对的社会政治问题却是相通的，而他们处理问题的理路也完全一致②。

因此萧嶷接下来提出的第二条建议，就是在恢复田秩的前提下，禁止地方官吏不正当的灰色收入。当然，他并没有主张禁止一切灰色收入，甚至保证了"迎送旧典"的合法性，和他在荆州时相比，已经较为和缓了，这大约是考虑到对整个国家的控制比荆州一州要复杂高难得多。但本质思路是一致的，"损公侵民"四字最为关键地点出了这一施策的根本动机所在。庞大的地方官僚集团，来自介于皇帝（及其所代表的国家机器）与各地民众社会之间的士族阶层。过多的财富通过各级地方权力流入他们手中，也就是"公"与"民"一同受到侵害。民间创造的财富流失了，但却没有进入国库。这就是新坐上龙椅的天子最为不满的现实。

同时值得注意的是，这种举措本身又是对地方上各搞一套、自行其是的现状的打击。地方上基于风土人情、特色产品的差异而产生各地不同的风俗习惯，乃至制度体系，这本身就是封建割据最容易滋生的土壤，导致政令不行，削弱中央统一政权的权威。针对这一条进行打击，也就是在努力增强新皇朝的统治力了。

在萧嶷的上表当中，尤以"缓之则莫非通规，澄之则靡不入罪"二语

---

① 赵翼《廿二史札记》卷十四《后魏百官无禄》对此已有精辟的议论："后魏未有官禄之制，其廉者贫苦异常。如高允草屋数间，布被缊袍，府中惟盐菜，常令诸子采樵自给是也（允传）。否则必取给于富豪。如崔宽镇陕，与豪宗盗魁相交结，莫不感其意气。时官无禄力，惟取给于人。宽以善于结纳，大有受取，而与之者无恨（宽传）。文成帝诏：诸刺史每因调发，逼人假贷，大商富贾要时射利，上下通同，分以润屋。自今一切禁绝，犯者十匹以上皆死。明元帝又诏：使者巡行诸州，校阅守宰赀财，非自家所赍，悉簿为赃。是惩贪之法未尝不严，然朝廷不制禄以养廉，而徒责以不许受赃，是不清其源而徒遏其流，安可得也？"

② 值得一提的是，《隋书》卷二四《食货志》："其课，丁男调布绢各二丈，丝三两，绵八两，禄绢八尺，禄绵三两二分，租米五石，禄米二石。"郑樵《通志》卷六一《食货略·赋税部》引此文，前有"至齐武帝时"一语，吉田虎雄《魏晋南北朝租税の研究》（大安出版 1943 年）考证应从《通志》有此五字，是知齐武帝时的丁调有"禄绢"、"禄绵"、"禄米"，也就是为了专门为供给官吏俸禄而征收的绢、绵、米。这正与武帝恢复田秩的政策是互为表里的。在南齐之前的户调中，是没有这些充当俸禄的部分的；而反过来，北魏则同样征收禄粟、禄帛。这成为了南北朝永明—太和时代的一个鲜明的性格。

最为痛切①。一个政府无力有效管理社会,或者虽有规定却含糊其事,放任社会按照潜规则来自行运作,这不但会对政府本身的管理及威信造成极大损害,同时有意无意间也是一种欺骗治下人民的统治诡术。政府不去管理打击的时候,民间所有偷鸡摸狗的做法似乎都约定俗成,也只有这样才能行之有效,奉公守法者只能吃老实亏;但一旦政府拿出当初的法规来算旧账,严打肃清,那么长期身处政府的懒政当中,早已习惯了这一套的人们,便人人笼罩在入罪的阴影之下,没有谁是能够自证清白的了。一个贤明的统治者,实际上并不会放纵这种诡术害人害己,而是会努力控制、防范其泛滥。这些道理,一千五百多年前的古人是早已明白了的。

小满制度

接下来到了三月癸丑,武帝又发布了另一条诏书,同样指向永明时代所面对的刘宋后期以来官界乱局:

> 宋德将季,风轨陵迟。列宰庶邦,弥失其序。迁谢遒速,公私凋弊。泰运初基,草昧惟始。思述先范,永隆治根。莅民之职,一以小满为限。其有声绩克举,厚加甄异。理务无庸,随时代黜。②

这里说的"小满",是指以三年为单位的任官期限。按晋、宋时代的旧制度,地方治民之官,是以六年为一任期标准,进行考核调动的。有学者误认为这里的"小满"制度是永明年间才开始实行的,动机是由于六年迁转时间太久。其实不然。《南史》卷七七《恩倖传》明载:"晋、宋旧制,宰人之官,以六年为限。近世以六年过久,又以三周为期,谓之小满。而迁换去来,又不依三周之制,送故迎新,吏人疲于道路;四方守宰饷遗,一年

---

① 《通典·食货典》记此语作"顺之则固匪通规,澄之则靡不入罪",就把这层意思读得太浅了。
② 《南齐书·武帝纪》。

咸数百万。"这里的"近世"，是指宋孝武帝时期①，可知"小满"之制在刘宋中期已经开始实行了，当时的动机才真的是因为六年时间太长。而齐武帝的政策，在永明诏书里也得得很明白，强调小满为限的原因，就在于"迁谢遄速"，也就是官员调动过于频繁，导致"公私凋弊"，政府希望的恰恰是把地方官的常规任期拉长，而不是缩短。

那么，宋齐时代的政府为何如此斤斤于地方官员的调动时间问题呢？如《南史》所言，这首先与前面说到的"迎送旧典"有直接关系。当时的地方长官，每次任满离职，当地民间都要搜刮大量民脂民膏作为"送故"钱，而长官也通常老实不客气地带着这一大笔钱，再加上各种器仗、人仗，浩浩荡荡而去。到了新任职的地区，便又同样要从民间搜刮一笔"迎新"钱。像这样的好事，自然多多益善，迁转调动频繁，实际上就是从民间搜刮钱财的机会增多。其次，当时的官界风气，是以"多迁速迁"为美，在贵族官场中，长期停留在某一职位上不动，会被认为是前途无望的表现，这一方面是迎新送故上的收益不高，另一方面是任官的资历显得单薄，不能尽快把该经历的位置都转过。尤其地方上的民政官，远离中央，根本无法参与国家大事的决策，能捞的油水再丰厚，前程上也是弊大于利。最好是"一年数迁"，三下五除二跳级上升，走完轨道，三四十岁就当上中央高层，顺手匡扶天下，延续祖先的荣光，这才是大多数贵族子弟的理想人生。在他们眼里看来，待在地方上管理无聊的钱簿数字，每天对着那些粗鲁无文的小老百姓判点纠纷案子，到五六十岁才爬到可以有点作为的位置，却已经垂垂老矣干不动了——这种日子，有什么过头？

总而言之，从士族官僚的心态来讲，地方官的任期越短越有好处。像刘宋中后期那样的乱世，政府已经完全被私利熏心者所操控，把原本规定的六年任期改为三年，不过是为了从制度上大开方便之门罢了。而文献也记载得很清楚，在现实的官员调动中，其实已经连三年之久都保证不了了。换言之，这只不过是个遮羞布式的政策，看似是把年限调短了，其实规定仍然比现实要好看。

在这种情形下，永明初年重提"一以小满为限"，面对的并不是所谓晋

①《通典》卷十四《选举二》："文帝元嘉中，限年三十而仕，郡县以六周而代，刺史或十余年。及孝武即位，仕者不复拘老幼，守宰以三周为满。"《资治通鉴》卷一三五"永明元年"条指为"宋末"，不确。本书初版亦误，今改正。

宋时代的六年旧制,而是小满制度无法贯彻的现实。对武帝来说,回到六年旧制已经是过于迂远不必考虑的,只要三年一迁能够好好落实,也就已经心满意足了。

和禁止各地灰色收入的意图相似,对于地方郡县长官利用人际关系追求速迁、政府规定无法得到落实的这种现状,武帝的举措无疑是朝着加强中央政府统一管制力的方向推进的。我们难以对当时的实施情形有更确凿的观察,只能说,从前面所引萧子显语来看,这一长期未能落实的政策似乎确实是在永明年间得到了贯彻,成为武帝朝与前代相区别的一个重要制度,因此史臣才会在寥寥数语的概述中还把这一点特地提出来强调。

第三节　修整法制,强化皇权

详定律注

武帝是一个很威严的人。照沈约在为他写的谥议里的形容,是"临朝凝默,尊严若神"。这类官样文字,自然不能一概信实,但这个形容大体上却还是能让我们窥见武帝其人的风貌。因为形容皇帝美德的话有很多,不见得非要说他沉默寡言才好;既然沈约要从这个方面来夸饰,至少须有事实上的依据作底本,不然便要变成讽刺了①。据说他宠爱的近臣吕文显有一次在殿旁咳嗽声音响了些,就被武帝传旨训斥其不敬,我们也就可以由此想见永明时代的宫廷气氛了②。如下文所述,武帝本人的宫室房内极尽奢华声色之娱,但除此之外却是一片静默,其余侍奉人等连大气都不敢出的。

---

① 按这八个字,本是《汉书·成帝纪》对汉成帝的形容。汉成帝和武帝的形象并不是十分切合,这个用典也许只是单纯的掉书袋而已。不过《汉书》同时说他"遭世之承平,上下和睦,湛于酒色",倒也有几分和武帝可以比附之处。不论如何,仅就形象的庄严肃穆、威严不可侵犯这一点而言,正是武帝给人最显著的一个印象。
② 《南齐书·倖臣传》:"上性尊严,吕文显尝在殿侧咳声高,上使茹法亮训诘之,以为不敬,故左右畏威承意,非所隶莫敢有言也。"

　　像这样一个威严而不读诗书的君主,他的治国路线可以想见不会吻合儒生推崇的仁义礼制那一套。事实上史书里明确记载他"留心法令,数讯囚徒"①,屡次下诏将首都圈的犯人押解到京,亲自审理判决:

　　永明元年六月癸卯,车驾幸中堂听讼。

　　三年秋七月辛丑,下诏命丹阳郡辖境及周边二百里内的囚犯同集京师,八月乙未仍在中堂听讼。

　　六年春正月壬午,下诏命丹阳所领及二百里内囚犯同集京师,为了训练太子长懋的治国能力,特命他在东宫的玄圃园宣猷台听审判决。

　　应当正是在亲自审理案件的过程中,武帝意识到了现有法律体系的不够完备严密,于是下诏命法律部门重新审查修正律令旧注——中国古代的法律文献,也和经学一样,有正文,有注甚至有疏,分别大致对应着今天的法律条文和法律解释。当时代改易,需要重新制定法律时,往往并不需要将法条推倒重来,而是对基于固有的律令(经典)进行重新阐释,也就是所谓"详正旧注",便可以维持一个相对稳定而又能适应时代需求的法律体系了。在魏晋以后直到南齐之前,长期执行的是晋律,这是晋初武帝泰始年间由贾充主持,郑冲、荀颢、杜预等十四人共同编定的,在汉律九章的基础上修正为 11 章,共 20 篇,620 条。其后杜预和明法掾张斐(一作裴)分别作注解。

　　但是杜注和张注往往并不一致,对同一章的法律解释"生杀永殊"②,量刑差异很大。自晋律制定以来就没有一个统一结论,只能就具体案情斟酌选用。这就导致法官的自由裁量权过大,可能造成量刑不平。武帝惩于此弊,在三次讯囚之后,随即于永明七年敕令尚书删定郎王植重新编定律注。王植取张注 731 条,杜注 791 条,又综合杜、张二注为解者 107 条,加上二注相同者 103 条,共 1 732 条,编定为 20 卷。这可谓是自晋初(泰始四年,268)以来 221 年间法律史上的一大事件。而从武帝亲自讯囚,下诏撰制的角度来看,即使说律注的这次整修乃是武帝本人思想的直接呈现也不为过。法律史学者往往认为自晋泰始律以后直到梁代才又进入法律修订的新阶段,宋齐二代不过因袭旧法而已。这从法典编撰的角度来说固然没错,但正如"唐律疏议"的重要性所示,"法律解释"的功能未

必就亚于法条,永明时代的删定律注实在值得我们加以重视。

在王植所撰律注的基础上,由司徒、竟陵王萧子良主持,廷尉(大法官)与公卿八座合议考证。量刑意见不一之处,由司徒萧子良和大司马萧嶷论定——子良是个佛教徒,最终意见往往倾向于轻判。而合议到最后都无法决定的,则由武帝裁定。审慎的合议延续了两年之久,至永明九年,终于撰成律文20卷,录叙1卷,由廷尉孔稚珪上表奏闻,颁布施行。孔稚珪并同时建议国学置律学助教,设立法学专科,培养专门的法律人才,可惜的是不知什么缘故,这一建议未能得到实施。

由于文献湮没,我们今天已无法详知永明律注的具体内容,但从子良和萧嶷一贯的政治表现看,必定是主张轻刑缓法的;而武帝则显然会更倾向于严厉周密的判罚。这一次的律注,应是这两种立场综合作用的结果。不过朝议不决的问题毕竟是少数,永明定律总体上来说应该还是倾向于优宽。因此我们在强调武帝本人重法倾向的同时,也不可忽视综合作用的其他因素,简单判断当时的吏治司法就是一味地崇尚严刑峻法。

值得一提的是这一年的秀才策试中,由王融出题的考卷共有五问,第三问便是针对刑法问题提问,正反映出当时政府关注的这一时事焦点。基于策秀才文的特殊性质,这些试题是代皇帝发问的,也可以说就是得到皇帝首肯,相当程度上表示着皇帝本人的想法。我们分析一下这道试题,便能更好地理解武帝考虑运用法律解决社会问题的思路:

> 议狱缓死,《大易》深规。敬法恤刑,《虞书》茂典。自萌俗浇弛,法令滋彰。肺石少不冤之人,棘林多夜哭之鬼。朕所以明发动容,昃食兴虑。伤秋荼之密网,恻夏日之严威。永念画冠,缅追刑厝。徒以百锾轻科,反行季叶;四支重罚,爰创前古。访游禽于绝涧,作霸秦基;歌鸡鸣于阙下,称仁汉牍。二途如爽,即用兼通。昌言所安,朕将亲览。①

——上古时代的经典都主张谨慎用刑的宽恕之道,但随着时代发展,法网越来越严密残酷,因此含冤受屈的人也越来越多。我之所以关注法律问题,原本是因为怜悯法律严威之下无辜受刑的民众。但从事实上看,

---

① 《文选》卷三六王融《永明九年策秀才文五首》。

秩序衰退的末世往往法律无力，以罚金代替处刑，有钱便可买命；而上古的理想时代反而早就创制了残断肢体的酷刑，所以一味地主张减刑也不见得就是良方。秦朝凭着严刑峻法称霸天下，汉文帝则以废除肉刑成为明君。如果单靠任何一种取径都不足以治国，那么是否应当兼容并包、通贯为用呢？

从上文的分析来看，这份试题中对两种取径的兼容，恐怕正表现出子良、萧嶷路线和武帝思想的折冲平衡。出题人王融，乃是子良幕下最受宠信的人物（在最后一章中我们还将看到他活跃的身影）。也可以说，在永明中叶的这一场法律辩论，本身便已蕴含着永明时代皇室父子二代之间的分歧萌芽吧。对于这一点，读者不妨在读到最后一章时再回头体味。

大贵族王奂

修正律法是国家层面上的重大施政，并非君王一人所能独断。与之相较，武帝在政治上的严刑峻法、雷厉风行，更典型地表现在了永明十一年诛杀王奂的事件上。

王奂其人，是第一等的名家之后，出身琅邪王氏自不必说，他的祖父王僧朗做到开府仪同三司，那是三公级别的最高官阶了；而更了不得的是，他实际上是出继给家族中的另一位重要人物王球为嗣，继承的是王球的身家权势。

这位王球有多了不得呢？他有两件著名的轶事。一件是宋文帝有个亲信王弘，出身低微，做梦都想混进士族社会的上流圈子里去。文帝便给他支招说：你就说奉我之命，去拜访王球，他是士族社会的仲裁人，若是他肯让你入席坐下，那就一切好办，等于士族圈承认你入流了。王弘自以为借着皇帝的名头，事无不遂之理，欢欢喜喜来到王家，结果王球连正眼都不看，一挥扇子将他赶出门去。王弘垂头丧气回来禀报，而文帝也毫无办法，只能苦笑认栽。

第二件轶事，是王球的侄子王履，在宋文帝和刘义康兄弟相残那一幕中，充当了义康阵营的急先锋，指望着义康早晚登位，自己就能呼风唤雨。不想权相一朝下台，亲信纷纷被杀，王履这下慌了手脚，只好跑来向叔叔哭诉求救。不想王球淡定如常，先温给他一杯酒定定心，训斥了他两句，然后徐徐道:"有叔叔在,你有什么可担心的呢?"——结局是,文帝果然又不敢对王履赶尽杀绝,谋朝篡位、罪不容诛的一条小命,就这么简简单单地保住了!

王球是如此将皇帝都觑得如同无物的人物。然而,那靠的并不是他本人有何绝世之才,而是他高贵无比的家世。他是真正天生的贵族,父亲王谧是王导之孙,晋末官至司徒。正是凭着王家嫡系、三公之子的身份,他才有如此睥睨皇家的气度,有这种铨衡士庶的资格。与其说宋文帝畏惧的是王球这个人,不如说他尊重忌惮的,是他背后那个仍在运转着的门阀社会与惯性力量。对于刚刚才从这座庞然巨物的阴影下杀出一条血路登顶的刘宋皇室来说,要去触碰其逆鳞,还是需要一些勇气和尝试的时间的。

我们既然了解了王球,作为其嗣孙的王奂是个什么地位,也就可想而知了。那正是延续着东晋以来一百六十年最高贵血脉、代表着最纯正士族资质的人物。如果江山百年不易,祖先的风流气度,便也应原封不动地传到他的身上。他应当同样有着认证士族、调整维护这台巨型社会机器的资格,也有凭着这台重型武器与天之巨龙对垒的底气。

可惜的是,时势已经不同当年了。

擅杀刘兴祖事件

永明十年十一月,在雍州刺史任上的王奂,擅自逮捕杀死了副手刘兴祖。这一事件意外地酿成了轩然大波。

本传里只说王奂这时任雍州刺史,但雍州刺史一般还兼任另一个重要职位宁蛮校尉,这是设置来专门负责长江中游地区蛮族事务的官职。而刘兴祖则是宁蛮府长史。据说两人关系不睦,大约在对蛮事务的赃私问题上还有矛盾,王奂便派了三十名手下伪称奉诏将刘兴祖逮捕下狱。刘兴祖在狱中曲折设法请求申辩,终于把冤状递到皇帝手中。当年十一月十九日,武帝遂下了一道旨意,命刘兴祖到都城接受审查。然而仅仅两天之后,王奂竟派狱卒到刘兴祖家通知家属说,此人已经在狱中上吊自尽了。待尸体送出来,家属一看颈下有伤、肩胛乌青、下阴破碎,明明是遭到毒打虐待而死;据说此前王奂还曾在家属送进狱中的粥里下毒,刘兴祖警觉大叫，才没得逞。——这真是古今不变的套路。如此冤案，家属门生自然不依，闹将起来，事情便搞大了。

永明十一年，文惠太子长懋刚刚才在正月里去世，武帝初丧长子，正在悲怒交加之际，又听到这种消息，怕不是一肚子不痛快都倾泻在了王奂身上？立即派遣禁卫军五百人前往雍州逮捕王奂。王奂第三子王彪素性凶悍，领兵千余人与台军对阵。最后是雍州官僚内部不和，属官裴叔业、黄瑶起等从城内起兵进攻王奂。于是到这一年的三月乙亥，王奂被内乱的兵士斩首，王彪等党羽皆被擒杀。王奂其余二子王融①、王琛也都一并被斩首于建康。王氏尊荣高贵、居于士族仲裁人地位的这一支，就此折翼凋残。

而这一事件造成的更深远后果，则是王奂仅存的一个儿子王肃，侥幸逃出建康，投奔北魏，成为魏孝文帝深为宠信的重臣，并且凭借其身为南朝高等士族的渊博学识，对北魏洛阳城的兴建营造发挥了举足轻重的作用。历史之遇合有如此者。

长吏犯法，封刃行诛：南朝皇权强化潮流中的武帝

武帝虽然将王奂明正典刑，这在总统犯法与民同罪的现代法治社会里是正常不过，所以我们今天也不容易感受到当时天子一怒、四方变色的阵势。然而就六朝时代的一般风气而论，像王奂这种地位的人物，犯点小罪，杀个把人实在是家常便饭。所谓刑不上大夫，律法岂为贵族而设？尽管擅杀宁蛮长史这种已有相当等级的官员确实是过分了一些，但我们只要了解王奂的地位，也就不会感到太过讶异。擅杀部属之罪再大也大不过谋反篡位，假使王球还在，只消扇子一挥，徐徐道："阿爷在，汝亦何忧？"事情十有八九也就大事化小，小事化了，最多不过罢官在家思过几年，罚上一笔俸禄也就是了。须知王家的前辈王僧达，就曾打算挖坑杀埋因爱生恨的娈童，又曾在吴郡太守任上派兵绑架僧人，勒索百万钱财，若无其事。另一位更有名的大贵族谢灵运，也曾擅自处死与自己姬妾私通的门生，弃尸江流，被弹劾后也不过就是免官了事。将人命和国家法制看得如

---

① 与本书前后文登场的萧子良谋主王融不是同一人。

同草芥,正是这些大贵族长期安居社会顶层养成的共同禀性。而对于具有这种身份及社会影响力的人物,朝廷即使要下决心处置,往往也要再三衡量,通过御史倚奏的方式走一套弹劾程序,用比较体面的方式剥夺其权力,而不是如此毫无回旋余地地下令征伐诛杀,甚至灭其家门。王奂的下场,只怕是他自己一开始也想象不到的。因此他在接到台军讨伐消息时还打算先闭关据守,再图启奏自白。而王肃在投奔北魏后,也一直认为父亲无理被害,以含冤负屈的伍子胥自居,后来果然带兵南征,击败当年起兵杀死父亲的南朝将领。事实上,这一案件本身纯从法理而言,很难说王奂是无辜的;王肃的这种情绪只能理解为对武帝毫不顾忌优待贵族惯例、断然诛杀大臣的震惊。而这也就是萧子显要将"长吏犯法,封刃行诛"八字特地写在对永明政治的总结中的原因所在。武帝这种雷厉风行的政治形象,确实给当时的士族社会留下了深刻的印象。

武帝对士族社会的这种打击,实际上从三十年前宋孝武帝刘骏在位的时代(453—464)开始,便已在上演。刘宋孝武帝、明帝朝的政治,号称"孝建、泰始,主威独运"①,贵族们的日子从那时开始就已经不好过了。但刘宋中后期的皇权强化,强烈表现在两个方面,一是在人际交往上对高门士族极尽侮辱践踏之能事,从个体生命上使贵族的尊严扫地无余,人身安全朝不保夕;二是新设机构任用寒人恩倖,架空贵族政治,直接攫取其权力。这种过于暴烈的行径对既有社会结构造成过于剧烈的震荡,导致的直接后果便是精英离心、天下大乱,政权也就在乱局中走向了覆亡。齐武帝在施政上,不少方面都可以见到宋孝武朝的影子,同样是南朝皇权强化潮流中的一波,但在行事的分寸上却明显与之不同。武帝对士族虽然内心轻蔑,却并不随意作人格侮辱,更与王氏领袖王俭保持了长期的君相良好合作;尽管在永明时代,寒人武将拜为三公者不乏其例,但都有实际的功绩为依据,令贵族虽然不满,却无法作出激烈的反抗,只能愤慨自嘲了事②。对王奂这种大贵族的征伐诛杀,虽然破坏了贵族社会的一般惯例,但王奂本人犯法在先,被武帝抓住机会,也就无话可说了。就这一点而言,永明朝的皇权强化正可视为刘宋后期发展方向的稳健回缩。天子

---

① 《宋书·恩倖传》。
② 《南史》卷四五《王敬则传》:"后与王俭俱即本号开府仪同三司。时徐孝嗣于崇礼门候俭,因嘲之曰:'今日可谓连璧。'俭曰:'不意老子遂与韩非同传。'"

之威并非虚设,但动必有章。这应该说也是永明十一年间能够保持平稳内政的重要原因。

第四节　面对北方的敌国：
遣使外交与北伐筹策

齐魏和平外交

内政方面,武帝实施了各种社会福利、人口管制、政府治理和法律调整政策,致力于国内社会的稳定繁荣。而在外交方面,他也遇上而且维持了良好的和平局面。建元三年四月,齐魏战争结束。这一年七月,南齐遣使北魏,从此开启了齐魏时期的和平外交之路。《南齐书》卷五三《良政传》对这个时代有一段著名的概括:

> 永明之世,十许年中,百姓无鸡鸣犬吠之警,都邑之盛,士女富逸,歌声舞节,祛服华妆,桃花绿水之间,秋月春风之下,盖以百数。及建武之兴,虏难荐急,征役连岁,不遑启居,军国糜耗,从此衰矣。

永明年间留给那个时代人的基本记忆,是百姓安宁、士女富逸、都城繁华、文艺兴盛,一派"忆昔开元全盛日"的景象,而这是以南北和平、战火平息为背景的。一旦永明时代结束,建武年间战事再起,应付不暇,南齐便再难维持盛况了。与北魏的关系,同样是武帝极为重视,并且取得了显著成绩的重大国事之一环。

关于永明时代的齐魏外交,前辈学者已经进行过基础性的整理,下面将相互遣使年月日列出一表(为与下文参照便利起见,武帝讲武时地亦列于右栏)①:

---

① 本表系参照逯耀东《从平城到洛阳——拓跋魏文化转变的历程》所列表制成,中华书局 2006 年,第 286—288 页。唯永明十年三月遣使,逯表误记为二月。

年份（齐/魏）	外 交 活 动	武帝阅兵讲武时间地点
永明元/太和七	七月北魏遣使	
	十一月二十七日南齐遣使①	
永明二/太和八	五月十二日北魏遣使	八月八日，玄武湖
	九月二十四日南齐遣使	
	十一月二十六日北魏遣使	
永明三/太和九	五月南齐遣使	
	十月北魏遣使	
永明四/太和十	三月二十九日南齐遣使	闰正月二十六日，宣武堂
永明五/太和十一		
永明六/太和十二		九月二十五日，琅邪城
永明七/太和十三	八月四日北魏遣使	六月十五日，琅邪城
	十二月二十五日南齐遣使	
永明八/太和十四	四月二十七日北魏遣使	
	十一月二十三日南齐遣使	
永明九/太和十五	二月二十六日南齐遣使	九月九日，琅邪城
	四月十二日北魏遣使	
	九月二十二日南齐遣使	
	十一月二十日北魏遣使	
永明十/太和十六	三月二十五日南齐遣使	十月六日（?），玄武湖
	七月二十日北魏遣使	
	十二月南齐遣使	

　　可以看到，双方大体上平均半年上下便遣使一次。除永明五、六两年北魏未及时报使（原因何在还不清楚）之外，其余历年均相互通使，而且有好些年份来回不止一次。这一态势一直延续到永明十年末才告结束——

---

① 永明年间齐魏外交多载于《魏书》及《资治通鉴》，所系日期应为使节抵达国都之日。

次年年初,也就是武帝生命中最后一年的正月,南北局势已经骤然进入微妙的紧张关系当中了。

特别值得注意的是,一般年份都是你来我往,相互交聘;但永明八年年末遣使北魏后,仅仅相隔三个月,未等北魏派出使节回访,便又于第二年二月再次遣使。以至于永明九年双方相互出使四次之多。如上表右栏所示,永明六年以后武帝每年均举行阅兵,但也只有永明八年例外。两者合观,鲜明地彰显出南齐政府在这一年向北魏递出橄榄枝的意图。这恐怕是因为永明八年,也就是北魏太和十四年,发生了一件影响南北政局的大事:长期执政的实际统治者,太皇太后冯氏,于九月癸丑(十八日)薨逝了。名义上已经在位十四年的孝文帝,从这一年开始才终于亲政。换言之,北魏实际上出现了一次统治权力的换手。武帝为什么会在年底派出使节两个月后便又遣使一次,细节不得而详,也许是因为前一次使节出发时还未接到冯氏的死讯,或者虽然接到了却来不及另行准备,所以仓促重遣吊问。不过,从冯氏去世到第一次使节出发,中间已隔了三个月,南北重大消息的传递似乎不至于如此延误,那么我们也可以猜测,这次使节的追加派出,也有可能是由于武帝希望进一步深入了解北魏国情变动,窥测是否有可乘之机。具体究竟如何,尚待研究,但无论如何,在这种外交震动时期发生的遣使节奏变化,背后正反映出武帝及其朝廷在随时应对新的形势,对北方政策进行重新调整。而接下来永明九年双方连续遣使,也正是表现着南北相互试探的步调。

北魏使臣来到建康,武帝有时亲自登山临水组织游览活动,相互酬答赠言;而北魏孝文帝也留下了"南朝多好臣"的感慨。南方君臣惊叹于北方士族的文质彬彬,而北方君臣更是从相互的友好接触中切身感受到了南朝的文采风流,倾倒不已。文化上的了解加深同时伴随着对相互国情的探测和信息交换。前文提到南北两国内政在这一时期表现出相似的倾向,从外交背景来看恐怕并非偶然。武帝的政府对北魏形势是有着相当深入了解的。

连年讲武：北伐壮志未酬

外交的另一面是战备。永明是一个和平的年代,但武帝并不是一个安静的君主。在中国历史上，"来自北方的压力"与"南方的反弹"几乎是一个恒常的主题。不论是中原政权面对蒙古高原，还是南方朝廷面对华北势力，往往都在相对和平繁荣的时期，随着国力的积蓄而兴起作战扩张（或恢复）的冲动。萧赜的表现同样吻合这一法则。而在那个时代，最直接反映君主收复之志的，就是所谓讲武，也就是水陆步骑的阅兵演习。永明年间见于史籍的讲武凡六次：

二年八月八日（戊申），车驾幸玄武湖讲武。

四年闰正月二十六日（戊午），车驾幸宣武堂讲武。按这一年正月里正值唐寓之乱起，武帝派遣禁兵一举平定。前文已经提到，这场说大不大说小不小的动乱，激起了他记忆中少年时节用武疆场的豪情。之所以会紧接着就阅兵讲武，或许也是因为受到这一事件的刺激，让他又涌起了对武功的热衷吧。

六年九月二十五日（壬寅），车驾幸琅邪城讲武，习水步军。

七年六月十五日，车驾幸琅邪。虽未明言此次亦为讲武，但以六年、九年两次观之，这次也不应例外。

九年九月九日（戊辰），车驾幸琅邪城讲武。史书记载这一天"观者倾都，普颁酒肉"[1]，大约因为这一天是九月九日重阳节（兼且是永明九年），等于是一次盛大的皇家节日巡游了。

十年十月[2]，车驾幸玄武湖讲武。

通观以上武帝的讲武地点，分在三处。首先，宣武堂（观）是西晋南朝常规的阅兵演习场所，从名字便可知道是与军事相关的堂构。西晋初年，晋武帝就曾多次亲临宣武观阅军。西晋后期中原板荡，东晋朝廷衰弱，中央政府的阅兵行动基本断绝。到宋文帝时，才又恢复在宣武堂阅兵。西晋的宣武观当然是在洛阳，而南朝的宣武堂不难推断是根据西晋制度重建的，与堂相配的设施似乎还有宣武场。宋文帝就屡次在此讲武校猎。而竟陵王刘诞起兵造反时，宋孝武帝亲任主帅讨伐，车驾也是驻扎在宣武堂。这里可以理解为南朝中央阅兵的常规机构。其具体地点今天虽已不详，但当时文献记载中还有阅武堂，则是位于后宫的建筑，

---

[1]《南齐书·武帝纪》。
[2]《南齐书·武帝纪》记作乙丑，然中华书局修订本《南齐书》校记已指出是月无乙丑。乙丑很有可能是己丑的形讹，也就是当月六日。

可以屯兵①；从相关记事来看，其与宣武堂功用相连、地点相近的可能性很大。如果这个推断不错的话，则宣武堂就在台城之内了。

至于著名的玄武湖，则位于台城北侧，又连接长江，自东晋以来已颇有规模，宋文帝元嘉二十三年更立堤堰水，成为一个适宜训练水军的基地。在这里的讲武当然是以水军为主，或完全是水军的演习。但事实上，在刘宋时代，却仅有宋孝武帝大明七年曾一度下诏在玄武湖大阅水军，然后就没了下文，不知是否确曾实施。除此之外，永明以前便未见在玄武湖阅军的记载了。由此观之，武帝屡次在此阅兵，也是比较特殊的举措。

值得注意的是，文献还记载武帝时此湖又号"昆明池"②——须知"昆明池水汉时功"，那可是曾厉兵秣马，对匈奴追奔逐北的汉武帝，为了讨伐蛮夷、演练水军而开凿之池。我们一看这名字，便可知道武帝在此阅兵的志向所在了。齐武帝，不仅仅谥号与汉武帝相同而已，在他心中诚然有着以这位六百年前雄主为榜样的抱负。一个显著的证据是，永明末年，武帝命著名的画师毛惠秀画了一幅《汉武北伐图》。史书中记载说当时是命中书侍郎王融主持这项工作。不过，如果只是画一幅图画而已，何必特地要派一位中枢专员负责监管进度？这至少暗示出此图的规模必定不小（不妨猜想是壁画或大型的屏风画），而且包含着严肃的政治意图。画成以后，这幅画作便被安置在琅邪城的射堂壁上，武帝每次游幸都会前来观赏——不言而喻，他在乎的当然不是画作的艺术成就，而是汉武帝开疆拓土的壮志豪情了。

琅邪城，正是永明后期讲武的主要地点。这是位于长江南岸的要塞，水步军皆可演习，正是适宜发动北伐的前哨。而从时间上看，永明六年九月以前，武帝在位六年间只讲武过两次，永明四年那次还可能是因为受到唐㝢之之乱的刺激。而永明六年以后，却每年都有讲武的记录（仅永明八

---

① 《南齐书·东昏侯纪》："宫人于阅武堂元会，皇后正位，阉人行仪，帝戎服临视。"是知其即在后宫内。又《南齐书·高帝纪上》："太祖屯阅武堂，驰结军旅。"《梁书·武帝纪上》："己卯，高祖入屯阅武堂。"是知其为宫内屯兵之处。又《南齐书·武帝纪》："甲寅，以籍田礼毕，车驾幸阅武堂劳酒小会，诏赐王公以下在位者帛有差。戊午，车驾幸宣武堂讲武。"

② 《太平御览》卷六六《地部三一》引《京都记》："从北望钟山，从宫亭湖望庐岳。齐武帝理水军于此中，号曰昆明池。故沈约《登覆舟山》诗云：'南瞻储胥馆，北望昆明池。'即此尔。永嘉末，有龙见于湖内，故改为玄武湖。"

年未见记载),而且地点都在玄武湖和琅邪城。

即使仅从阅兵的地点,我们也能约略窥见齐武帝这时的心态了。在这三处中,宣武堂应当就在宫城之内,在这里进行的阅兵可以想见只是一种礼仪行为,不会有多少实战操演上的价值。而玄武湖距离宫城就有点距离了。学界过去的传统看法,认为台城北墙紧邻玄武湖南岸;但经过近年来的考古发掘,已经确认台城实际上的位置要南移不少。从皇宫出发去玄武湖还是得走上几里路的①。至于琅邪城,那就更远在台城东北数十里外了。所以史书记载武帝晚年屡次驾幸琅邪城,都是一大早天不亮就出发,车队到了湖北埭(大约应是玄武湖北岸的堤坝)才听到鸡啼。可知皇帝阅这么一次兵并不很轻松②。而且,玄武湖和琅邪城都是可以实际操演大型水师的场所,这正反映出永明后期的讲武已经不只是常规性的走过场了,否则武帝大可以在宣武堂坐着看看了事,犯不着大老远跑到琅邪城去。至少在永明六年以后,也就是武帝执政生涯的最后几年里,他对于北伐恢复的雄心壮志的确是蠢蠢欲动,图谋大举了的。

只是,这番壮志尚未及酬,他就走到了生命的终点,而永明之光也就随之而熄灭了。

---

① 过去以朱偰为代表的观点是认为台城北至鸡鸣寺,南到干河沿(与今东南大学校园大致范围重合);但考古发掘证明台城位于今珠江路以南。参见王志高《六朝建康城遗址考古发掘的回顾与展望》,《南京晓庄学院学报》2008 年第 1 期。
② 《南齐书》卷二十《皇后·武穆裴皇后传》:"车驾数幸琅邪城,宫人常从,早发至湖北埭,鸡始鸣。"

第五章　永明天下：
齐武帝和他缔造的时代(下)

在《南齐书·武帝纪》中,萧子显对武帝治下的时代又有过这么几句总结:

> 外表无尘,内朝多豫。机事平理,职贡有恒。府藏内充,民鲜劳役。宫室苑囿,未足以伤财;安乐延年,众庶所同幸。

社会秩序的平稳和中央财政的充实——所谓"机事平理,职贡有恒。府藏内充,民鲜劳役",是永明民生相较于此前此后时代最显著的发展方向。当然,这种描述不能过于理想化地理解,例如前文就提到过检籍造成了对民众的劳役处罚乃至地方叛乱;不过,这些表述都是在特定时空条件下相比较而言的。在刘宋后期到萧齐后期这一段时间里,永明时代诚然配得上这样的赞美。长达十一年间无论外政外交,都取得了"外表无尘,内朝多豫"的成果,得以"安乐延年,众庶所同幸"。在本章中,就来继续观察武帝在经济民生、宗教管理和文化教育事业上所缔造(或未能如愿缔造)的永明天下。

第一节　永明经济：
货币转型时代 vs 好利的皇帝

天下米谷布帛贱: 货币转型期与国库财政增收

南朝前中期,有一个显著的特别现象,就是物价下降严重。进入永明前中期,物价低廉的趋势已经非常明显,史称之为"天下米谷布帛贱"①。刘宋初年,一匹布市价一千文;到元嘉年间,就只卖六百文了。而永明年间,即使是质量上乘的布,也只值三百多文而已②。物价的急速降低,一个很大的原因在于货币的使用类型及数量发生了变化。关于这一点,今天的读者也许不是很好理解,因为我们都活在货币经济的时代,日常生活中使用金属货币乃至主要使用代用券(纸币)进行交易是司空见惯、理所当然(现在更已在进入数字经济时代了)。但中古时期却并非这样的。

从六朝至唐代,在很长的时期、很大的比例上,都是以实物经济为主的。一个最好理解的例子是,我们看中古史书里经常写到皇帝赏赐某人布帛若干匹,从今天的想法来看不免疑心难道是赏赐来做衣服的?其实当时钱币短缺、用途远没有今天这么普遍,民间往往是用米和布帛这些生活必需品来进行交易的。比如出门旅行的时候可以带着几匹布上路,付账时便截下一段来当钱用。所以赏赐布帛,跟今天的加薪发奖金其实是一回事。而前文也已经提到,当时的地方官员实际上是不发货币薪水,而是用禄田的租税所得(再加上绢绵和力役)来充当收入的,这些田租多数时候也是直接征收稻米;而且和用于缴纳户调的布帛一样,稻米在当时的

①《通典》卷十二《食货典十二》:"齐武帝永明中,天下米谷布帛贱,上欲立常平仓,市积为储。"

② 按,过去多认为永明年间布匹价格仅为一百多文。但这其实是基于对史料的误读。关于这个问题的基本史料,是萧子良留下的一份上启。《南齐书》卷二六《王敬则传》载云:"永初中,官布一匹,直钱一千,而民间所输,听为九百。渐及元嘉,物价转贱,私货则束直六千,官受则匹准五百。所以每欲优民,必为降落。今入官好布,匹堪百余。"过去学者判断的依据即在于末一句。然而就在同一份上启的前半截,却提到了完全不同的价格,每匹布要值到三百文:"顷钱贵物贱,殆欲兼倍。凡在触类,莫不如兹。稼穑难勤,斛直数十,机杼勤苦,匹裁三百。"这一价格表述却似未受到学者重视。其实参照《通典》卷五《食货典五》所载此上启,"束直六千"作"匹直六百",显然才是正确的。因为布五匹为一束,如果"束直六千",那么一匹的价格就高达一千二百文,这不但与"匹准五百"相去过远,也不符合宋初以来物价下落的趋势。而"匹堪百余",《通典》则作"匹下百余"。观乎此,脉络便要清楚得多,那其实并不是说每匹布价值百余,而是说"和元嘉时代的五百文比起来,今天的布价每匹降低了一百多文",这样解读的话,就与"匹裁三百"完全吻合了。布价的变动是研究从南朝初年到永明时期物价变动的最基本指标。对此的调整实牵涉到对整个南朝前期物价波动幅度的理解,关系非轻。现在看来,南朝前期,尤其刘宋后期至萧齐前期的物价波动曲线要比原本想象的平缓不少。本书初版时对此点尚未理解透彻,仍以百余文为基准立论,对永明时代货币经济的恢复程度不免估计过高,这是须要订正的。

意义不仅仅是一种食粮，而且同样是直接被当成钱来理解的。在那个战乱频仍的时代，军事政权此起彼伏、缺乏稳定一贯的货币政策及本金储备，铜钱又常常被人为破碎导致价值下降，所以那个时代虽然仍然持续存在并使用货币，但"钱"并不好花，在更一般的情形下，谷米布帛才是硬通货。

整个东晋时代，除了少数私铸之外，官方一直没有铸造铜钱，只是使用过去历代所铸的旧钱。但金属货币使用的时间越长，质量就会越差，因为一方面不断磨损，另一方面人们还会偷偷地把边缘的铜剪磨下来（偷钱），如此日积月累，旧钱的重量就不断变轻，形状也越来越不像样。而基于劣币驱逐良币的原理，人们又会越来越选择把那些良好的大钱藏在家里，更使得市面上流通的货币的数量变少，质量变差。这种情形到了东晋末年已经很严重，铜钱完全无法维持货币功能，政府一度已经到了打算废除铜钱、彻底转为实物经济的地步了。

铜钱既然越来越没有用，人们对钱的需求自然越来越低，没人愿意用东西换钱了。刘宋初年，要 1 000 文才能买得到一匹布。宋齐政府意识到这个问题，开始铸造新钱，尝试通过经济调控恢复货币功能。铜钱逐渐在全国各地恢复使用，到了梁代，除少数地区仍杂用谷帛，以及南方边境的交、广地区使用金银交易外，全国大部分疆域都已经恢复用钱。对于这一货币经济在东晋时代的低迷以及南朝时期的回升，经济史家已经有不少的研究。一个显著的表征是，到元嘉时代，一匹布只用 600 文就可以买到了。——其实在实物经济为主的时代，合适的表述也许更应该是，"用一匹布只能买到 600 文钱了"。这表明"钱"又重新值钱了，基础物资的价格下降了差不多一半。宋齐时期虽然几经曲折，但总体趋势是货币经济在明显恢复机能。于是到了永明时代，布价已跌落到宋初的三分之一左右，这也就意味着货币的价值上升了将近三倍之多。

在这样的背景下来看，便明白永明时代正是这个货币体制转型过程中的一环。在这个从实物经济再次滑向货币经济的过程中，物价的急速震荡，使作为统治者的武帝和他治下的臣民面临着新的生活方式；而如何处理实物货币与金属货币之间的关系，也给永明政府的经济社会管理提出了挑战。

回应着这种形势，在永明初期，武帝就出台了一道政策，规定"诏折租布,二分取钱"①。也就是说,缴纳租布时不是完全征收布匹实物②,而是改为一半收布匹,一半收铜钱。

所谓租布,就是户调,也就是在以田地为单位收取谷米作为田租的同时,以户为单位收取织物。这个制度是曹操开始实行的,一直沿用到唐代前期。曹魏西晋统治的北方丝织业发达,所以征收的是绢;到了东晋南朝,江南的麻产地更多,征税以麻布为主,所以就改叫租布了,从税种上来说其实是同一回事。户调最初的税率是每户每年绢二匹、绵二斤(一匹绢相当于三斤绵);到西晋增加到绢三匹、绵三斤;再到刘宋孝武帝朝以后,就改成了交布四匹。

这一税种原本是只征收织物的,在东晋刘宋时期,已经局部地开始出现将户调部分折纳为现钱的现象,但并未普遍实施。而武帝则将布和钱的比例提高到对半,在全国范围内施行,从而大大提高了对钱币的需求③。我们了解了上面的道理,就知道这对老百姓不用说是一条恶政,因为看着钱值钱了,就要求民间转为交钱,等于是政府自己进入市场来投资获利。而政府赋税对钱的需求忽然剧增,又大大拉动了货币热,可想而知铜钱的升值势头只会有增无减。不过,在另一方面,这当然也表示出政府本身面对货币问题积极加以调整适应的姿态。

到永明四年,武帝又下了另一道诏书:

> 扬、南徐二州,今年户租,三分二取见布,一分取钱。来岁以后,远近诸州输钱处,并减布直,匹准四百,依旧折半,以为永制。④

① 《南齐书·武十七王·竟陵王子良传》。
② 按过去受陶希圣、武仙卿《南北朝经济史》的影响,一般把"租布"理解为田租(纳谷)和户调(纳布)两者合称,但史书中除了常见的"租布"之外,宋魏史书中还偶见"租谷",此语却不可能是租与谷的合称。永明四年诏书又将租布直接称为"户租"。隋《夏侯阳算经》卷中有"今有租布一万三千七百九十五端三丈七尺"云云,显然租布只是指租中之布,也就是户调。至于田租,史书中是直接称为田租(即租谷)的,并不与租布相混(关于此点,吉田虎雄《魏晋南北朝租税の研究》第一节已有详论)。
③ 参见陈明光《六朝财政史》,第149—150页。不过,陈明光先生认为折纳比重上升的趋势发生在宋齐时期,但所举出的史料依据正是永明年间的萧子良上启。所以从史料来说,真正的趋势变动正是发生在永明时期。
④ 《南齐书·武帝纪》。

　　光看这份诏书的内容恐怕不太好懂。幸而史书中还留下了司徒萧子良劝谏武帝的两份启奏，其中保存了不少帮助理解的信息①。归纳子良的意见，我们可以知道在南朝具体的社会环境下，对百姓较为有利的税收政策标准应该是：

　　一，尽可能地多允许缴纳布匹杂物，而减少他们换钱的数额及手续。因为如前所言，市场上流通的劣币很多，种类、质量都参差不齐，平时民间作为实物的辅助使用还不打紧，一旦官府逼命兑换，便只能紧急兑买规格完整的大钱来交付，从而被囤积居奇者从中牟利，以至于"买本一千，加子七百"，用手上的1 700钱买符合官府要求的优质铜钱1 000钱，甚至还买不到；而一旦无法满足要求，甚至来回折腾转手，又给收租官吏提供了许多上下其手的方便，自然令百姓徒增许多负担②。

　　二，如果不得已必须要将实物准折为钱，则原则是"每欲优人，必为降落"，官府征收时的价格应当低于市价，比如宋初市场上布一匹价格1 000文，官府征税时就折价900；元嘉时市价降到600了，征税则折价500，才是比较合理的惠民政策。这条初看起来不容易理解，因为按照现代思路，手里的东西当然是越值钱越好，和政府兑换时如果折价较少，民众岂不是被克扣了吗。但在实物经济时代，原理是完全相反的。一开始规定的租税额，就是以实物为标准而不是以货币为标准来计算的。从完全征收实物，转为实物、货币各半，老百姓不是要"用物资变换钱"，而是恰恰相反，是"用钱顶替物资"。那么用来顶替布匹价值的那部分钱币，当然是数额越

---

① 《南齐书·武十七王·竟陵王子良传》载子良上启，相关文字如下："臣一月入朝，六登玫陛，广殿稠人，裁奉颜色，纵有所怀，岂敢自达……又泉铸岁远，类多剪凿，江东大钱，十不一在。公家所受，必须轮郭完全，遂买本一千，加子七百，犹求请无地，椎革相继。寻完者为用，既不兼两，回复迂贸，会非委积，徒令小民每婴困苦。且钱帛相半，为制永久，或闻长宰须令输直，进违旧科，退容奸利。"又《南齐书·王敬则传》载子良启曰："凡应受钱，不限大小，仍令在所，折市布帛，若民有杂物，是军国所须者，听随价准直，不必一应送钱，于公不亏其用，在私实荷其渥。昔晋氏初迁，江左草创，绢布所直，十倍于今，赋调多少，因时增减。永初中，官布一匹，直钱一千，而民间所输，听为九百。渐及元嘉，物价转贱，私货则束直六千，官受则匹准五百。所以每欲优民，必为降落。今入官好布，匹堪百余，其四民所送，犹依旧制。昔为刻上，今为刻下，氓庶空俭，岂不由之。救民拯弊，莫过减赋。"但要注意的是，《通典》所载后一启的后半部分有异同，辨析见前注。
② 有些学者将这一时期的实物折钱现象，视为货币经济取代实物经济的财政进步。子良泉下有知，不知会作何感想。

少越好。设如上举每户征收四匹布,市价每匹 600 文,现在一半改为征收铜钱,两匹布总价应为 1 200 文;但政府在征税时每匹只折价 500 文,那么总价就只有 1 000 文,等于上缴的钱数减少了 200 文。这对百姓来说当然是求之不得的好事。

以上两条原则虽然是从子良的意见中归纳出来的,但我们不难承认这对老百姓来说确实是眼前看得见的好处所在(是否符合长远经济走势是另一回事)。我们了解了这两条原则,就能清楚地读懂武帝这份诏书的含义:

(1)扬州和南徐州今年的缴纳租税形式是三分之二直接上交百姓手上现有的布匹,不须另行卖布凑钱;余下三分之一则交钱。(2)从永明五年开始,全国州郡无论远近,只要已经实行了半布半钱方式的地区,就都降低布的价格,减为每匹 400 文(原来可能是按照元嘉年间的 500 文来算)。

诏书里规定“今年”也就是永明四年交三分之一钱、三分之二现布的只是“扬、南徐二州”,可知其他州郡应是按照已有政策,“依旧折半”,也就是铜钱和布各收一半的。那么按照我们前面归纳的两条原则,这是对扬、南徐民众的优惠政策了。关于这一点,我们可以联想到刚刚平定的唐寓之之乱。对于初经战乱后的这一地区,应该是有必要放宽赋税压力的。而从明年开始,全国赋税中以布折钱的份额都降低价格,也就是每匹布减轻百姓 100 文的负担。前者是降低局部地区的折钱份额,后者是降低全国范围的兑钱比率,都是减轻老百姓的负担。所以这在永明二年政策的前提下,显然是一次惠民的德政——至少就武帝的主观意图上说是如此。

当然,400 文仍是一个高出市价的数字,并未能真的如子良理想的那样,做到入官折价比市价更低①。元嘉以后战乱频仍,亟须筹措军费,明帝上台后更是奢侈盛行,国家疲困(见下论),这些可能都是统治者坐视物价下滑而不肯调整赋税实物折钱比率的原因。老办法一直沿袭到永明,实际上变成了官府变相地极度加重对民间的盘剥②。而武帝在永明二年之所以要改户调为半布半钱,这么一看就更昭然若揭了,那其实就是政府看

---

① 如前所论,过去一般观点以为当时的布价是每匹百余文,以此为标准的话,400 文显然还是高得离谱,永明经济政策上的惠民举措只能评价为杯水车薪。但现在既然知道当时的布价其实是三百来文,那么永明四年规定“匹准四百”,虽仍然不免过高,但已算是比较接近市价了的。

② 参陈明光《六朝财政史》,中国财政经济出版社 1996 年,第 150 页。

准了老制度和新市场之间的价格落差,趁机要抢占这个巨大的利润空间。永明四年的举措,应该说在相当程度上表现出武帝有逐步调整配合市场的打算,但其调整力度显然还不足以扭转局面。其实子良在上启中早已提出解决的办法,那就是"减赋",要么仍然纳布不纳钱,要么把布折算钱的价格降低到每匹三百文以下,老百姓的负担自然就轻了。然而武帝的结论却是不予采纳——这位皇帝"好利"的本性,在这件事情上正鲜明地表现了出来。

从税收所纳的每匹布上,中央政府都能多收获一两百文的铜钱,也就无怪乎永明年间的国库飞快地饱满起来了。在永明末年,国库储备已经达到宋末的十倍以上,单只铜钱,中央国库的储备就已经达到五亿钱之多,而武帝的私人金库竟也多达三亿有余(参见下论),而此外的金银布帛更是不可胜计①。——关于这个数字的分量,我们可以参照元徽四年虞玩之的一份上书,其中提到:

> 天府虚散,垂三十年……既无储畜,理至空尽。积弊累耗,钟于今日。昔岁奉敕,课以扬、徐众逋,凡入米谷六十万斛,钱五千余万,布绢五万匹,杂物在外,赖此相赡,故得推移。②

宋末当时整个国库,只靠着元徽三年追索欠租收来的谷布及钱五千余万来勉强维持而已。两相对比,可知永明之富了。只是风流总被雨打风吹去,父祖辛苦打拼下来的亿万身家,武帝一死,便被继位的孙子败得一干二净,南齐皇朝不久也就走向了灭亡。

京师四方出钱亿万：宏观调控的和籴政策

当时朝廷上下的好利,在其他事件上也表现出来。王敬则在永明二

---

① 当然,过去学者把这一点纯粹归于剥削加重也是不太公平的。从积极的方面看,和平年代农业生产及商业的恢复发展、武帝对官僚灰色收入的打击,以及下文还要提到对佛教规模的控制,应当也是使得国库积蓄增加的原因。
② 《宋书》卷九《后废帝纪》。

年担任着会稽太守的肥缺。会稽就是今天的绍兴,毗邻海滨,境内又有鉴湖等湖泊,容易发生水泽壅塞、淹没路桥的灾情。当地士庶于是自己发动起来,各家合出丁力修堤保塘,形成了地方上一种自发性的劳役。结果这一年的工程量不如预期的浩大,指标有剩余,王敬则就弄了个花头,说,你们原本要出这么多人力的,现在用不着了,那么多出来的人工就都按铜钱折算交上来吧——这些钱最后就都送到中央讨好武帝去了。这当然是岂有此理,因为出工出力无论多少,原本都只是民众自治行为,并没从政府领到一分钱工钱,工程量大的年头出的力役就多,平安无事的年头也就自动取消了的。现在王敬则却将其当成了必须出满定额的摊派,等于无端端多出来一种税目。虽然前太守萧子良激烈反对,但武帝却乐得白赚了一笔,哪肯接受他的劝谏。

类似的例子还有。会稽郡的西陵地方设有名为牛埭的闸坝,位于河道险急之处。当时往来船只来到此处,大约是由官府提供牛力拉纤过坝的,而纤牛的使费当然是从过关的商旅收取。从史料来看,是每日定额合收三千五百文,但实际上主事官吏又生出种种名目来巧取豪夺。于是永明年间的行会稽事(代理绍兴市市长)顾宪之便上书请求将各种名目一律免除。谁知到永明六年,吴兴歉收而会稽丰收,两地间利用水路转贩粮食的商旅往来加倍频繁;换言之,需要拉纤的工力也要翻番。西陵戍主杜元懿于是趁机上启,建议朝廷应抓住商机,将税额加倍,一年便可多得税金百余万;会稽四埭合计可征四百余万①。不过武帝这次倒是显示出一点仁君风度,由于爱民的好官顾宪之大力抗议,而并未采纳这条险计②。不过以杜元懿区区一个地方军戍小头目,也敢借着天灾兴风作浪,恐怕不能不

① 《南齐书·顾宪之传》载杜元懿启:"吴兴无秋,会稽丰登,商旅往来,倍多常岁。西陵牛埭税,官格日三千五百,元懿如即所见,日可一倍,盈缩相兼,略计年长百万。浦阳南北津及柳浦四埭,乞为官领摄,一年格外长四百许万。西陵戍前检税,无妨戍事,余三埭自举腹心。"原税价翻倍,即每日增加收入 3 500 文,以旧历一年 355 日计,合计可得 1 242 500 文,是所谓"略计年长百万"。唯每日商旅来往人数多有变动,固定的"官格日三千五百"不知如何实施? 猜想当时或许有每日提前报备,按照过往商旅人数分摊到人头缴费的算法。
② 实际上商旅增加,牛力的需求也就增加,增税倒不能说全无道理,比起王敬则的无端敛财来已经算好的了。毋宁说杜元懿有点经济学家气质。当然,税额一旦增加,成为定规,以后每年的商旅数即使减少,也是不会再随之下调的,这是这条计策的真正险恶之处。

说正是因为看准了皇帝贪财的本性。

皇帝好利,上行下效,利用货币转型的机会盘剥民众,这是永明经济社会的一个基本面相。而在这个过程中,铜钱的作用也确实显著地回升起来了。如何利用手上已经开始积蓄起来的钱去解决问题,大约也就此进入了皇帝的构思当中。于是到永明五年,武帝又出台了一道政策,由中央和各地方政府"出钱亿万",购买民间基础物资,以宏观调控经济上面临的困境。而《通典》卷十二则留下了这份珍贵的和籴清单,从中我们可以看到武帝颇有些别致的构想:

中央国库出钱5 000万,以身作则,在首都买米和丝、绵、纹绢、布。

首都所在的首州扬州出钱1 910万,次州南徐州出钱200万,各于本州郡县买米。

南豫州出钱200万,买丝、绵、纹绢、布、米和大麦。

江州出钱500万,买米和胡麻(芝麻)。

荆州出钱500万,郢州出钱300万,买绢、绵、布、米、大豆、小豆、大麦、胡麻。

湘州出钱200万,买米、布、蜡。

司州出钱250万,西豫州出钱250万,南兖州出钱250万,雍州出钱500万,买绢、绵、布和米。

中央和各地方政府出钱合计正好是一亿零六十万钱,可知所谓"亿万"并非虚辞。这是一份很有趣的清单,从中我们不但可以直观地看到南朝各州经济力量的对比数值,甚至还可以透过各州分别所采买的物资,看到在永明年间各个地区流行的重要物产是什么。大米、布帛在各州几乎都是采买对象,而我们也知道它们就是当时的实物货币;那么江州的胡麻、湘州的蜡、荆州的豆子等各州特别采购的产物,大约也就都是当地原来具有一定实物货币功能的物资了。政府出钱亿万,将大量铜钱投入市场,而且我们要记得政府所持有的应当都是前文所言百姓高额兑换来的完整好钱。这些好钱在由中央政府集中收取后,再大批量地流入市场,无疑会冲击原有的劣币行情,帮助货币经济更趋稳定。这一方面当然是由于此前已通过户调输钱等政策积蓄起了国库钱财,才能进行这种操作;而通过这种操作,实际上又在进行金属货币与实物货币的转换,让铜钱更普遍地进入国民经济生活,加速货币经济的上行。

武帝施行这样的政策,在经济思想上出于怎样的动机呢？是歪打正着,还是有着清醒的经济政策导向? 当然,像这样的政府出钱收购物资行动并非武帝首创的,我们首先可以考虑到的是古典式的"平准"经济思想。经济规律决定了物价过低会打击生产积极性,"谷贱伤农"。任由这种状况发展下去,对经济发展又会造成损伤。这种现象自战国秦汉以来,古人便已有所了解,针对性的措施便是所谓"平准",典型的手法是对于谷物设"常平仓"。丰收谷贱之年,由国家以相对较高的价格收购存储,保障农民收益,增加粮食库存以备灾荒;饥馑歉收之岁,则国家以相对较低的价格将存粮卖出,避免囤积居奇,造成社会灾难。

但是,武帝此举的用意并非仅此而已。从他关于这一施政的诏书中,可以看到他更深层次的宏观调控经济思想:

> 善为国者,使民无伤,而农益劝。是以十一而税,周道克隆,开建常平,汉载惟穆。岱畎丝枲,浮汶来贡,杞梓皮革,必缘楚往。自水德将谢,丧乱弥多,师旅岁兴,饥馑代有。贫室尽于课调,泉贝倾于绝域,军国器用,动资四表,不因厥产,咸用九赋,虽有交贸之名,而无润私之实,民咨涂炭,寔此之由。昔在开运,星纪未周,余弊尚重。农桑不殷于曩日,粟帛轻贱于当年。工商罕兼金之储,匹夫多饥寒之患。良由圜法久废,上币稍寡。所谓民失其资,能无匮乎? 凡下贫之家,可蠲三调二年。京师及四方出钱亿万,籴米谷丝绵之属,其和价以优黔首。远邦尝市杂物,非土俗所产者,皆悉停之。必是岁赋攸宜,都邑所乏,可见直和市,勿使遗刻。①

在其中当然也反复谈到了"开建常平"、"和价以优黔首"的平准思想。但更核心的观点却更在于对"圜法久废",亦即货币体系崩溃的反省。一般来说,供过于求是导致物价下跌的原因,但宋齐之际却是"农桑不殷于曩日,粟帛轻贱于当年"——稻米、布帛的基础物资生产并没有恢复增长,相应的物价却反而下跌,其原因何在呢? 武帝给出的答案正是"上币稍寡"②,也就是货币的数量不足。由此可以见出武帝是清晰地体认到了货

---

① 《南齐书·武帝纪》载永明五年九月丙午诏。本书初版时未及对此诏书作细致分析,所论尚未达一间。
② 《管子·轻重篇》:"珠玉为上币,黄金为中币,刀布为下币。"此泛指钱币。

币问题对国计民生的影响,有着重建货币体系的明确规划的。

　　经济史家对这一时期货币量不足的原因,通常从旧有货币使用耗损及新铸币不足的角度来解释;但从这份诏书中却可以看到另一个因素的存在:武帝是将其归咎于刘宋后期以来(“水德将谢”)的连年战乱的。在武帝看来,战争在生产下降和货币流失这两方面都同时造成了恶果。我们知道,战争的征发兵役抽走了农业人口,战场所至则荡平田畴沃野,都会破坏正常的农业生产,造成物资生产凋敝,“饥馑代有”当即谓此。而另一方面,又会为了购买军用物资器械而导致钱币外流①。原本在大一统的帝国体制下,原则上应当是“四方来贡”,物资从边缘自动地流向中央;然而宋末以来,战争导致中央皇权衰弱,与“四表”的朝贡关系无法维持,不但无法再收到地方上的“厥产”,反倒要动用“九调”来与之进行交易,购买战争物资。国家耗费了赋税却“无润私之实”,没能用于民生,钱的数量就越来越少了,是谓“泉贝倾于绝域”②。

　　因此,他这份诏书中同时提出了三个措施。其一是减免贫民的三调以改善民生③。其二就是上文所述的和籴措施。政府将大量铜钱投入市场,一方面直接增加货币的供应量(开源),促进实物经济向货币经济的转型;另一方面,这种人为的拉动需求当然也会刺激民间的物资生产。其三则是禁止与外国进行非必需品的交易,避免货币的继续流失(节流)。——永明时代之所以能够停止对战争物资的收购,将注意力放回到重建国家内部的经济体系上来,当然是以南北停战、和平缔交为前提的。

---

① 具体向何方购买何种物资我们还不太清楚。南朝向北朝买马、南朝的地方长官与长江中游的“蛮人”交易器仗,都是史有明载的。当时来自南方海外的珍宝贸易也常见于史书,或许这当中也包括了制造武器的原材料。此外,沈从文先生指出,“犀皮两当甲大致多成于广东工人手中,刘宋《元嘉起居注》称刘桢弹广州刺史韦朗,于广州作官时,‘曾作犀皮铠六领,请免官’可以互证”(《中国古代服饰研究》四十五“南北朝着两当铠拥仪剑门官”,上海书店出版社 2017 年,第 217 页),则政府的钱币也可能用于买甲而流向边缘地区。

② 我们从中似可窥见南北朝经济史和战争史上少见论及的一个连接点。

③ 三调何指,说法不一。胡三省以为“谓调粟、调帛及杂调也”,唐长孺以为“可能是租、布、杂税,也可能是粟、帛、钱”,韩国磐则以为此语的由来是当时用于计算资产的“田、桑、屋宅”三要素。关于中国学界研究的综合讨论参见陈明光《六朝财政史》,第147 页。吉田虎雄则考证为田租、调及其他杂税,实际内涵即等同于租税(《魏晋南北朝租税の研究》,第 65—68 页)。今按吉田说详明有据,可从。

从这里我们又可以看到永明年间的经济调整，与政治大局的转变之间有着深层的关联。在今天仅就经济史立论的话很容易忽略这一点，但对武帝来说，长达二十年的战乱平息却无疑是他深刻感受到的眼前变化，也是他思考自己如何治国时的重要出发点。

总而言之，以上第一条措施意在改善生产，第三条措施意在保护货币，而第二条则同时兼顾两者。虽然政策的具体执行情况及成效如何已难确知，不过武帝对此的思考还是颇有令人瞩目之处的。大约也正因为是"好利"之人，武帝才会对经济问题产生如此非同一般的兴趣吧。

从上面的叙述中，我们应该已经可以在一定程度上把握住永明时代的经济状况和经济政策了。"好利"的天子致力于"富国"，就是这个时代最基本的一个面向。

当然，"国富"的另一面，还得加上"民贫"二字。通过巧取豪夺，财富从民间源源不断地集中到中央，这种情形下的国力增强是以人民福祉受损作为代价的。当时的地方长官秉承武帝的路线，首先考虑的不是如何让人民富裕起来，而是口口声声宣称这是为了国家利益。然而，诚如萧子良的上启中对时局的批判："守长不务先富民，而唯言益国，岂有民贫于下，而国富于上邪？"①我们绝不可因为政府有钱了，就歌颂这是个理想的时代。

不过，同样不能否认的另一面是，在当时人的认知中，国库的钱增加起来，确实是个好事。老百姓虽然惨遭剥削，但达官贵人们的眼里是看不到这些事情的。和宋末国库虚耗、打仗打得连工资都发不出来的落魄情景相比，现在至少朝廷的钱包是鼓起来了。国家财力增强，毕竟是形势好转的指标——反正无论年头好坏，老百姓们的愁苦无助都差不多，剥削多一点少一点也看不出什么来。所以对于武帝的好利，当时据说"宗臣重寄，咸云利国"②，赞成者是很不少的。而且，对于武帝那样一个有雄心壮志的君主来说，国库饱满才能支持他办大事，这恐怕也是一心爱民的萧子良所难以体会的。如前所言，武帝晚年的一大志向就是如同汉武帝那样发动北伐，驱逐夷狄，如果说他对国家财政充实的渴望当中，同样包含着汉武帝那样为了出击匈奴，通过压榨民间财富来积蓄国力军力的意图，恐

---

① 《南齐书·萧子良传》。
② 《南齐书·王敬则传》。

怕也不算是一个太不合理的推断吧。

第二节　皇帝的公与私：
奢侈与富国并行

深宫光影中的醉梦生涯

这样一个好利的皇帝，在公共政策上发挥的影响，是极力增加国库收入。这一点上应该说他做得相当成功。而皇帝这一存在，是具有公私并存的两面性的。那么在私的方面又如何呢？颇有些令人意外的是，作为有爱有恨的生命个体，武帝的"好利"对他的后半生也有着深刻的影响，而且居然同样影响到了国家的大计。

在个人生活的方面，萧赜前半生的一个关键词，可以说是"贫"；而后半生可以说就是"奢"。前文我们谈到，萧赜东宫时期面临的废立风波，在南朝史书的记载里是因为专横僭越，然而作为敌国的记录，《魏书》卷九八《岛夷传》的解读却有所不同，其中对他着重记下了这么一笔：

> 赜初为太子时，特奢侈，道成每欲废之，赖王敬则和谐。赜性贪婪，常谓人曰："唯崔慧景知我贫。"

这条史料相当亲切（可以说得上是"人性化"了）。生活奢侈竟成为北国史臣眼中他几乎被废的理由。这未必是事实，对一国的继承人来说，奢侈和过制比起来不过是个小毛病而已；不过却正好让我们看到时人对他这方面表现的印象之深。而"唯崔慧景知我贫"一句更是颇有点辛酸地照出了这一代之君内心深处的影像。正因为当年是如此贫穷，如此不得不赖人援手，萧赜心里才会留下了如此深剧的伤痕，使他在成为太子、皇帝，富有天下之后，仍无法改变对奢侈的贪婪渴望。"贫"与"奢"同是这个肉身的一体两面，那个自叹贫寒的年轻人，其实一直活在年老后恣意欢乐的君王身体里。

《南齐书·到㧑传》中记载了武帝早年与同僚到㧑的一段轶事。前文已经提过，到㧑乃是京师大豪，家财万贯，饮馔丰厚。有一次，两人一起随从宋明帝到郊外射雉。射猎途中饥渴疲累,到扰取出新鲜收获的早青瓜,与萧赜一同剖食。这看似只是一点很平常的小恩小惠,但在萧赜心中却留下了深刻的印象,以至于他日后登上帝位,仍然念念不忘。对出身贫寒的萧赜而言,"早青瓜"是难得一遇甚至可能从未品尝过的珍味,这番滋味长久地留在了他的心头,成为维系日后皇帝与到扰之间超越身份的友情的重要纽带。这一方面见出武帝有感念旧情的一面,同时也反映出青年时期的萧赜对于这种物质享受的饥渴与敏感。

对物质生活的长期无法满足,使他在日后加倍地产生补偿欲。史载武帝晚年已经几乎将国家政务都交给文惠太子处理——这一点对理解永明晚年政局颇为重要——而自己一心耽于宴乐。在终于太平了的时代,"永明乐"的盛世之音也适时地响起来了。大约是因为受够了犟脾气的原配裴氏,武帝如今乐得不立皇后,自己新造寿昌画殿南阁起居;让宠妃羊贵嫔、范贵妃分住昭阳殿东、西,后来又兴建凤华柏殿,安置宠姬荀昭华。之所以叫作柏殿,应当是以香柏、文柽等珍贵的木材①为梁柱筑成的②。内殿张设着五色帷帐,帐子四角都雕刻着巨大的黄金凤凰,嘴衔九子铃③,铃中垂下长长的流苏,一直披拂到地上。帐内陈设着杂宝枕、金衣机,铺着白紫貂皮褥,帐旁绕以彩画屏风。帐内帐外弥漫着焚烧名香带起的气

---

① 下文引及萧道成禁止民间奢侈之风的诏令中,一条即禁止"局脚柽柏床";又萧嶷建造小眠斋,使用的也是"柽柏之华"(《南齐书·豫章文献王传》)。香柏至今仍是贵重的建材,文柽其物不详,然非今日植物学上的灌木柽柳,当时人认为其木香似柏。

② 《南齐书》卷二十《皇后传》:"旧显阳、昭阳殿,太后、皇后所居也。永明中无太后、皇后,羊贵嫔居昭阳殿西,范贵妃居昭阳殿东,宠姬荀昭华居凤华柏殿。宫内御所居寿昌画殿南阁,置白鹭鼓吹二部,丁光殿东西头,置钟磬两厢,皆宴乐处也。""世祖嗣位,运藉休平,寿昌前兴,风华晚构,香柏文柽,花梁绣柱,雕金镂宝,颇用房帷,赵瑟《吴趋》,承闲奏曲。"又《南齐书·武帝纪》载武帝遗诏:"内殿风华、寿昌、耀灵三处,是吾所治制。"

③ 九子铃是一种特制的铃,其形制为一个大铃铛(母铃)周边悬挂一圈九个小铃铛(子铃)(参孙机《三子钗与九子铃》的解释,收入《从历史中醒来》,生活·读书·新知三联书店 2016 年)。《金楼子》载这些铃铛本身就已大"如二三石瓮",相当于一个不小的米缸了,则衔铃凤凰之巨大可见。又,《西京杂记》卷一载汉赵合德居昭阳殿,亦"上设九金龙,皆衔九子金铃,五色流苏",这对宫殿内部造成的效果是"每好风日,幡旄光影,照耀一殿,铃镊之声,惊动左右"。日光照在龙凤铃铛上反射出的金属光泽、风吹金铃的清脆响声,以及五色流苏的流离华艳,共同结合成光影摇曳、声色交辉的瑰丽场面。这无疑就是殿中悬挂九子铃希望达成的建筑内饰效果。《西京杂记》中的同类描写正可以帮助我们窥见齐武帝寝殿中的声色之盛。

息。殿阁两厢悬钟击磬，演奏起诗僧释宝月新谱曲的武帝自造乐府，歌姬舞女在帷幔前翩翩往返①。

在异香飘渺、雕金镂宝的深宫之中，武帝尽情地挥洒着他积蓄半生的声色欲望，度过了生命中最后的时光。

在武帝的后宫之中，据说妃嫔女乐多达万余人，连皇宫都住不下来，原本只是负责音乐的太乐署和负责染织衣物的暴室都不得不用来安置住房，武帝还心未餍足②。这绝不是因为皇宫地方太小，恰恰相反，永明时代的皇宫仍在继续兴造扩建当中，真正应得上"深宫内院"的形容，从禁中甚至听不到宫城正门（端门）的鼓漏声，而不得不在宫内的景阳楼上另设时钟。就像古人说的那样，秉烛夜游，行乐未央，热衷于游玩赏宴的武帝仿佛生怕欢乐的时光太少，每次巡游苑囿都是夙兴夜寐——精力充沛的大人物往往连享乐都认真得让人吃惊。所以景阳楼上的时钟是很特别的，只在半夜和凌晨敲三更、五更两个更点，宫人听到钟声便须起床梳洗打扮，精心准备迎接一整天的娱乐或巡游活动③。在龙舟游行庆典中，皇帝亲自乘舟出游，成为都城的一大景观，龙舟用高级的红色越布作船帆，绿色蚕丝作帆索，价值不菲的黄铜作船篙的脚撑。连撑篙的船夫都身穿郁林布缝制的淡黄裤子④。还

---

① 《金楼子·箴戒篇》："齐武帝内殿则张帷杂色锦复帐，帐之四角为金凤凰衔九子铃，形如二三石瓮，垂流苏珥羽，其长拂地，施画屏风，白紫貂皮褥，杂宝枕，金犬机，名香之气充满其中。外宴既毕，则环而卧。""齐武帝尝于内殿环卧，合歌姬舞女，奏乐于帷幔之前，为欢曲则拊几称佳，起哀声则引巾拭泪。"《乐府诗集》卷四八《清商曲辞五》解题引《古今乐录》曰："《估客乐》者，齐武帝之所制也。帝布衣时，尝游樊、邓。登阼以后，追忆往事而作歌。使乐府令刘瑶管弦被之教习，卒遂无成。有人启释宝月善解音律，帝使奏之，旬日之中，便就谐合。"

② 《南齐书·豫章文献王传》："是时武帝奢侈，后宫万余人，宫内不容，太乐、景第、暴室皆满，犹以为未足。嬖后房亦千余人。"

③ 《南齐书·皇后传》："上数游幸诸苑囿，载宫人从后车。宫内深隐，不闻端门鼓漏声，置钟于景阳楼上，宫人闻钟声，早起装饰。至今此钟唯应五鼓及三鼓也。车驾数幸琅邪城，宫人常从，早发至湖北埭，鸡始鸣。"同事又略见《金楼子·箴戒篇》。

④ 《乐府诗集·清商曲辞五·估客乐》解题引《古今乐录》："帝数乘龙舟，游五城江中放观，以红越布为帆，绿丝为帆纤，鍮石为篙足。篙榜者悉着郁林布，作淡黄裤，列开，使江中衣，出。五城，殿犹在。"（按，末数句含义难解，疑有讹误。）南朝时的郁林布，具体不详，从名称来看，应是从郁林进奉而来。明田艺蘅《留青日札》"吉贝草"条："吉贝草，即今郁林布。南蛮缉其花为布，且精白细软。"未知是同一物否。但在当时必非寻常之物，则可断言。

有一回,武帝与王公大臣在石头烽火楼上聚会①,欢畅之余,命年轻的四弟长沙王萧晃唱起了南朝乐府中的名曲《子夜歌》。《子夜歌》现在传下来有一系列的歌辞,大约当时是可以按照同一个曲子反复演唱不同歌辞的,萧晃每唱完一曲,武帝便用手里拿着的犀角如意敲打坐床——兴许是助兴打拍子,兴许是乐极忘形,以至于珍贵的犀角如意都断成好几截。而他对此毫不介意,当天一连敲断了好几枚如意才尽兴。这一个小小的故事引起了后人的不满,被梁元帝萧绎写入《金楼子》的《箴戒》篇里,可知即使同在帝王之中,萧赜的豪奢程度都已经是被认为应引以为戒的了②。

享乐皇帝的时代底色:奢靡世风与节约政策

对于武帝晚年的个人生活,《南齐书·皇后传》中也有相应的评论:

> 世祖嗣位,运藉休平,寿昌前兴,凤华晚构,香柏文柽,花梁绣柱,雕金镂宝,颇用房帷,赵瑟《吴趋》,承闲奏曲,岁费傍恩,足使充牣,事由私蓄,无损国储。

这种穷奢极欲的贵族生活,似乎理所当然,完全吻合我们对古代皇帝的想象。但事情并不这样简单。宋、齐帝室起自寒微,宋武帝刘裕就毕生保持了"田舍公"本色,在他皇宫的寝室中,陈设不过是"床头有土锌,壁上挂葛灯笼、麻绳拂"而已③。而萧赜的父亲萧道成也是一样,即使在开国登基之后也"身不御精细之物"④,而且将这一点作为治国施政的重要方针。早在昇明年间未登基为帝以前,他就已经发布过诏令说:

> 顷旬服未静,师旅连年,委蓄屡空,劳敝莫偃。而丹臒之饰,糜耗

---

① 我们记得萧赜当上齐公世子的时候就是以石头为宫的,石头成在当时似乎已经从纯粹的军事要塞变成了他追忆往日的游宴之地。
②《金楼子·箴戒篇》:"齐武帝尝与王公大臣共集石头烽火楼,令长沙王晃歌子夜之曲,曲终,辄以犀如意打床,折为数段。尔日遂碎如意数枚。"
③《宋书》卷三《武帝纪下》。
④《南齐书》卷二《高帝纪下》。

难訾,宝赂之费,征赋靡计。今车服仪制,实宜约损,使徽章有序,勿得侈溢。可罢省御府二署。凡工丽雕镂,伤风毁治,一皆禁断。庶永昭宪则,弘兹始政。①

　　这是针对宫廷饰玩的禁令;随后又下令禁止民间华伪杂物,具体的规定十分细致,多达十七条:不得以金银为箔,马乘具不得金银度,不得织成绣裙,道路不得着锦履,不得用红色为幡盖衣服,不得剪彩帛为杂花,不得以绫作杂服饰,不得作鹿行锦,及局脚桎柏床,牙箱笼杂物,彩帛作屏鄣,锦缘荐席,不得私作器仗,不得以七宝饰乐器,又诸杂漆物不得以金银为花兽,不得辄铸金铜为像。即使宫中及诸王的服饰用具,也要审核批准。至少从规定上来说,从中央到民间都力行整顿,手段是相当严厉了。萧道成自己也以身作则,见御衣中有玉介导(用来插冠的簪子),即命打碎,宫中铜饰都改为廉价的铁器②。

　　如此细致具体的记载,总不能以一句"虚假粉饰"就轻描淡写地无视否定。所以以"皇帝奢侈腐化"这种刻板视角,并不足以看到中世皇帝们的真实形象,我们还需要更深入膝理的观察。

　　萧道成的这一路线,实由三方面的因素造成。其中两个因素,在上引诏令中已经说得很清楚。其一,是"大明、泰始以来,相承奢侈,百姓成俗",社会上的浮夸攀比风越刮越盛,已经到了严重损害民生、妨碍社会再生产的程度。实则我们前文已经提及永明中期人们因为攀比婚礼而导致斑白不婚的表现,那还是经过宋末齐初厉行禁止以后的状况,则刘宋后期的情形可以想见。其二,则是因为刘宋后期的战乱频仍,为了筹措军费已经把国家财政掏空了,急需要整顿生产,提高税收;而民间大搞时尚竞赛,把钱都花在奢侈品上,在农业时代只会让钱财大量流入商人腰包,是无补国用的。

　　这两点因素凑合在一起,尤其从宋明帝朝开始造成大问题。《宋书·

①《宋书》卷十《顺帝纪》。
②《南齐书·高帝纪下》:"即位后,身不御精细之物,敕中书舍人桓景真曰:'主衣中似有玉介导,此制始自大明末,后泰始尤增其丽。留此置主衣,政是兴长疾源,可即时打碎。凡复有可异物,皆宜随例也。'后宫器物栏槛以铜为饰者,皆改用铁,内殿施黄纱帐,宫人着紫皮履,华盖除金花爪,用铁回钉。每曰:'使我治天下十年,当使黄金与土同价。'欲以身率天下,移变风俗。"

明帝纪》里说这个时候是："时经略淮、泗,军旅不息,荒弊积久,府藏空竭。内外百官,并日料禄俸;而上奢费过度,务为雕侈。每所造制,必为正御三十副,御次、副又各三十,须一物辄造九十枚,天下骚然,民不堪命。"一方面是九州同反,到了要卖官筹措军费的地步,紧接着北敌南下,丧权失地,好不容易才得以保守淮南;而另一方面,却是皇帝本人毫无必要的穷奢极欲,每造一件物事,竟同时要造九十枚,实际上其中八十九枚都是多余的,根本不会被使用(所谓正御,只是从等级上言之,也不可能同时使用三十件),换言之,中央财政的负担花销一下子暴增近九十倍。这已经超出一般物质层面的奢侈享受,而纯粹沦为文化心理上的铺张排场了。上有所好,下必效之,刘宋末期的社会风尚于是一发而不可收拾,而这就是萧家朝廷面对着的窘境。

因素之三,则是萧家自身的家风使然了。萧氏起自寒微,实干兴家,跟晋宋贵族社会中的那些绵延百年的名门望族实在有着天渊之别,他们对上流社会的这一套浮华风尚是何等格格不入、厌烦不已,我们从萧赜身上已经看得很清楚了。实在下等穷汉对富贵逼人的大老爷,粗鲁文盲对风流儒雅的大才子,往往都会生出两种异曲同工的感情:一种是羡慕,另一种是嫉妒恨。既可能接受了后者所代表的权威,希望自身也能靠拢、分享这种权威;也可能产生逆反心理而刻意疏远对抗,甚至一朝得势便践踏报复。萧道成、萧赜父子无疑是后一种类型。反过来,宋末的另一位重臣刘勔,同样出身低等士族的将门,通过在广州平叛的战功发迹,逐步升进中央,而这位刘勔就对贵族文化深为仰慕,将自己的园林名为东山,意欲追慕东晋名相谢安。萧道成虽是他的好友,对这一做派却深不以为然,曾经加以规劝。萧齐家风既然是如此,齐初的国策也就由之而定了。

事实上,武帝本人是否有意识地打算公然违背孝道,改变父亲定下来的节约国策呢?并不然。就连他也是很主张节俭之道的。《南齐书》卷九《礼志上》载:"永明中,世祖以婚礼奢费,敕诸王纳妃,上御及六宫依礼止枣栗腵修,加以香泽花粉,其余衣物皆停。唯公主降嫔,则止遗舅姑也。"可见在减省皇家奢侈花销的路线上,武帝仍然秉持着父亲提倡的节俭治国精神——当然,那只是在道德观念上对其他人的要求。人常常都是"严以律人,宽以待己"的。

从这个背景上来看,武帝在本人实际生活中的奢侈显然就有违于干盅之道，而且对于萧齐皇朝崇尚节俭以纠正宋末流弊的施政方向，也有南辕北辙的危险了。

皇帝的小金库

但是，也许我们更应该注目于萧子显评论中的最后四句：

> 岁费傍恩，足使充牣，事由私蓄，无损国储。

晚年的武帝是奢侈的，也是贪婪的，但沉溺享乐的"昏君"形象与富国强兵的"英主"形象却在他身上产生了一种微妙的重叠。在私生活上，他完全不吻合由汉文帝、唐太宗等有道明君构建起来的中国皇帝标准像：生活节制、虚心纳谏、尊重文化、忧国忧民（梁武帝也许是六朝皇帝中最接近这些标准的一位）；但他本人的放纵享乐，却也并不影响永明时代"天下米谷布帛贱"、"上库至五亿万"，打造出一副强国盛世的派头。这种奇妙的结合充满了违和感，令人不禁要一问其中究竟。而答案的关键，也许就藏在这四句话当中。

后两句很好解释：武帝的奢侈行为并不损害国家财政，因为他的资金来源于"私蓄"，也就是自己的私人小金库。这已经很清楚地解释了我们的疑问。但这个小金库又从何而来呢？"岁费"是一年的使费，"足使充牣"是数量充足够用的意思，都好理解，那么唯一难解的点就落在"傍恩"上。这是一个在浩如烟海的中国文献中也几乎找不到其他用例的表述。如果排除文字错讹的可能性，我们只能按字面解释为"依傍恩情"了①。那么，武帝的私人使费所出，依傍的又是怎样的一种恩情？

---

① 《宋书》卷七三《颜延之传》载延之"坐启买人田，不肯还直"，荀赤松劾奏延之，称"延之唯利是视，轻冒陈闻，依傍诏恩，拒捍余直，垂及周年，犹不毕了"。意思是颜延之向皇帝请示要买人田地，得到皇帝下诏许可后仗势欺人强买强卖，过了一整年都不肯付钱。颜延之买田为何要向皇帝启闻，详情不甚清楚，但结合这段史料来看，"傍恩"正当读作"依傍诏恩"的缩略表述。荀赤松对颜延之"唯利是视"的指斥，也正与武帝"好利"的形象高度一致。臣子依傍皇恩而不法获利，反过来皇帝当然也就可以从中上下其手。颜延之在这里的形象，正与齐武帝的那些恩义旧交身影重叠。

　　我们前文已经看到过萧赜人生中的一些私人交往。例如老朋友刘悛任地方官的时候得到各种收入，回朝后都奉献给武帝，连自己打造了个三尺长的金澡盆都要巴巴地进呈①。他与武帝之间并不仅是君臣，同时也是长期相知、互托恩义的交情。再如那位"唯崔慧景知我贫"的崔慧景，在地方官任上贪财聚敛，得到大量珍奇宝货。但他每次卸任州官，都倾其所有奉献，动辄数百万钱，于是大受武帝嘉许。而反过来，临海太守孔琇之卸任回都，只进献给武帝干姜二十斤，武帝嫌少，后来才知道琇之居官清廉，于是感叹原谅了他②。可知当时地方官员罢任回都，都必定奉献所获利益，而且像孔琇之这种只能是特例，一般的奉献必定分量相当庞大。像崔慧景这种官员每次的进献，已经相当于一个州级政府一年的使费了。而武帝几乎是毫不掩饰地将奉献的多少作为评价臣子的标准之一。通过大臣奉献而收取的这些钱财，显然不作为正式的赋税进入国库，而是充实了武帝本人的小金库。在他死后留下的私人宝库中，有甘草杖、金射雉、玻璃贯纳等，甘草是盛产于西北的草药，玻璃当时也往往来自西方，这些来自远方的珍物很可能得自南北边境贸易，而由方镇奉献入内③。

　　作为国家统治者，皇帝在理论上本是以天下为家，"普天之下，莫非王土"的；但武帝却又同时将自己个人与国家分割开来，与臣子大规模地保持这种私人性的献纳关系。南朝时期的这种模式是普遍存在的，并非仅限于武帝，但在他身上确实表现得尤为显著。这一方面是长期贫穷压抑下积蓄起对财产的狂热爱好，使他特别重视这一生财之道。而另一方面则如前所言，接受朋友的馈赠供养，实际上是他未发达之前就已经熟极而流的套路，只是当了皇帝之后仍然一以贯之罢了。也正因为如此，在武帝心中，是将这种奉献关系当作感情厚薄的标准来衡量的。广州刺史萧惠休卸任后"献奉

---

① 刘悛正是那位东山刘勔之子。而他在任蜀郡太守时也曾非常配合武帝的货币政策，建议开采四川铜山铸钱，参见拙著《王融与永明时代》第八章，上海古籍出版社2014年初版，2023年增订再版。

② 《南史》卷四五《崔慧景传》："永明四年，为司州刺史。母丧，诏起复本任。慧景每罢州，辄倾资献奉，动数百万。武帝以此嘉之。"《南齐书·良政·孔琇之传》："出为临海太守，在任清约，罢郡还，献干姜二十斤，世祖嫌少，及知琇之清，乃叹息。"

③ 《金楼子·箴戒篇》："齐郁林王昭业既嗣位，武帝有甘草杖，宫人寸断用之。""齐郁林王尝取武帝衣箱开之，有金射雉、玻璃贯纳等，悉赐左右。"按甘草入药部位为其根部，佳者粗大如树木枝干。甘草杖当即取整根为杖，可见其豪奢。射雉或许是用雉鸡羽毛织造的衣服（如《红楼梦》中的雀金裘）。贯纳，其物不详。

倾资"，毫不藏私，武帝大为感动，下敕给中书舍人茹法亮说：

"上次我已命你答复萧惠休，不必拿自己的私禄充当奉献资财。如今看来，他对我的情谊比其他前后官员都要深厚啊。你再去问问他，果真如此无私么？若是如此，我也不妨接受一部分吧！"[1]

正是在这种"献纳＝恩义""物质＝情感"的双重关系中，皇帝心安理得地收入了巨额的私人支配财产。不过，武帝毕竟是武帝，他没有像当时常见的另一种皇帝那样，大肆发泄自己的贪欲到了滥用公款，以致国库空虚的程度，而是耐人寻味地通过建立、运作自己的小金库来满足庞大的个人花销。从这个角度来说，武帝似乎颇为奇妙地具有一种超前的产权观念，如果他生在二十一世纪，也许会理直气壮地讲出"自己挣钱自己花，有什么不对！"这种台词吧。

当然，从根本上来说，这并不是什么值得歌颂的行为，因为地方官的聚敛仍然在国家正赋之外对民间造成了严重的双重剥削，只是原本流入官僚腰包的钱财通过奉献成了皇帝的私财而已。但至少，和他之前之后那些因为个人享乐而败光国库的皇帝相比，武帝采取的办法已经是中古皇帝形态的一种较佳选项了。

从以上所述的经济形势及相应政策，我们也可以窥见萧赜作为施政者的一种思维模式：既然有些陋习已经既成事实，难以改变，那么就干脆利用它来发挥别的用途，减少其对国家财政的损害。显而易见，这仍是一种极其务实的态度，完全吻合我们对其整体人格的认知。

第三节 宗教事务：
信仰管制与佛教福利化政策

管制鬼神的皇帝

威严与务实，这两个调子在我们的叙述中已经反复出现，共同呈现出

---

[1]《南齐书》卷四六《萧惠休传》："永明四年为广州刺史，罢任，献奉倾资。上敕中书舍人茹法亮曰：'可问萧惠休。吾先使卿宣敕答其勿以私禄足充献奉，今段殊觉其下情厚于前后人。问之，故当不复私邪？吾欲分受之也。'"

萧赜人格的两面。而这种复合型的调子,在他的宗教政策中也同样显示了出来。

在前文中,我们已经看到萧赜对待鬼神之道的一些表现。对于当时人一般信仰不疑的灾异祥瑞之类,他其实是抱着一种务实的态度与之妥协互利。在他的内心深处,其实并不真的相信这些东西。

永明年间的一件轶事,很能见出他这方面的态度。义兴郡义乡县(今浙江湖州)有座长风神庙,庙神姓邓,原是当地的县令,去世后被当地民众信奉供养,就变成了神灵。这种事情,在当时是很普遍的。比如首都建康势力最大的地方神,蒋山的山神蒋子文,原本就只是当地秣陵县的县尉,因为追捕盗贼而死,死后有灵验——大约是当地的巫师借此造作谣言罢,于是香火供奉,信仰流行起来。东晋后期孙恩之乱发生的时候,宰相司马道子每天什么都不干,只是到蒋侯庙祈祷诅咒,指望着蒋神显灵大败敌军。这就是那个时代一般人的模样。

长风神庙的这位邓神据说也颇有灵验,萧赜驻守溢城时的副手周山图原本就是义兴人,这时已经颇为显贵,于是上书向武帝请求加封邓神为辅国将军。而武帝的答复是:

> 足狗肉便了事,何用阶级为![1]

萧赜不是无神论者,也不是和时代搏斗的思想勇士,就连那个时代的贤明士大夫常有的取缔这类地方"淫祀"的想法,他都没有。他很乐意给这些神灵吃饱狗肉,让他们好好地在地方上待着。但是,更多的要求,加官晋爵什么的,就别想了。在萧赜的心里,是根本不依赖,也看不起神灵的,这种心态与司马道子,与周山图完全不同。对他来说,神灵更像是一个自己属下的官僚,应有他的本分,从自己这里得到利益的同时,也必须接受朝廷的管辖。

类似的精神,也体现在武帝对待隐士的态度上。一般来说,六朝时期的统治者对隐士都是很尊重的,因为这些人不但在理论上代表着高洁不同凡俗的节操,而且隐士很多时候其实就是另一种形态的贵族——已经功成名就的老贵族固然乐于回到田园山林去颐享天年,还未得到合适机

---

[1]《南齐书》卷二九《周山图传》。

会的年轻贵族也往往利用隐遁之行来沽取名声——归根到底还都是些自己人。梁代号称"山中宰相"的著名道士陶弘景，原本在宋齐时代也就是在朝中任官的一名士族，无奈仕途不甚得意，年近四十只当了个奉朝请的闲官，于是在永明十一年决心辞官隐居去也。陶弘景原本的想法，是既然官都不当了，也懒得走辞职手续，直接把官服挂在宫门上一走了之。然而当他向武帝亲近的权贵王晏辞行时，王晏却告诫他说，"主上性至严治，不许人作高奇事"，你老老实实辞官也就算了，何必做这种哗众取宠的举动呢？万一惹恼皇帝，不要说隐士做不成，只怕还要吃上罪名，遭到惩戒呢。于是陶弘景取了个折衷的法子，不向自己任职的散骑省递交辞职书，而是直接向皇帝上表请辞。和一般的做法比起来，这也还是有些不走寻常路（"高奇"）的味道，不过毕竟算是走了辞职的流程。结果武帝也大度地并不追究，还赐给他各种物资，资助他的隐居事业①。

王晏的担心、陶弘景的选择和武帝的反应，这三方面都充分地见出萧赜是个什么样的统治者。他的基本性格是"严治"，要求将各种对象都纳入严格的统治秩序下，决不允许有谁挑战自己的权威，甚至凌驾于自己的权威之上。但是，他的威严又不是没有商量的，只要对方愿意作出妥协——哪怕是姿态上的服从，他也愿意睁一只眼闭一只眼，遵守传统习惯，给予相应的尊重和支持。

这样的处事态度，从武帝对待当时社会上最有力的宗教——佛教——的表现上，会看得更加清楚。

两种佛教徒皇帝

和对待本土鬼神不一样的是，萧赜的确是一个佛教徒，尤其到了晚年更是虔诚，过的完全是吃斋茹素的生活，御厨已经断绝杀生了。他生活的

---

① 《云笈七签》卷一百七陶翊《华阳隐居先生本起录》："明年五月，遂拜表解职，求托岩林。青云之志，于斯始矣。是岁永明十一年壬申岁也。先生初隐，不欲辞省出，仍脱朝服挂神虎门，鹿巾径出东亭。已约，语左右曰：'勿令人知尔。'乃往，与王晏语别。晏云：'主上性至严治，不许人作高奇事。脱致忤旨，坐贻罪咎，便恐违卿此志，讵可作？'先生默思良久，答云：'余本徇志，非为名。若有此虑，奚为所宜？'于是即不诣省，直上表陈诚。诏赐帛十匹，烛二十铤，又别敕月给上茯苓五斤，白蜜二斗，以供服饵。"

时代,是一个宗教信仰五光十色的世界。有极度虔诚的僧人和道士,各自宣传推崇自己的教派,排斥打击其他异端;但同时也有许多人对各种宗教都兼收并蓄,和世俗学问一同修习,并不觉得有什么禁忌不可触犯,甚至包括不少僧人道士都是如此。不过,总的来说,到了齐梁时期,佛教在明面上已是煊赫无比,其风头甚至盖过儒家的周孔圣人。不用说一心事佛的沙门,即使在家的居士,一般的士人,也倾向于愿意承认佛教的义理才是探究人心与宇宙的最高真理。写下《南齐书》的萧家子弟萧子显,就曾在这部属于中国本土传统的史书中公然宣称,佛陀是比周公孔子更高的圣人。

在这样的风气中,萧赜信佛本是一件不值得意外的事情。不过,即便在这样的宗教信仰中,他也有令人注目的方面——尤其是如果和与他前后相照的另一位名君梁武帝萧衍比起来,他的个人面貌便显得更为突出了。

众所周知,萧衍也是狂热的佛教徒,他的狂热已经到了丧失自我的程度,为帝之后曾三度舍身于同泰寺,每次都连累群臣耗费上亿钱财把他赎回。对萧衍来说,不论是作为个人,还是作为天下的君主,在佛教面前都是不值一提的,帝王之尊,只不过配给佛祖当侍奉香火的弟子罢了。从今天的科学精神和世俗观念来看,萧衍这种举动无疑已经陷入宗教的迷狂。但换个角度看,萧衍的这种表现却恰好证明他才算得上是一个真正全身心投入于信仰中的教徒,那已经接近于丝毫不含有功利色彩、利害计算的精神境界,唯有对"真理"坚信不疑者才可能做到这种舍弃一切的程度。萧衍是个大文豪,大学者,他孜孜不倦地追求文学艺术上的渊博知识的形象,代表着六朝贵族的一种典型追求,这种追求是很容易使人沉醉在精神世界中,丧失对世俗世界的兴趣的。而佛教也不过就是最有诱惑力的精神世界之一端。尽管萧衍的沉迷无疑对社会造成了严重危害,但那是因为他是皇帝,身上肩负着亿兆子民的生计;倘若一个普通人如此沉迷于精神世界,那便未必能说是什么坏事,反而往往能从中创造出常人所不能为的文化伟业来。

和萧衍相比,萧赜的信佛就要"合情合理"得多了。我们不必怀疑他信仰的真诚,作为皇帝,他并无虚饰勉强自己的必要。但是,即使同为虔诚的信仰,也仍有深入与表层之别,有精研教义、服膺真理者和顺从世风、祈求福佑者的类型差异。萧赜无疑更接近于后者,因此他的主体性远远称不上被佛教同化,他的宗教行动归根到底也还是由他的人格与习性来决定的。即便是诉诸内心的信仰,他也更愿意由自己来成为主宰者,而不是放任自己被其他存在所主宰——哪怕佛祖也不行,就更别提只是佛祖代言人的和尚们了。对于佛教及僧徒,萧赜表现出来的形象不仅仅是一个信奉者,更是一个管理者与仲裁者。

沙简沙门

前面说到,佛教发展到南朝时期,已经得到了空前的繁盛。大凡世间任何一种东西得以兴盛起来,总是由于背后有着高尚的理想来推动;但一经发展起来,也就必然伴随着种种的利益可图。于是潮流风尚一旦兴起,必定是泥沙俱下,其中既有真正令人敬重的高明大家,也有跟风起哄、一拥而上的庸众,更不乏浑水摸鱼、借机牟利的投机者。而潮流越是兴盛,后两者的比例也就越大,于是开始危害到这一潮流本身的价值,乃至社会文化的正常秩序。为了控制这种局面,统治者常不免要设法加以监管控制。而尤其在宗教的场合,这种管理控制常常又会表现为不同宗教之间,或者宗教与世俗之间的角力。

在永明年间,就发生了这样的事情。政府下令建立僧局,要求僧人属籍——这其实是颇有点吊诡的,原本和尚是所谓“出家人”,既然连家都不在了,自然也就跳出三界外,不在五行中,理应不在编户齐民之列了。但僧籍的设立却正是要把他们重新纳入政府的人口管理中来。而令僧人属籍的措施,同时又包含着另一方面的动机:所谓“沙简僧尼”,也就是要使朝廷成为佛教的仲裁者,凭政府出具的标准来认证什么样的人才有资格成为僧尼。

说起来,佛教作为一个外来宗教,在原产地印度本有着高度的自尊意识。原本印度就是一个宗教传统发达的文明,素有宗教高于世俗权力的传统,种姓中的最高阶层婆罗门是祭司,国王贵族等刹帝利只是第二等级而已。这种传统在传入中国以后,和中国这种皇帝代天行政的文明便发生了冲突,屡屡爆发所谓“沙门不敬王者”论争,虽以皇帝之尊,在很长一段时间里也一直没能把佛教的高傲头颅按倒在自己脚下。永明年间沙简僧尼这种政策,无疑表现出世俗权力要对这种自外于皇权的存在加强控制的努力。

按照《高僧传·释道盛传》的说法，事情的起因是齐高帝时的丹阳尹沈文季信奉黄老道教，迫害佛教，所以才建议朝廷采取这一政策的①。不过，沈文季任丹阳尹是在刘宋昇明二年（478），这时候南齐还未建立；到萧道成开国之际，他已经转为侍中、领秘书监了②。同传下文又说后来释道盛与陆修静佛道论衡，但一般的看法，却认为陆修静早在宋元徽五年（477）就已经去世了。所以这个说法的时间细节颇不可靠。综合现有各种材料看，事件发生在永明年间应该没有问题。不过其中提到，沙简僧尼政策是由于当时担任僧主（佛教协会主席）的释道盛抗议得力而得以取消，这看来倒不完全是空穴来风，因为释道盛留下了一篇《启齐武帝论检试僧事》，对此加以申诉，从中正可以看出萧赜这时试图对佛教推行的，是怎样的一种管理机制。

在抗辩中，释道盛首先说了一个故事，说当年孔子门徒三千，学天文的便头戴圆冠，学地理的则脚穿方履；于是庄子就跑去跟鲁哀公使坏，让他检查这些上知天文下知地理之辈。哀公遂命他们戴着圆冠穿着方履来见，结果却只有孔子一人是真正的渊博之士，敢于到场③。——这个故事是从《庄子·田子方》里的一段化出来的，但已经被严重地通俗化，原书只说有"一丈夫"来见，道盛却张冠李戴到了孔子头上，导致各种人物时代都

---

① 《高僧传》卷八《释道盛传》："齐高帝敕（道盛）代昙度为僧主。丹阳尹沈文季素奉黄老，排嫉能仁，乃建义符僧局，责僧属籍，欲沙简僧尼。由盛纲领有功，事得宁寝。后文季故于天保设会，令陆修静与盛论议。盛既理有所长，又词气俊发，嘲谑往还，言无暂扰。静意不获中，恧焉而退。盛以齐永明中卒，春秋八十余矣。"

② 《南齐书》卷四四《沈文季传》："昇明元年，沈攸之反……文季收杀攸之弟新安太守登之……明年，迁丹阳尹，将军如故。齐国初建，为侍中、领秘书监。"

③ 上启全文录于《弘明集》卷十二："天保寺释道盛启。昔者仲尼养徒三千，学天文者则戴圆冠，学地理者则履方履。楚庄周诣哀公曰：'盖闻此国有知天文地理者不少，请试之。'哀公即宣令国内，知天文者着圆冠，知地理者着方履来诣门。唯有孔丘一人到门，无不对。故知余者皆为窃服矣。释迦兴世，说四谛六度，制诸戒威仪，舍利弗等皆得罗汉。故知大法非为无宗。但自尔已来，人根转钝，去道玄远，习惑缠心。若能隔意，则合律科；不尔，皆是窃服者。伏愿陛下圣明，深恕此理，弗就凡夫求圣人之道。昔郑子产称曰大贤，尚不能收失，为申徒嘉所讥。况今末法比丘，宁能收失？若不收失，必起恶心。寺之三官，何以堪命？国有典刑，愿敕在所，依罪治戮，幸可不乱圣听。盛虽老病，远慕榜木，敢以陈闻，伏纸流汗。谨启。"

对不上①。想必这位大和尚并不是读的《庄子》，而是从当时其他俗书里看来的。从这儿我们也可以看到佛教世风的浇漓渐替，像东晋时候的那些名僧们，支道林、慧远，是绝不会把《庄子》讲得如此驴唇不搭马嘴的。但这个故事被如此俗化了以后，反倒帮助道盛说明了一个道理：水至清则无鱼，作为宗派创立者的大圣大贤无法保证后学达到同样的境界，正如孔门弟子浪得虚名并不影响孔子本人的无所不知一样，在佛陀传道几百年后的当今，也不能要求和尚个个都是严守戒律，所以希望皇帝"弗就凡夫求圣人之道"，不要太求全责备了吧。

我们审读道盛的辩论，不免感受到一丝这位大和尚仰答天威，小心翼翼申诉的气息。他完全没能像过去的一些高僧大德一样，理直气壮地阐述佛教代表的真理不容侵犯，而是求饶式地把"我们这些和尚确实有问题"当成申诉的前提，只是在祈求皇帝法外容情而已。而在他的对面，则是那位对宗教采取严厉追究态度，用"圣人之道"，也就是佛教自身宣称的那些高远真理和清净脱俗的戒律来较真地规范"凡夫"的皇帝。对于萧赜而言，自己信仰佛教，并不代表着它就能从此躲过务实精神的审查。

"沙简僧尼"的实际行动，就是在这种基本指导精神下实施的。在武帝看来，"不像个和尚"的和尚实在太多了，而怎么判断"像不像"个和尚呢，关键就是守不守戒律。这种心态，即使在今天，也比较能为教外的俗人所理解。不要说呵佛骂祖的狂禅，比如普通游客前往寺院参观，其实根本不必知道某僧人是否熟读佛经、明悟佛理，只要看见他捧着碗鸡腿饭在大嚼（这确是笔者少年时曾亲见的景象），便已足够从心里认定这不是个"真和尚"了。从这一点来说，武帝的表现也与在他前后的那些文人君主完全不同——比如萧衍，人家可是留下了诸多阐述佛理的诗赋序忏，就连同是禁断酒肉，也要先写下洋洋洒洒数千言的论文（《断酒肉文》）来论证。萧赜以是否守戒作为判断标准只能证明他对宗教并没有很深入的理趣体验，而是站在外部视角来加以审视的。这种做法无疑是简单粗暴的，不

---

① 《庄子》外篇《田子方》："庄子见鲁哀公，哀公曰：'鲁多儒士，少为先生方者。'庄子曰：'鲁少儒。'哀公曰：'举鲁国而儒服，何谓少乎？'庄子曰：'周闻之，儒者冠圜冠者，知天时；履句屦者，知地形；缓佩玦者，事至而断。君子有其道者，未必为其服也；为其服者，未必知其道也。公固以为不然，何不号于国中曰：无此道而为此服者，其罪死！'于是哀公号之五日，而鲁国无敢儒服者，独有一丈夫儒服而立乎公门。公即召而问以国事，千转万变而不穷。庄子曰：'以鲁国而儒者一人耳，可谓多乎？'"

过,或许也是最明快有效、不容诡辩的①。

在具体的做法上,他派遣了当时的官方佛教领袖及僧佑等名僧前往建康周边州郡宣讲《十诵律》,造起受戒的戒坛。和世俗间的修正律注一样,宗教界的法律也被严厉地推广践行,大批的"假和尚"被清理还俗,重新成为政府控制下的劳动力和纳税人。学者研究指出,南齐时期和刘宋相比,寺院增加了一百余所,而僧尼数量反而减少了三千五百,这证明武帝的沙简僧尼是取得了确定成效的②。

仲裁者的形象:沙门称名事件

伴随着沙简僧尼的开展,还发生了另一件影响颇深的轶事,同样表现出萧赜这位佛教帝王的威权。如前所述,佛教自魏晋以来,一向是"沙门不敬王者",保持着方外之士与世俗权力分庭抗礼的姿态。表现包括对帝王而不跪拜、踞坐、袒服等。经历过晋、宋诸朝的反复争辩,始终维持了这个骄傲的传统。

但是,到了永明时代,这个传统却有些撑不住了。当时建康有两位僧人,释法献和释玄畅,分别担任秦淮河南北两岸的僧主,也就是官方体制内的佛教领导。能坐上这种位置的人物,其本事自然不难想见。他们在参见武帝时,都恭恭敬敬地自称名号,只敢站着,不敢坐下。武帝平日里习惯了,也觉得理所当然。不想后来另一位沙门僧钟前来会见,武帝向他问候寒暄,僧钟答道:"贫道比苦气。"(洒家近来甚为气闷。)皇帝这才察觉到,原来不是所有和尚都对自己那么毕恭毕敬的,于是向学识渊博的宰相王俭咨询向来的惯例。王俭老实回答——虽然历来为此吵过许多回,但大和尚们一向还是挺不恭敬的,咱们管不住他们啊!

史传里没有描述武帝这时的表情,但不难想象一定相当精彩。而他

---

① 据学者的研究,五世纪前期正是佛教戒律大规模翻译为汉文的时期(参见纪赟《中古汉语佛教文献、制度与思想研究的峰峦:评船山彻先生的研究路径及其新著〈六朝隋唐仏教展开史〉》,《华林国际佛学学刊》第二卷第二期,2019 年)。永明时期对持戒的特殊重视很可能与佛教知识界的这种新局面有关。
② 参见李猛《齐梁皇室的佛教信仰与撰述》第一章《齐武帝萧赜永明中后期对佛教的整顿》,中华书局 2021 年。

接下来的反应，仍然是充分"萧赜式"的一锤定音：

> 畅、献二僧，道业如此，尚自称名，况复余者？抱拜则太甚，称名亦无嫌。①

——连你们大领导都老实听话，其他人还能反了？今天如果一定要你们跪拜，似乎太过分，但至少就别在皇帝面前自称"贫道"了吧！

自从新文化运动以来，我们已经废弃传统社会中的各种礼节，习惯了无论年辈尊卑，都直接称名道姓。但在过去，"直呼其名"是对人不客气的表现。而和尚选择是否对人自称姓名（那时候和尚都是随释迦牟尼姓"释"的），也表现出对自己和对方身份关系的认知。仅从判决来看，萧赜在这个案件中表现出来的态度并不算严厉，还是比较调和折衷的。僧人仍然维持了"沙门不拜天子"的姿态，这是传统中最重要的一环；称名与否在过去原本也不是被特别重视的问题，细枝末节不妨妥协。但如果考虑到：第一，他本人有虔诚的佛教信仰；第二，当时整个社会对佛教崇拜若狂的空气；第三，佛教自傲自居于皇权之外的传统，自东晋以来已历经百余年不衰，历代朝廷都无法调停，那么深谙务实之道的武帝在这次事件中，原本就不会在实质内容上太过为难佛教；作为居高临下的仲裁者的姿态显然更值得注目。他毫不怀疑自己具备裁决的资格，也不像前代桓玄那种文人君主一样要与名僧来个书信往来，三番四次辩论，甚至恭恭敬敬地执弟子之礼来讲道理打商量，而是简单一句话就下了裁断。尽管这个裁断的内容不算严厉，但"裁断"的权力本身掌握在谁手里却是不容置疑的。

而且，就连他的思维方式，都是那样的一以贯之，正如他在唐寓之之乱时的表现一样。我们不难从中读出这位皇帝在遇到问题时的一种习惯

---

① 《高僧传》卷十三《释法献传》："时畅与献二僧，皆少习律检，不竞当世，与武帝共语，每称名而不坐。后中兴僧钟于乾和殿见帝。帝问钟如宜。钟答：'贫道比苦气。'帝嫌之，乃问尚书王俭：'先辈沙门与帝王共语，何所称？正殿坐不？'俭答：'汉魏佛法未兴，不见其记传。自伪国稍盛，皆称贫道，亦预坐。及晋初亦然。中代有庾冰、桓玄等，皆欲使沙门尽敬。朝议纷纭，事皆休寝。宋之中朝，亦颇令致礼，而寻竟不行。自尔迄今，多预坐，而称贫道。'帝曰：'畅、献二僧，道业如此，尚自称名，况复余者？抱拜则太甚，称名亦无嫌。'自尔沙门，皆称名于帝王。自畅、献始也。"

性思路：你们别把自己看得太了不起，要知道在我眼里都不算个事儿！

这种性格，用今天的话讲，就叫作，霸气。

而霸气是靠自信和实绩来支撑的。没有自信，该霸气的时候也霸气不起来；没有实绩，连接下来怎么死的都不知道。

中古时代，我们常常说，有的时候士权压倒了皇权；有的时候皇权又重新压倒士权。在宗教性的场合，当然也可以说还有僧权道权，总之世间不过是形形色色权力的斗兽场。在那些宏大的历史风向背后，当然有着结构性的深层因素在作用，也是历史学者通常的用力所在。不过具体到权力的现场运作，其实很多时候，也就是这么一句话的事儿罢了。

以佛教为养老？功利主义的宗教政策

对中国这种原本没有体制化宗教传统的文明来说，某种宗教发展过度，总是会打破既有秩序，对社会造成现实利益上的危害。比如大量的铜被用于铸造佛像，就会极大占用铸币的原材料；士庶用大量钱财供养僧众、施舍家宅建造寺院，也会严重耗损社会财富，造成大批不事生产的闲散人员；士大夫官僚过于崇信宗教而舍身出家，当然更会导致行政上的失序，梁武帝就是最好的例子。有意思的是，如果我们观察别的文明——例如在这个问题上同根别叶的日本，就会发现往往形成鲜明的对比。在上古以至中世的日本，不论天皇也好皇亲国戚也罢，往往一不如意便选择出家，没能当上天皇的皇子惯例上也会成为某寺院的住持，但那并未影响这个国家的行政运作，毋宁说反过来，佛教本身就如同基督教在西欧一样，成为政治体制中的一个基本元素，当了和尚并不就意味着脱离尘世，反而是掌控了另一类庞大的权力资源，从不同的角度干预着政治。这是因为，对中世纪的欧洲也好，奈良时代以来的日本也好，特定的"宗教"都是在一个文明社会起步之初就如同母亲般陪伴抚育着其成长的原生性存在。而中国却并非如此。因此除了少数极端化的时期之外，中国的君主和官员常常都在忧心于如何控制人们精神信仰对现实秩序的侵袭。

在萧赜的个人体认里，是信仰佛教的；而他同时又是致力于统治国家、治理社会的君王。这两者间的张力，一直到他临终之前的遗诏里，都还鲜明地表现出来：

> 我识灭之后……祭敬之典，本在因心，东邻杀牛，不如西家禴祭。我灵上慎勿以牲为祭，唯设饼、茶饮、干饭、酒脯而已。天下贵贱，咸同此制。未山陵前，朔望设菜食……显阳殿玉像诸佛及供养，具如别牒，可尽心礼拜供养之。应有功德事，可专在中。
>
> 自今公私皆不得出家为道，及起立塔寺，以宅为精舍，并严断之。唯年六十，必有道心，听朝贤选序，已有别诏。①

这是同一份遗诏，却无法用同一种思想倾向去解读。前面一段处处是佛教色彩浓厚的话语。中国人的祖先祭祀原本讲究"血食"，要供奉猪头三牲的，不然先人之鬼馁而，说不定还要来找不孝子孙的麻烦。然而萧赜却连自己的陵墓祭祀都规定不准杀牲，只能供设斋饭菜蔬拜祭。对于宫殿内的佛像，他也勤勤不忘要礼拜供养、举行佛事。这些话语都充分表现出他内心对佛教的皈依。

然而，接下来一段却"画风突变"，严厉禁止公私人等出家为僧（当时称僧人为"道人"），也不准人们继续兴建及施舍家宅为佛寺。这种"打压宗教"方针多少有点超出我们对一个宗教徒的想象，然而结合前文来看，却正是沙简沙门政策的一贯后续。在永明年间，既然已经通过严厉的检查，设立选拔标准，给合格的沙门颁发了官方认证，佛教事实上就已处在朝廷的严格管理之下。这时候继续严申不准出家和增加寺院，也就是将僧人及佛教场所控制在恒常数量之内。唯一的例外，是年满六十岁者，如果真心祈求出家，可以仍经过官方的资质甄选予以通过。——事实上这一标准是最能体现出武帝佛教政策真意的：在古代的户籍租税制度中以十六至六十岁之间为正丁，也就是壮劳力；六十一至六十五岁则为次丁，只算半劳力了。换言之，满六十岁的老者，对国家而言已经不算正式的劳动力，即使任其出家也不会对社会生产造成明显影响了；而适当允许满足这一年限的人出家，又避免了彻底禁止出家可能导致的人心不安及佛教衰落问题。齐武帝这种设计政策的思路，简直已经和今天现代政府设定

① 《南齐书·武帝纪》。

退休年限时的考量颇为相通了①。

如果按照武帝的这种构想去实行的话，佛教就将变成势力完全被置于政府监管之下的一项辅助性文化事业，长久推行下去的结果，可以想见佛教寺院将在一定程度上转化为一种类似于养老性质的福利机构：年轻的僧人会不断老去，而补充进来的也都是老人。对于这些老人，原本国家就无法对其继续作何榨取，而且青壮劳力及政府财政还有相当部分要消耗在他们的养老福利上。反过来，佛教原本就是不耕不织，完全靠受大众供养来维持的存在，与其让那些不守戒律的野和尚白享资源，何不利用起来，让这些老人适量进入佛门，一石二鸟地解决宗教问题和养老问题，岂不是皆大欢喜的绝妙方案？

武帝的这一锦囊妙策究竟曾经实施与否，我们无从得知。从遗诏中的"已有别诏"一语，可以推测在永明后期也许曾短时期地颁行。不过即使如此，也于大局无补。在那个时代，根本缺乏足够稳定的局势和有力的继承人来富有成效地长期实践。武帝一死，这点火光就在政权内部流血纷争和南北战火重启当中黯淡了。不但如此，社会上对佛教的疯狂痴迷，也不会允许这种功利主义的思路来玷污虔诚的心灵。当然，与此同时绝不答应合作的，还有通过出家来逃避租税徭役，得到了种种利益的人群。武帝的理想，毕竟也只能随着他的逝去而一并终结了。

---

① 值得一提的是，《南齐书·明帝纪》："永明中，御史中丞沈渊表百官年登七十，皆令致仕，并穷困私门。（建武元年十二月）庚子，诏曰：'日者百司耆齿，许以自陈，东西二省，犹沾微俸，辞事私庭，荣禄兼谢，兴言爱老，实有矜怀。自缙绅年及，可一遵永明七年以前铨叙之科。'"按，东西二省，《南齐书·百官志》："自二卫、四军、五校已下，谓之西省；而散骑为东省。"是永明七年以前，官员年老退休后，仍可在武将系统及散骑省（可能以后者为主，即散骑省中奉朝请、给事中之类的闲职）挂职领一份俸禄，其功能与今天的退休金、养老金相似。而武帝却将官僚们的这条老后谋生之路也断绝了，导致其"穷困私门"。——关于这一史料所反映的问题，曾引起学术史上六朝官僚到底是"贵族"还是"寄生官僚"的论战，意味深长。不过就这一史料本身来说，是否官僚失去养老金后就真的穷困潦倒？殊为难言，恐怕仍不过是一种贵族官僚发泄怨气的牢骚话而已，未可简单信为事实。但作为牢骚抱怨的对象，武帝出台这一政策，方向无疑与恢复田秩、管控宗教等是一致的，那就是加强对社会冗余人员的管理，减少政府的多余支出，提高财政效率。在针对已对国家"无用"的老人进行打击这一点上，与禁止六十岁以前人出家的政策尤为吻合。

第四节　永明文化：
知识主义与儒学复兴

"不谙书"的皇帝 vs"知识主义"的时代

在经济政策、外交事务和强化君权的方面,武帝作为政治家可谓成功。在政府管理和宗教事务上,算是成败参半。社会福利及人口管制则基本上以失败收场。从我们已经绘制完成了一大半的这幅"永明天下图"中,既可以看到萧赜这位君主志得意满的威严身姿,也不时浮现出他沮丧无奈的面容。虽然贵为天子,也不是什么都能心想事成的。

在图画的最末端,让我们来着笔勾勒这个时代最光辉的一个焦点——它的文艺与学术。而这可能是我们在观察萧赜其人及其时代时最吊诡的一个方面：永明时代最为后人所记忆的这一面,作为其主宰者的皇帝的声音和身影却微弱得不成比例。和那些尽管失败但至少可以见到其努力的方面相比,他在文艺政策上几乎像是放任自流一般,任由自己的身影隐退于光幕之后。

这不是没有道理的。前面我们已经多少提到过了,武帝是一个讨厌文学的人,从小没受到良好的教育,只是个"不谙书"的武人。在下文我们还会更详细地说明,他对于文人学士,抱着相当深刻的厌恶之情。这样的一个君主,不会有什么热情灌注在发展文化上,是完全可以想见的。

当然,这并不就表示武帝是文盲或半文盲。粗通文墨还是没有问题的,高兴起来还能玩点流行文化,搞搞填词创作。他说自己"不知书",只是用当时的一般标准来衡量,而当时的一般标准,可比今天高得太多了。事实上那个时代的士族阶层对知识、对学问、对文学的终生浸淫、孜孜不倦的追求,远不是今天所能想象的。浅俗一点说,南朝时期随便街上抓一个士人,都比今天的大多数大学文科教授更熟读诗书、博综百家,也更纯粹地热爱学问,享受知识的乐趣。今天的人在工作之余,生活消遣通常不过是上上网、打打游戏、聚聚餐什么的;而那个时代士族官僚的日常娱乐往往就是手里捧着一卷手抄的书籍在念诵吟哦。他们中的许多人,不好女色,不爱美食,不慕荣利,人生唯一的追求就在于读更多的书。

这是因为,中国文化发展到南朝,已经抵达了它在知识文明道路上的一个高点。这个时代有种种的弱点,有奢华不食肉糜、醉生梦死的贵族;有平日里大言炎炎,面对敌军却望风而逃的大将和大文豪;有贪暴聚敛,不顾人民死活的人上之人,这些都是事实,不须为南朝讳。但我们同时绝不应当否认,不应当因上述种种刻板印象便将其一并抹杀的是,这个时代人们对于"读书博学"的狂热追求,使整个士族社会进入了一种高度醇化精粹的状态,那是处在文化低谷的我们这个时代很难理解的。如果说文明是一壶美酒,那么南朝士族便是千杯不醉的饕餮豪客。酒豪们的人品长短是另一回事,固然不妨任人评说;但酒中的意趣,却毕竟不是滴酒不沾的人所能轻下雌黄的。

最典型的例子便是宰相领国子祭酒王俭。这位江左风流宰相与僚属们日常的娱乐活动,是创造出一种名叫"隶事"的游戏:出一个主题(比如"栗子"),参加游戏者要把记忆里古今书籍中出现过的所有相关文字都复述出来,凭数量夺彩头。而真正的冠军强者,能在别人已经绞尽脑汁说出数千百条以后,继续追加答案,以无限的知识容量傲视世间。当时的一位常胜冠军,是出身吴郡大族陆氏的陆澄,这个人号称"少好学,博览无所不知,行坐眠食,手不释卷"①。我们今天嘲笑一个人读书多而不化,常常说是"两脚书橱",这个词最早正是用来形容陆澄的。那个时候的人,可不把读书多当成什么需要羞愧的事情。今天谈到所谓"六朝士族",时常会想到一副风流放诞,整天喝酒嗑药弹琴,对什么都不在乎的逍遥名士形象,然而这多少是一种误解。即使在魏晋时代,这也不能算是最普遍的士族典型;而在南朝,真正有代表性的更是这种每天孜孜不倦埋头学习的"学霸"。"戴着眼镜的书呆子"才是他们更合适的写照。在这些书呆子中间,更进而能够把海量的知识贯通凝练为调控现实世界的综合能力的人,在当时的评价标准里才是足以担当天下重任的英才;不学无文,只懂单纯处理具体事务的人,是根本连这个评价系统都挤不进去的。

正是由于文明已发展到了这样一种深度浸染的高级阶段,著名的永明文学才会应运而生。在这个文学潮流的底层涌动着的,是人人欲狂的求知欲,以及由此带来的聚书风潮。现在我们已经了解到,永明文学最基

① 《南齐书》卷三九《陆澄传》。

本的一个性格，并不是过去常常关注的"易诵读"或者"流美圆转"之类，毋宁说与之相反，恰恰就在于这种知识主义的贯彻，其最极端的表现，是往作品中塞满种种的典故，几乎是把写诗作文变成了抄书做笔记一般的劳作①——当然，这只是从展现形态而言，实际上需要的智力比单纯的抄书要高级得多，也要复杂艰难得多，那是要从浩瀚的知识中挑选出特定的内容来重新配合，形成新的知识秩序，最终镶嵌组合出钻石皇冠一般璀璨精致的作品。这与上面所言政治运作和学问修养的关系也恰是对应的。当时的大政治家、大文豪和大学者往往是三位一体或两位一体的，归根到底不妨说也就是基于这种能力上的共通性。

为什么在我们想象中应当抒情言志的文学，却会发展出这种炫耀知识的形态呢？如果从原理上来思考一下，最根本的原因当然在于知识水平越高的人，就越能体会知识当中的趣味，也拥有更多的运用知识、组织知识的空间，能够把"知识"本身变成一种文学表达的有力工具。这种以知识为根底的趣味和能力不见得比单纯浅易的抒情言志更值得肯定，但也没有什么理由说其更应被否定。它们只不过是适应于不同的人群，而发展出各自所需求和擅长的文学形态而已。

当然，"为什么想这样做"和"为什么能这样做"还是两个问题。如果考虑到文学底层的物质基础，那么值得指出的是，能够在诗文中使用别人看不到的新奇典故，成为一种高难度技巧及炫耀的手段，这背后无非是两种可能：一是读过的书比别人多；二是拥有或读到一般人见不到的特殊的书。前一种可能，诉诸个人的学力，包括头脑的聪敏和学习的努力。这当然是一个很主要的因素，当时的大量事例也都说明这一点。后一种则相对容易被忽视。实则在印刷术发明以前的钞本时代，书籍的流通是很不容易的，同一部书也往往不会有很多的复本，而是以个别抄录校雠的形态收藏在公家藏书机构或个人藏书家手中。因此对当时的士人来说，"多读异书"并不像现代人一样只要勤跑图书馆（或善于搜寻网络资源）便可达成，他需要付出很多读书以外的努力，去了解书籍收藏的信息，与主人周旋以探珍藏，还要自己或雇人缮写装帧——这种情形毋宁说和今天我们对文物古籍收藏家的印象相似。一旦某人通过这样的努力读到了那些异书，他就好像拜师学到绝技的武林高手一般，从此可以凭秘笈夸人。这种

---

① 关于此点，请参拙著《王融与永明时代》，此不赘。

以非同一般的代价所获得的补偿,当然会促使人们希冀尽可能地实现其价值:将其纳入社会评价体系中,成为帮助自己高人一等的工具。

学者已经指出,私人大规模收集藏书的风气大约起于晋宋之交,而盛于齐梁时代。五胡乱华,东晋渡江,官方藏书仅得三千一百十四卷。但在齐梁时代,一个士大夫家中就可能有数量相当的藏书。《梁书》卷三三《王僧孺传》:

> 僧孺好坟籍,聚书至万余卷,率多异本,与沈约、任昉家书相埒。少笃志精力,于书无所不睹。其文丽逸,多用新事,人所未见者,世重其富。

田晓菲教授已精微地勾勒过梁武帝时期官方与民间藏书大兴的景象,指出"王僧孺的藏书中也有很多异本,这使他常常可以在写作时运用新奇的典故令读者惊讶"①。当然,知识水平和文学表现之间的这种紧密联系,最早既不起于梁武帝时,也不是仅见王僧孺个人身上的现象。这一知识主义的文学潮流起源甚早,可以推溯到西晋时期的傅咸、刘宋时期的颜延之、谢庄等人。但在这些时期,还并没有发展成全社会的风气。这种文学人的普遍出现,以及文学形态的真正风靡,恐怕正是在永明前后。上面这段史料中提到的沈约、任昉、王僧孺,虽然因为死于梁代而入《梁书》,但他们都早在永明时代便已成为代表性的文化人,他们的聚书爱好及行动,乃至其行动所代表的社会风气,也都必定是在永明时代便已发生了的。例如那位因注释《世说新语》而名垂千古的刘孝标,就是永明人当中典型的一个。《梁书》卷五十《文学下·刘峻传》记载:

> 齐永明中,从桑干得还,自谓所见不博,更求异书,闻京师有者,必往祈借,清河崔慰祖谓之"书淫"。时竟陵王子良博招学士,峻因人求为子良国职……安成王秀好峻学,及迁荆州,引为户曹参军,给其书籍,使抄录事类,名曰《类苑》。

从《三国志》裴松之注到《世说新语》刘孝标注,代表着中国注释之学

---

① 田晓菲《烽火与流星——萧梁王朝的文学与文化》,中华书局 2010 年,第 55 页。

中的一种特殊路数,即博采典籍以补充乃至修正原书的记载。刘孝标之所以能够完成这样的一部注释之作,与他的博学多见异书显然有着很深的关系。

这样的一个书痴刘孝标,就曾到竟陵王萧子良的府中去应募学士。而萧子良,我们知道他是武帝的次子,也是这个时代在文化方面最标志性的一个人物。在萧子良位于鸡笼山麓的府邸"西邸"里,长年聚集着许多这样的刘孝标,他们是风流文采的诗人文豪,或者满腹经纶的抄撰学士。在京师各寺名僧的梵呗唱赞之音中,学者与诗人们在相王府的沙龙里谈论着新近发现的声律理论,交换着文章之道的探索心得,在风起雪舞之时联句命题,离别饯行之日酬唱祖道。他们摘录五经百家之辞,编成规模千卷的大型百科全书《四部要略》,掀起了中古时代文化知识学习与保存形态的一场革命。这场革命一直延续到唐宋时代,作为其成果留下来的各种大型类书,至今仍是保存中国中古知识的最基本载体之一。之所以类书会在三国翩然一现之后,直到这个时代才再度卷土重来,形成大规模的浪潮,无非也就是因为,书籍,也就是人类知识的推展积累,已经到了个人脑力所能处理的容量极限,进入有必要以百科全书形态加以提炼,整理知识秩序的阶段了。

在说明了这样的文化底色,又了解了齐武帝这个时代中心人物的性情阅历以后,我们便会清楚地看到永明时代文化界的吊诡现象:这个时代的基本样态,是一个厌恶文墨学问的皇帝,管理领导着一大批醉心于书籍文学、每天学习不休的士族官员,进而统治着更下层的、不识之无的文盲或半文盲的庶民。

当然,这种社会状态并不是武帝缔造的,甚至也不是他喜欢看到的,而是经历过晋宋时期漫长的世代层累,才逐步结晶而成的。毋宁说,这正指示出皇帝的威能也有鞭长莫及之处。正如那句著名的西谚所言:"上帝的归于上帝,恺撒的归于恺撒。"当然世俗的政治权力仍在随时寻求机会入侵思想文化的领域,也往往能够取得一时的成功,但人的内心世界,终究是不可能完全随利害权谋而起舞的。我们都知道六朝史学上有一个基本命题,就是南朝时期的君权复兴。诚然在这个时代潮流当中,君主可以依靠暴力机器随意践踏士族的尊严,摧毁他们的生命,也可以运用政治权力提拔寒人,入侵贵族们把持的官僚体系。如本书所示,武帝在这些方面也都有突出的表现。然而唯有文化,唯有那必须在头脑和心灵中经过千锤百炼始能达成的学问修养和文艺自由,是无论掌握了何等巨大的权力,也无法一蹴而就获得的。在这一点上,武帝就有如一个灵敏的测量器,帮助我们测出来政治权力作用的敏感点和迟钝点之所在;同时也提醒我们,人的历史,并不是只通过观察强权指标就足以完全理解的。

国学重开,儒学复振

武帝是如此厌恶文华,重视法律,独断专行的一个君主。然而在他的治下,永明时代却恰恰走向了他乐见的反面:那是一个文化兴盛,诗人文宗丛聚的时代,更是儒学大幅度复兴的时代。统治者与他统治的社会,竟形成如此巨大的反差,着实令人不禁要好奇一探究竟。究竟是什么力量,使得时代没有按照君主的威权,走向他所期待的方向?

让我们再来看看构成这个时代文化界底色的另一个侧面:中央学校的开设。

今天的人也许不太好想象,在中古时代,有很多年头是没有学校的。不但地方上没有,连中央也没有。很大的一个原因,在于那个时代的士族层雄厚,文化阶层可以从自己的家族、家庭内部获得教育,家学兴盛,公共教育的必要性也就降低了。此外,自从汉代以来,学校教育通常是以儒家经典为基础教材的,但魏晋以来玄风兴盛,这大约也是人们不那么热衷于公立学校建设的原因。兴建国立学校,发展官方教育,仍然时不时成为东晋南朝的一个议题,但直到梁武帝的天监年间以前,这个议题被落实的时间却很少。有些时候是仅仅提出建议,却没法实行;有的时候是尝试实行,又旋即撤销。永明年间的国子学,既是梁武帝时期的一个先声,而在至此为止的江左政权中,又无疑是武帝文化政策中的一个特殊标记。

永明三年,武帝决定重开国学。不过早在建元元年,大臣崔祖思就已经上启建议开设文武学校。建元二年,尚书左丞王逡之又上表立学。齐高帝看来这时就已经有开设国学的意图,但却因为建元二、三年间与北魏连年作战,而无暇及此。到战争结束后的建元四年春正月,朝廷终于下诏修建学校,任命吴郡名士张绪为校长。但同样天不从人愿,只过了三个月皇帝就去世,新开设的国学也就因为国哀,而在九月便告中止了。

在武帝正式登基后,学校政策并未立刻重启。反倒是萧嶷在荆州刺史任上,先于永明二年夏天开馆立学,以长史王秀之为校长,收旧族官僚子弟四十人为学生,行释菜礼。这成为永明立学的先声(同样也可见出萧嶷对永明政治的影响力)①。于是到了永明三年正月,武帝终于下诏说:生民之有学校,就好比树木之有枝叶一般,文化教育兴盛,国家才能枝繁叶茂。由于遭遇高帝去世的变故,学校建设才拖延下来。如今天下太平,南北缔交,战事平息,已经"遐迩一体,车轨同文",也该到了"高选学官,广延胄子"的时候了②。

永明朝的宰相,同时也是最大的学者之一王俭,受命领国子祭酒,也就是国学校长。宰相校长每十天临学一日,给学生出题考试。王俭乃是琅邪王氏的当代领袖,累世高门造就了他非凡的仪容修养,宰相地位又赋予他庄严的甲仗侍从。在这样的校长亲自督导下,学生们无不感受到了围绕着"知识"的那种无上威光。著名的诗论家钟嵘就曾在这个时期接受他的指导。自此以后的九年间,国学兴盛不替。而尤其值得重视的是,王俭本人又是儒学大家,推崇礼学为政,因此国学的教育内容完全以儒学为宗,所设各学科及教材皆为五经(包括三《礼》及《春秋》三传)及《论语》《孝经》。值得一提的是,作为儒学象征的孔庙,自汉代以来一直设于山东的孔子故里。而齐武帝于永明七年下诏,在建康建立孔庙,踏出了孔庙向南方开枝散叶的第一步。这无疑同样是永明时代儒学复兴的一个重要体现③。

原本在刘宋时代,儒学已经有从魏晋玄学的高压下重新抬头的迹象,宋文帝立玄儒文史四学,儒学已居其一。但毕竟也不过是四分之一而已。然而永明时代,儒学却重新成为学校教育的唯一内容——因而,可能更重要地,也就成为这个时代成长起来的知识人的思想底色。

---

① 《南齐书·豫章文献王传》:"(永明二年)夏,于南蛮园东南开馆立学,上表言状。置生四十人,取旧族父祖位正佐台郎,年二十五以下十五以上补之;置儒林参军一人,文学祭酒一人,劝学从事二人,行释菜礼。"《南齐书》卷四六《王秀之传》:"迁豫章王骠骑长史。王于荆州立学,以秀之领儒林祭酒。"
② 《南齐书·武帝纪》载永明三年春正月诏曰:"《春秋国语》云:'生民之有学教,犹树木之有枝叶。'果行育德,咸必由兹。在昔开运,光宅华夏,方弘典谟,克隆教思,命彼有司,崇建庠塾。甫就经始,仍离屯故,仰瞻徽猷,岁月弥远。今遐迩一体,车轨同文,宜高选学官,广延胄子。"
③ 参程苏东《北魏经学制度三论》,《清华大学学报(哲学社会科学版)》2020年第6期。

　　但是我们必须同时注意到,诏书虽然是武帝所下,但却并不表示他对此有多么积极热心。萧子显对此景象,也有一番精要的议论。他说,自从东晋以来,儒学虽然不绝如缕,但人们已经不把儒家经典当作专精之学。东晋时代玄风大畅,刘宋则重视文章之才①,儒学直到齐高帝登基才迎来复兴的转机。转机就在于萧道成本人"少为诸生",小时候的学习经历使他对儒学心怀亲近,年长以后也仍然念念不忘。不过他经过一番搏杀才得到天下,没过几年就去世了,因此永明时代就担起了继承事业的重任。而作为宰相的王俭正长于礼学。时势与精英人物的共同作用,便使当时整个朝廷上下都望风景从,出现了一派人人都尊崇孔教、诵读儒书的盛况。然而在王俭和武帝死后,进入建武时代,皇帝本人既不爱好文化,辅佐的大臣也缺乏引导治理之术,学校便只能徒有其名,无法真正承担起传授儒学的功能。永明时代的儒学大师可以像王俭那样身登高位,建武时代的儒生却只能沉沦下位,或者隐居不仕,儒学也就再度中衰了②。

　　从萧子显的评论中,我们一方面可以看到永明时代儒学复兴的景象,那是从东晋以来一百数十年间儒学首次出现了全面复兴的势头。今天我们提起"魏晋南北朝",常常笼统地觉得那就是一个人人谈玄佞佛,儒学无人问津的时代,这可以适用于此前此后的某些时期,却决不能用于理解永明时代。在这个侧面上,我们其实更应该将永明当作中唐北宋的先声,放在儒学开始掀起的反击浪潮中去理解。而另一方面还可以注意到的是,萧子显几乎一句话都没有提到武帝在这一风潮中的作用,可知武帝对学校建设的态度并不积极,也没有施加什么实际的影响。推动学校建设的是萧嶷,而所有实施教育的功劳则都在王俭身上。对于儒风在齐明帝建武年间的再度衰落,萧子显更进一步点明原因是在于"时不好文,辅相无术"——然而明帝萧鸾在好吏事而厌文华的方面,其实与堂兄武帝完全是一脉相承(参第六章)。两个对待文化的态度完全一致的皇帝,治下却出

---

① 《资治通鉴》卷一三六《齐纪二》"永明三年"条对此更明确地指为宋孝武帝时代:"自宋世祖好文章,士大夫悉以文章相尚,无以专经为业者。"
② 《南齐书》卷三九《陆澄传》史臣论:"江左儒门,参差互出,虽于时不绝,而罕复专家。晋世以玄言方道,宋氏以文章闲业,服膺典艺,斯风不纯,二代以来,为教衰矣。建元肇运,戎警未夷,天子少为诸生,端拱以思儒业,载戢干戈,遽诏庠序。永明纂袭,克隆均校,王俭为辅,长于经礼,朝廷仰其风,胄子观其则,由是家寻孔教,人诵儒书,执卷欣欣,此焉弥盛。建武继立,因循旧绪,时不好文,辅相无术,学校虽设,前轨难追。"

现了文教繁荣和儒风沉沦两种截然相反的表现，只能说关键的分歧点是在于"辅相无术"上。因为失去了王俭那样具有高度统合力、楷模力的士族领袖，朝廷对学校建设的热情也就难以为继了。这有力地提示出文化贵族在建设永明文化时的主导力量。

因此，永明官学、儒学的兴盛，展现出的正是武帝政治生命中的背光面——即使是皇帝，其实也有很多事情是他管不了、防不住的。一个皇帝的完整的政治生命，是由反映、传达出他的思想意愿的那些方面，和无视、超出甚至逆反于他的思想意愿的那些方面，共同组成的。

不过，同时我们也应当看到，这并不意味着他在这当中没有起到任何正面的间接作用。武帝本人虽然不会对鼓吹文艺或儒学教育有何热情，但在下一章中我们将会看到，他至少没有像前朝孝武帝时代那样肆意地蹂躏士族，而是更理性地选择了与士族代表王俭维持良好的合作，认可王俭对士族阶层的领袖权。而这正是王俭得以最大限度发挥他在文化上的建设力的重要前提。作为时代核心的皇帝，所能施加的影响是多重多面的，并不只是非正即负那么简单。

我们读懂这样的皇帝，同时也就读懂了那个时代。

第六章　亲友群从：
环绕在皇帝身边的镜子

　　武帝是一个具有阶级转变色彩的人物。一个人的一生,受其所处的环境影响殊大。在皇帝、贵族这种"人上之人"中,有一些是天生就已具备这种高级社会身份,所谓"含着金汤匙出生"的,在他们的生命中就不曾经历过平庸无奇甚至困穷卑贱的日子,他们所熟悉的资源,所知交的亲友,也大抵属于他周边一个相对狭小的圈子。这种环境中所培养出的人生,往往较为纯粹地具有某一种阶级特色。但同时也有另一种类型,是经历过从低到高的身份跃升——这个过程通常依赖于强韧不息的自身奋斗——甚至数浮数沉,才最终登顶。他所走过的路,所经历的人与事,便比前一类要复杂得多。随着他越来越往上攀升,他所周旋的人物阶层也在发生变化,更多的上层因素加入浸染到他的现实生活与精神世界当中。而年轻时结识的贫贱之交往往也并不因此就悉数退场,有些人会与他一同盘根错节地往上流社会爬去,互为奥援;有些则是攀龙附凤地随之一同鸡犬升天。所谓"皇帝也有三门穷亲戚",说的就是后一种关系。而他本人对世界的把握方式,包括性格情绪、为人处事等,往往也都有着更复杂的光色,被更多的因素左右着而变动。

　　武帝的一生,就经历了这种巨大的身份跃升。

　　在这一章中,我们要从萧赜身上挪开眼光,观察他人生中另一个重要的维度——他的亲友团,他的朋友圈。在这些人当中,有的伴随了他整个人生,相互缠绕共生;也有的只是半途相遇,从此互为心膂;有的居于同一屋檐之下,血浓于水;也有的只是利益之交,面和心远;有的是他的朋友子侄,有的则不过是爪牙部曲。这些或远或近,或亲或疏的种种关系,恰如一面面位置、距离各不相同的镜子,围绕在萧赜周边,从不同角度映照出了他的面相。

第一节 贵贱之间：
在士族社会的巨大阴影下

王俭：朝宗贵望，虽贵而疏

如果说永明时代的元首是皇帝萧赜，那么永明时代的栋梁便是宰相王俭。要理解这个时代，理解齐武帝作为政治人的生命，我们便无法跳过王俭。

在文化学术史上，王俭主要是以一个文献目录学家的形象出现的。他所撰的《七志》和《元徽四部书目》，虽然不算是目录学史上最重要的几份根本性目录之一，但在中古学术史的名单上也总会有其一席之地。但是，王俭的生命能量，其实远远超越一个书斋学者标签的容量。他是琅邪王氏的嫡系，刘宋士族的代表王僧绰之子，从小便以神童著称，年纪轻轻便成为宋明帝的驸马，沿着最高等的任官轨道一路顺风满帆，二十八岁时当上了宰相。他对于永明时代文化教育事业的功绩，我们在上一章已经叙述过了。而在这一节里，我们将集中地来观察作为政治家的王俭与武帝的关系。

前文也已提过，他早在萧道成任中领军时，便已敏锐地洞察先机，意识到天命所归，投靠到其阵营中——从今天的伦理来看，他作为刘宋皇朝的臣子和外戚，等于同时背叛了国与家，人品上实在有点问题，也因此受到当时一些评论的责备。不过在那个时代，高门大族都把自己的家族利益摆在第一位，帝室联姻也不过是政治笼络的手段，王俭的所作所为乃是其地位使然，并不足怪。如果纯粹从政治角度评论，这一抉择倒是很好地表现出他和王家历代先祖一样，具有鉴人察势、随风转舵的政治眼光。

从刘宋末年开始，王俭便掌握着中央政府的人事大权，直到永明七年去世，这一权力几乎从未旁落，大多数时候都牢牢地掌控在这位王氏领袖的手中。——也正是在这个意义上，无论武帝如何威严善断、政由己出、重用恩倖，这个时期的政治都还称不上是君主充分个人集权的皇权统治。

　　大约就在后废帝被萧道成所杀之后的昇明元年,王俭任吏部郎,负责官吏铨选,这时候他虽然还不是吏部尚书,但已"专断曹事",掌握了实际权力①;昇明三年,萧道成为齐公,拥有了自己的国家,王俭任齐国尚书右仆射(这时中央官已经只剩个架子了),以副总理的身份领吏部;南齐建立后,建元二年转尚书左仆射,领选如故。吏部郎、吏部尚书,或者尚书左右仆射领选,这一系列的官职,是中古权力体系中最最核心的机构。只要掌控了组织人事权,也就掌握住了权力的命脉,这是古今中外的通则,不难理解的。

　　这一年下半年,王俭自己"固请解选",主动退出人事部门。背后的理由不详,推想大约和南朝时代尚谦退、忌盈满的政治文化有关。未满三十的青年人就一手遮天,如果还不知足,无论旁人还是本人都会觉得不妥,王俭想必就是考虑到这一点,故主动暂停前进的脚步②。

　　过了一年多,建元四年三月齐高帝去世,王俭作为遗诏托命的元辅,任尚书令,正式成为宰相。永明元年进号卫将军,参掌选事,再度掌握了人事权;四年,以尚书令领吏部。六年、七年王俭连年上表请求解选,先是未被批准,后来终于允许他改领中书监,仍然参掌选事。而就在这一年,王俭也就染病去世了,年仅三十八岁。

　　年轻的宰相王俭,一直表现出对权力的洁癖,三番四次请求让出权柄;然而同时,他又始终未彻底与最关键的人事大权切割,即使是非正式负责的时期,也都若即若离地参与管理。事实上从王俭早早就审时度势投入萧道成阵营,以及"少有宰相之志"的表现来说,他也绝不是清心寡欲,对政治权力运作无所关心的人。这种表现只能说明一点,就是王俭无论如何把谦退的姿态作足,朝廷也是没了他不行的。而根本原因正在于,南齐时代的皇权尽管已经过数代君主的努力强化,仍不足以甩开门阀世家单干。

---

① 《南齐书》卷三二《张岱传》:"迁吏部尚书。王俭为吏部郎,时专断曹事,岱每相违执,及俭为宰相,以此颇不相善。"注意张岱也正出身于下文所述与王俭对立最为尖锐的吴郡名家。他们之间对官僚人事的异见是围绕着什么展开的呢?不难想见,"是否提拔南方士族"必定会是争执的一个主要焦点。

② 永明初年,王俭的叔叔兼养父王僧虔授开府仪同三司,这是和三公同等级的最高官位,他预料到王俭将来也必定会到此阶级,这样一来自己就是"一门有二台司"了——而他对此殊荣感受到的不是欢欣鼓舞,而是"实可畏惧",于是坚决推辞这一荣誉。

王俭把持人事大权,对当时的政局有何影响? 我们可以从几个事例中略作窥探。早在建元初年,齐高帝登基建国,打算酬劳追随自己的老部下,其中一位仁兄是出身吴兴沈氏的沈昭略,皇帝遂问王俭道:"南士中有沈昭略,何职处之?"王俭答道,我早就想好了,让他当前军将军①。——沈氏最恨的就是别人把自己当武将看,然而王俭显然对此毫不在乎,说得不好听一点,沈昭略在王氏家长的眼里,就跟当年的桓温一样,不过"一老兵"而已,皇帝的面子也没得给。结果萧道成也只能先同意这一方案,再过段日子另找路子曲线提拔了事。还有一次,萧道成打算任命吴郡名家张绪为尚书右仆射,先征求王俭的意见。王俭答道:"南士由来少居此职。"意思是南方这些土豪没资格当这么重要的官;尽管张绪本人也是名士,和王俭关系还算不错,但原则问题不能碰,皇帝也就只好无语接受②。

在接下来的永明时代,王俭与武帝维持了长达七年的君相关系。王俭作为"朝宗贵望",实在是当时朝野人望所归,被他看上的人自然乐不可支、面上有光;就连王秀之、萧惠基等少数贵族不愿趋炎附势去拜谒他,都被津津乐道写进史书里,当作清高正直的表现③。在这样的情形下,无论皇帝本人如何强硬有主见,仍然要先过王俭这一关。永明六年,武帝想升老朋友胡谐之的官,让他当侍中(参议政事的机要秘书),江州人士以往当到这个位置的,只有宋初的程道惠一人而已,武帝于是对胡谐之夸了个口说,从你开始就有两个啦……不想一问王俭,王俭不答应,皇帝也只得灰溜溜食言而肥,让胡谐之改当太子中庶子。而胡谐之,下文我们还会提到,是比张绪家族社会地位还要低得多的南方蛮族

---

① 《南齐书》卷四四《沈文季附沈昭略传》。
② 《南齐书》卷三三《张绪传》:"绪善言,素望甚重,太祖深加敬异。仆射王俭谓人曰:'北士中觅张绪,过江未有人,不知陈仲弓、黄叔度能过之不耳?'车驾幸庄严寺听僧达道人讲,座远,不闻绪言,上难移绪,乃迁僧达以近之。寻加骁骑将军。欲用绪为右仆射,以问王俭,俭曰:'南士由来少居此职。'褚渊在座,启上曰:'俭年少,或不尽忆。江左用陆玩、顾和,皆南人也。'俭曰:'晋氏衰政,不可以为准则。'上乃止。"
③ 《南齐书》卷四六《王秀之传》:"初,秀之祖裕性贞正,徐羡之、傅亮当朝,裕不与来往。及致仕隐吴兴,与子瓒之书曰:'吾欲使汝处不竞之地。'瓒之历官至五兵尚书,未尝诣一朝贵。江湛谓何偃曰:'王瓒之今便是朝隐。'及柳元景、颜师伯令仆要,瓒之竟不候之。至秀之为尚书,又不与令王俭款接。三世不事权贵,时人称之。"同卷《萧惠基传》:"尚书令王俭朝宗贵望,惠基同在礼阁,非公事不私觌焉。"

出身，连"普通话"都说不标准，王俭不同意他参政的理由也是一目了然的。

王俭与其他朝臣之间关于选官问题的轶事还有不少，这里就不必一一细说。单讲他与高帝、武帝之间的这几次意见分歧，竟无一不是以宰相获胜而告终。而且王俭独持己见的理由也惊人地一致，全都是皇帝打算提拔"低等人"而王俭反对，其中包含的维护门阀社会秩序意味已是不言自明。直到永明七年之前，南齐政治都无法越过王俭这尊凛然站在贵族世界入口之前的门神①。后世学者往往看到宋齐时代寒人纷纷上台，便强调这一时期的皇权勃兴、士权衰落；实则在史籍所不记的角落里，被王俭摈而弃之的寒士还不知道有多少呢。萧赜这个皇帝，至少在他选择当甩手掌柜之前的永明前六七年里，始终要耗费心力与王俭，以及王俭所代表的门阀士族群保持微妙的平衡合作，可并不是那么好当的。正如《南齐书·王俭传》中所言，武帝对于王俭是"深委仗之，士流选用，奏无不可"。庞大的士族阶层，实际上是由王俭来调度操控，而不是拿捏在名义上的皇帝萧赜手中的②。

但是，为了避免这番叙述会误导读者以为武帝和王俭之间完全是一种互相忌惮对抗的紧张关系，我们还得要来多说两句。基于一些抽象的社会理论，我们常常把历史简化成几条粗硬的线，但真实的人际关系往往要复杂微妙得多。武帝和王俭能够维持长达七八年的稳定合作，绝不仅仅是互相忌惮容忍便能做到的。毋宁说这种关系中包含了很多互相尊重的成分。王俭尊重武帝作为天子所代表的法统权威，而武帝尊重这个士族社会代言人的地位与才能。

另一些小事例，也能帮助我们窥见君相间日常相处的情形。前文我们也曾提到，武帝在宗教问题上是需要向王俭咨询相关历史知识的。类

---

① 有一次，王俭授意其从叔祖王琨任用某人为东海郡负责长官迎新的迎吏（如前文所述，这是一份很有油水的优差），王琨回复说，"三台五省，皆是郎用人"，我们这种地方上的小人事您就留点空间，别再插手了吧！（《南齐书》卷三三《王琨传》）这条史料也很好地反映出王俭在中央官任用方面是拥有绝对权力的。

② 由日本学者谷川道雄、川胜义雄提出的中古史著名学说"豪族共同体论"，认为六朝官僚体系是控制在作为豪族代表的贵族手中的，朝廷只不过是一种"权力承认机构"而已。这一理论未必是普遍适用的，不过用来解释武帝和王俭的关系倒是颇为贴切。至少对于中高层的士族选官而言，武帝在很大程度上确实只是对王俭的意见，从国家权力的层面加以承认而已。

似的,有一次武帝向王俭请教:"当今谁能为五言诗?"王俭答道:"谢朓得父膏腴,江淹有意。"①——重点倒不在于王俭如何评论当时的诗人,而在于这条逸事很好地反映出,不爱读书的武帝,也毕竟需要学问上的顾问,才能与自己宝座脚下这个崇尚知识主义成风的世界相配合,而宰相王俭就是这方面最好的人选。

还有一次,大贵族江斅的门客犯了罪,江斅把他隐匿起来,却自己引咎受责,武帝"甚有怪色",大概他一方面既无法接受犯罪者隐匿逃脱,另一方面也无法理解江斅为什么宁愿自己领罪来保护一个下人。还是王俭私底下向武帝进言道:"江斅将来哪天如果到地方上去当郡守的话,这种方面正是他的美德啊。"于是武帝也就平息了怒气②。——江斅和门客之间这种充满"江湖义气"色彩的恩义相结,最典型地见于汉代任侠社会中朱家、郭解那种黑帮大佬式的行事风格;在三国政权中又成为君主与将相之间构筑政治军事集团的基本模式;下至六朝,则表现为贵族、豪族对自己势力范围下荫附人口的隐匿庇护,可以说是汉魏六朝社会始终不衰的一条世风主脉。他们对部曲奴仆的经济索取甚至生杀予夺,一定程度上也正如黑帮大佬对帮派小弟那样,有着"收保护费"的意味。坐收利益的上位者并不是单方面地只索取而不付出,他们需要为门客承担逃避政府追责等风险。在这种"恩义—利益"的私人结合关系中,对国家法律的违抗是根本不在话下的,甚至理应成为契约的一部分。所谓"侠以武犯禁",正鲜明地体现于此。武帝作为法家的信徒,对此难以认同,是理所当然的事情。而在王俭看来却恰恰相反,甚至连地方政府的治理,都有必要贯彻这种私人性的恩义关系。在那个贵族阶层横亘在国家机器与广大庶民之间的时代,要像武帝那样铁面无私地宣告"欺巧哪可容",把贵族社会的习惯法都彻底摧毁,毕竟是办不到的事情,我们在前文叙述唐寓之乱等的时候,也已经看到过萧嶷、萧子良等更能体会贵族思维的皇族对武帝进行劝谏时的思路,与王俭正是如出一辙。在这个意义上,武帝也同样需要王俭这样的指导者,来教会这个出身不高的皇帝一些贵族社会的深层运作原理。

---

① 《南齐书》卷四三《谢瀹传附谢朓传》。
② 《南齐书》卷四三《江斅传》:"门客通赃利,世祖遣信捡核,斅藏此客而躬自引咎,上甚有怪色。王俭从容启上曰:'江斅若能治郡,此便是具美耳。'上意乃释。"

皇帝的爪牙：恩倖家奴

王俭是武帝统治离不开的人物，代表着大贵族们的权威和意志。萧子显给他与武帝的关系下过一个简洁精准的断语："虽贵而疏。"①那是一种客客气气的尊重，有什么事情都得先咨询过，有不同意见也不好拂他的面子。但是真要想说说心里话，办些体己事情，打些不足为外人道的机密算盘，武帝决不会去找王俭。在当时的史书中，对于皇帝的真正心腹亲信，有一个专门的词来称呼他们，那就是"恩倖"（有时候也叫"佞倖""倖臣"）。

前面我们一直说"贵族""贵族社会"或者"士族门阀"之类的词儿，把它们当作位于皇帝之下，协助皇帝统治国家社会，但又往往跟皇帝对着干的一种存在。关于这个阶层群体，讲起来太复杂，我们不能在这儿细叙，读者暂时只需要知道，这是从东汉魏晋以来几百年历史中形成的一个庞大权力阶层，担任各级官僚，手里掌握着种种势力，使皇帝无法随心所欲地做事，而且又仗着有身份有文化，有家族网络为后盾，眼高于顶，连皇帝都看不上。所以皇帝往往对他们特别讨厌，但又一时还离不开他们，甚至要看他们的脸色行事——知道这么多也就可以了。

在本书里，我们还是从萧赜的立场去看问题。像齐武帝这样的强力统治者，想要甩掉这个包袱的时候，怎么办呢，就像史书里写的，南朝的皇帝掌握权力后，"亲览朝政，不任大臣，而腹心耳目，不得无所委寄"②。——虽然讨厌贵族，但事情过去就是由他们来负责的；现在就算想架空他们，总得找其他人来接手办事儿才行。特别是那些不太符合传统道德理想，让贵族们不高兴的事情，更没法让他们去办。所以为了撇开这个群体，就需要有另一个群体来替代原有的功能，而且这个新群体需得与原来的权力群体不是一路人，最好互相有利益矛盾，这样操纵起来就方便了。这个新群体，也很好找，那就是在这个旧权力群体底下，还有一大批原本就没有社会地位，被压着得不到各种资源的人群，只要把他们提拔

① 《南齐书》卷四二《王晏传》。
② 《宋书》卷九四《恩倖传》。

上来,自然死心塌地帮着皇帝抢夺权力。这些出身低下而又没有家族势力可依仗的"小人",在追随萧氏父子一路攀升的过程中,自然而然地担当了他们身边的各种事务。从萧家的立场说,他们就相当于自己的仆役奴才;而天子既然以天下为家,负责天子家杂务的自然也就得分担天下事务。这些人物,因而又在当时的政治中占有举足轻重的位置。

然而,这批人和贵族的本质不同在于,他们犹如八爪鱼伸出去的触手一般;无论触手如何狂魔乱舞,神经中枢还是控制在人主手中。恩倖是没有阶级独立性的。对于皇帝来说,他们是最好操纵的,同时也就是最信得过的。理解这批人,也就好比理解了萧赜的影子。

在萧赜手下,这些恩倖的来源不一。总的来说包括三种类型。第一种,是从刘宋时代开始就已侍奉皇家,进入新朝仍然有用的。例如茹法亮、刘系宗、吕文显、吕文度,都是在宋孝武帝朝就已进入宫中奉职,充当小史、侍书、斋干、库史等仆役侍卫性的低贱职位,逐步经过寒官的轨道上升。第二种,是萧氏的随从老人,跟随萧道成打江山的心腹。例如纪僧真,本是萧氏贵人萧思话、萧惠开父子的随从,后来继续追随萧道成。第三种,则是萧赜本人的心腹长随。例如綦母珍之,"西州伏事,侍从入宫"[1],大约如上文所述,是萧赜担任镇西长史时加入其班底中的。明确属于最后一类的,史书中所见甚少,但在后永明时期活跃的恩倖如茹法珍、梅虫儿、徐世标等,可能也属于这一类。萧子显评价这时候的恩倖是"齐初亦用久劳,及以亲信"[2],是很准确的。虽然这些人总体来说都可以归入亲信,但第一种类型本质上是"久劳",也就是熟悉皇权运作的宫省旧人,改朝换代之际他们仍然能凭借耳濡目染的经验效力奔走;后两种则是萧家甚至萧赜个人的亲信,当然,同时对他们个人也可以说是久劳。

"恩倖"这个群体,从名字就看得出来,基本印象总是和趋炎附势、狐假虎威、恣意妄为、中饱私囊联系在一起的。的确,这些长期供人使唤奔走的低等人群,没有什么高洁志向是可以想见的,一旦追随人主暴得权势,几乎必然的结果就是在公务上滥用权力谋私,在个人生活上则大肆挥霍、穷奢极欲。这种形象即使在今天也屡见不鲜,而当时的政治很大程度上也是因此而败坏。不过,这其实是个复杂矛盾的群体,并不仅仅是道德

---

① 《南史》卷七七《恩倖传》。
② 《南齐书·倖臣传》。

败坏的狗腿子那么简单;而且可以肯定的是,在主子萧赜的眼里,这些人到底是个什么形象,更与今天我们从史书里读到的大不相同——如果史书由皇帝来执笔,大概会给这批人立一个"忠臣传"或者"能臣传"吧。

比如恩倖之一的刘系宗,在刘宋末年已经是权势相当隆重的内臣,担任中书通直舍人;而在萧齐代宋的最紧张关头,他却为萧家立下了大功。就在王敬则等深夜谋杀后废帝之后,萧道成连夜进宫收拾后事,第二天就奉太后令迎立安成王。如此改天换地的大事,却猝不及防地发生于一夕之间,可想而知当晚为了火急筹备各种手续,是何等的狼狈不堪。这一天当值的中书舍人虞整压根想不到会发生如此变故,正喝饱了酒呼呼大睡,无法履行书写分发敕令和通告四方文书的职责。正在萧道成没个抓手的时候,是娴熟宫省事务而又擅长书画的刘系宗积极承担起了这个工作,帮助萧家稳定度过了这次危机。接下来,在剿灭唐㝢之的战事中,他又奉命随军慰劳,据说对当时被迫作乱的百姓安抚得当,又启奏将从逆者发配到白下城负担筑城工役,解决了武帝苦于役夫不足的烦恼。武帝因此大喜道:"刘系宗为国家得此一城!"①在皇帝眼中,就算五百个只会舞文弄墨的学士加起来,也比不上一个刘系宗来得有真才实干。

像这样的"恩倖",无论在皇帝私人利益还是在国家的公共事务上,都担任着正式的职务,发挥了实在的功能,他们完全可以被理解为一个政府要员,并非世俗印象中那种只会吹牛拍马之徒而已。又如另一名恩倖吕文度,在永明年间担任外监(宫中负责军事方面联络汇报的职位)②,当时的兵权据说实际上都掌握在他的手中,本应总领军队系统的领军将军只是虚有其位而已。武帝曾感叹道:

公卿中有忧国如文度者,复何忧天下不宁?③

这里虽然是在称赞吕文度,但其实更耐人寻味的是武帝这里同样表露出对"公卿"亦即贵族文臣群的失望之情,让我们看到武帝本人的心

① 《南齐书·倖臣传》。
② 《隋书·礼仪志》:"内外监典事书吏,朱服,进贤一梁冠。内监朝廷入领局典事、外监统军队咨详发遣局典事,武冠。"
③ 《南史·恩倖传》。

理状况——他对这些寒人的宠信，着眼点在于他们有着忠君忧国之心及相应的行政能力，而不仅仅因为他们能够吹牛拍马讨得自己的欢心。至于吕文度本人，由于历史留给他的镜头实在太少了，我们也已无从知道他究竟真是一个"位卑未敢忘忧国"的忠贞之士，只是被贵族社会的有色眼镜污蔑为佞倖之徒呢？抑或只是口蜜腹剑讨了武帝的一时欢喜，却最终逃不过铮铮史笔的追究？但至少，从"朕即国家"的立场理解，和褚渊这种一旦有事，先保家族，"殉国之感无因，保家之念宜切"的老牌贵族比起来，寒人恩倖根本无家族可保，唯一的事业便是"忧国"，也就是努力抱紧皇帝大腿了。无论是忠是奸，这些人都比公卿要更愿意为"国家"效力。

也因为这个原因，在皇权上升的年代里，这些人也随之飞黄腾达。而且，除了忠于皇权、能办实事这种抽象的"爪牙"印象之外，他们还留下了丰富得多的历史影响。尽管如史家早已详细论述过的，他们最看重，也最集中发挥了机能的位置，是等级卑下却手握重权的中书舍人一职；但他们实际能够达到的位置，却远远高于这个寒官职位，往往担任着太守那样正儿八经的行政长官，甚至九卿之类的高等官职。同时，尽管他们在历史上最活跃的性质是弄权，但他们中的许多，也绝不只是电视剧里常常扮演的那种庸鄙无文之徒。例如刘宋时代的恩倖戴法兴，"能为文章，颇行于世"①；而另一名恩倖徐爰，甚至官至尚书左丞，是《宋书》的主要作者之一，"颇涉书传，尤悉朝仪"，"朝廷大体仪注，非爰议不行"，据说当时最渊博的学士也不敢与之争辩，已经完全入侵到士族社会最核心的一些支柱性环节中去了。

有这么一个故事，说是宋孝武帝驾崩之后，还在三年国丧期间，晋安王刘子勋的侍读博士向徐爰咨询是否该给皇子辅导读书了，徐爰答道："《礼记·曲礼》说：'居丧未葬，读丧礼。'这不就是学习的意思吗？有何不可？"可是改天另一位皇子的侍读博士来请教同样的问题，他却回答道："即使是为小功之亲服丧期间，尚且要废止学业②，何况君父三年之丧！"这实在是一件意味深长的轶事，虽然史书对此的评价是"专断乖谬"，可是徐爰看似前后矛盾的行为逻辑绝不是信口雌黄，而是处处有经

---

① 《宋书·恩倖传》。
② 按《礼记·檀弓》只说大功废业，此处或有误记，不过这并不影响徐爰的论证逻辑。

典为据的①。这种"玩弄经典以达成歪理邪说"的形象,毋宁说和宋代人对王安石的讽刺有相通之处。尽管徐爰(和王安石)能够如此专断乖谬的根本原因在于他们把持了权力,但他们所采取的方式本身却完美地处于正统文明世界的内部,而绝非依靠权力粗暴打压文化的那种武人或"低等野蛮人"所为。恩倖之中,是有如此人物的。

这种现象,在永明朝同样鲜明地存在。我们来看看其中一个典型的人物,纪僧真。他是出身于建康地区的一介平民,并不是士族,按理说言谈举止应该是很粗鄙不文的,但纪僧真自己很求上进,凭着一手模仿字迹和代写应酬书信的本事,博得了萧道成的赏识,成为他的代笔人。据此可知道他的家庭条件至少能供他在那个书籍纸笔并不便宜(甚至堪称奢侈品)的时代读书认字,而且他本人也有着好学的品性,不然是掌握不了这些技艺的。大约就是因为这个缘故,他的容止谈吐都十分风雅,据说和真正的士族也差不了多少。武帝有一次目送他离开,笑着感叹道:

"人这东西啊,有什么必要讲究门第出身呢?门户高贵,难道真的就能决定每个人的水平吗?看看我们的纪僧真,那些贵族老爷们又哪里及得上他呢?"②

这句感叹实在耐人寻味。一方面武帝心中对贵族,甚至对这个社会构造本身的不满表露无遗,他是真心想要反抗、挑战这种社会惯性的;可是另一方面,他又不由自主地仍然使用了贵族的风姿仪态那一套标准去衡量人物。自己阵营内也能出纪僧真这种人,令他欣喜不已。他毕竟还是生存在贵族社会当中,即使反抗,也只能从内部按照社会规定好了的形态去反抗,而无法像革命家一样把旧壁垒一把火烧成白地。能够负载起这种期待的纪僧真,也自然成为"诸权要中,最被盼遇"的一人,历任建康令、泰山太守、司农卿,那可都已是正儿八经的治民官乃至九卿之位了。纪僧真其人在历史上虽然算不上什么重要人物,也没留下多少事迹可供探究,但他却是最典型

---

① 《宋书·恩倖传》:"爰便僻善事人,能得人主微旨,颇涉书传,尤悉朝仪。元嘉初便入侍左右,预参顾问,既长于附会,又饰以典文,故为太祖所任遇。大明世,委寄尤重,朝廷大体仪注,非爰议不行。虽复当时硕学所解过人者,既不敢立异议,所言亦不见从。世祖崩,公除后,晋安王子勋侍读博士咨爰宜习业与不?爰答:'居丧读丧礼,习业何嫌。'少日,始安王子真博士又咨爰,爰曰:'小功废业,三年丧何容读书。'其专断乖谬皆如此。"

② 《南齐书·倖臣·纪僧真传》:"僧真容貌言吐,雅有士风。世祖尝目送之,笑曰:'人何必计门户,纪僧真常贵人所不及。'"

的一个例子,帮助我们看到那个阶层森严的凝固等级社会是从哪里被钻出一个小口子,身份的流动又是怎样从涓涓细流慢慢汇成洪流的。

史书虽然只是浅浅几笔,已经足以帮助我们勾勒出纪僧真这个人物的轮廓,假如生在宋明时代,他想必会是一位寒窗苦读的士子罢,说不定还有机会登科中举。然而在南朝史书里,他却被归入了恩倖当中。纪僧真无论言行举止、才能志趣,就算比不上真正的贵族,至少也是趋于向他们看齐的,为什么却得到了这么坏的一个评价?

和下文将要提到的胡谐之,以及出身萧氏的萧谌等人相比,这些恩倖无论从举止形象、发挥的功能,甚至最终任至的职位上说,都未必有什么本质的区别,抑或更有过之。然而后者却能够在史书中获得属于自己的传记,逃过"恩倖"恶评。他们的差别究竟在什么地方呢?唯一能够找到的,恐怕就只在于"恩倖"不是士族出身。无论萧赜、胡谐之这些人一开始是多么的不入流,他们至少是有其家族势力的,还算是在士族阶级里。而纪僧真及他同类的恩倖,传记都是从本人写起的,父祖没有当官的记录。这在中古时代的史书里是个很显著的标志,足以让我们辨认出他的平头老百姓身份。就算已经当上了地位很高的大官,家门三代、起点路线,一查履历都清清楚楚写着,是洗不白的。就是因为这个理由,倖倖便只能始终留在划定的一块歧视圈中,不管他们生前是多么的声威显赫、权倖人主。这是士族观念世界的一条底线,也是他们到最后也要死死握住的舆论裁决权。而从萧赜眼中看来,自己这些亲信的形象却截然不同,士族不士族,他是浑不在乎的,只要能办实事就好。这同样鲜明地展现着这个异端皇帝的性情。

第二节　旧恩见宠：
从破落贵族到野蛮人的班底

破落贵族王晏

恩倖是皇帝的爪牙,但这个群体可能来自不同的皇朝,他们依附的是"皇权"而不一定是当朝皇帝"萧赜"这个人。这同时也就意味着,在成为皇帝之前,萧赜也无法与恩倖有任何结合。那么在他本人一路上升的途中,真正亲近信用的是什么样的人呢？同样有四个字来形容，是谓"旧恩见宠"①。在萧赜一路打拼上来的前半生里跟随着他的那些老伙伴老跟班，才是他本人一手一脚拉起来的队伍。正因为萧赜的一生是条上升曲线，所以和他有"旧恩"的也就注定了不是什么高等人。前文我们已经看到，这份名单里最前边的，有他一开始出仕就跟随在身边的门客家将桓康、萧欣祖等人，基于萧赜的士族底层身份，这些人只可能是士族世界的末流甚至平头百姓；接下去，有他在历官途中逐步结纳的人物，其中有比他有钱有势一些的到㧐、虞悰等土豪富商，也有作为他同僚部属的柳世隆、周山图等将领。尤其从柳、周以及上节提到的綦母珍之等人可见，萧赜出镇郢州—溢城御敌的阶段，似乎正是他加意打造私人班底的时期，不少恩旧关系都以此时期为起点。

王晏就是这个班底中具有典型性的一人。

当萧赜前往郢州担任镇西长史的时候，王晏是他的同僚，担任镇西记室咨议。这个官职名有一点奇怪，不过史传又说他后来担任萧赜的"征虏抚军府板咨议，领记室"，可以猜想记室咨议大约也类似，是两头兼职的意思。记室参军是军府中掌文翰之职，于诸曹参军中位列前茅；咨议参军则不是掌管具体部门的常规职位，而是地位仅次于长史的高级顾问。王晏担任这两个职位，可知是镇西府中的核心成员，与萧赜地位相亚；若论进入镇西府的资历，他还是萧赜的前辈。

萧赜此时正处在一个微妙的地位上，论前途，他是朝中最有权势大佬的嫡子，早晚位极人臣，甚至身登大宝都是可预见到的可能性；可是另一方面，萧道成又面对着来自首都和荆州双方的严重挑战，尤其沈攸之已经露出了獠牙，如果战局不利，萧家败亡，萧赜自然也就价值归零了。在这种胜负在此一局的关头，到底把宝押在哪一边？并不是那么容易做出的选择。所以这时候不少人都还在犹豫观望，不敢轻易托付身家；然而王晏却已经看准风向，将前途都押在了萧赜身上，全力辅佐。

凭着急难之秋的这番情谊②，王晏在日后飞黄腾达，即使屡有过失，也不过被武帝呵责一番，完了继续升迁不误。不难理解，能够得到这种待遇，

---

① 《南齐书·王晏传》。
② 我们还可以想到这时候已经投靠萧道成的王俭。王晏尽管在王氏中的地位远不如王俭，但这种"慧眼识英雄"的感觉却有点相似。眼看着琅邪王氏中最有前途的子弟已经和父亲结成了联盟，这时候还没有资格得到王俭的萧赜，或许对王晏也抱着一点类似的感情吧。

表明武帝对他是真的有感情，当成自己人来看的了。终永明之世，王晏一直当到了吏部尚书、尚书右仆射，受遗诏顾命。史称他"权行台阁"，甚至与宰相王俭相颉颃。前面我们已经看到，直到永明七年，吏部人事权是掌握在王俭手里的。而在永明七年王俭解选以后，接手吏部工作的正是王晏。在职位与权势上，王晏有与王俭相先后的架势；而在心气上，他更表现出了要压倒王俭的鲜明竞争意识，不但与王俭屡有争执，而且在王俭死后，还进言阻止了武帝授予王俭最高规格的谥号"文献"，并且为此得意洋洋①。

然而，与身为"朝宗贵望"、受到朝野衷心拥戴的王俭正好截然相反，这样一个自命不凡的朝中大人物，却累次留下了出乖露丑、被同僚嘲笑的八卦轶事：

武帝死后，王晏见风使舵，把宝又精准地押在了明帝身上，继续官运亨通，进号骠骑大将军，给班剑二十人，也就是有仗剑随从的卫士二十人，这是三公级别的顶级规格了。然而即使如此，当时人仍然不买他的账。谢庄之子谢瀹不满他改事新主，当面讥讽他："先祖谢安太傅，才得班剑六人。你算什么东西，竟然一步登天爬到这种地位？"谢安的伟大，当然是王晏望尘莫及的；可是王晏当日的权势，也是谢瀹不可匹敌的。然而王晏面对如此挑衅，竟然不敢发作，只能下来偷偷抱怨："这些人上之人，可真是不好应付啊……"②

须知谢庄乃是刘宋朝的大名士，其父谢弘微过继给谢峻为嗣，而谢峻正是谢安之孙，谢琰之子。谢琰在孙恩之乱中奋勇战死，追赠司空，他与谢安两父子都是东晋时代匡扶天下的大豪杰。如此家世，倒也难怪王晏

---

① 《南齐书·王晏传》："晏位任亲重，朝夕进见，言论朝事，自豫章王嶷、尚书令王俭皆降意以接之，而晏每以疏漏被上呵责，连称疾久之。上以晏须禄养，七年，转为江州刺史。晏固辞不愿出外，见许，留为吏部尚书，领太子右卫率。终以旧恩见宠。时尚书令王俭虽贵而疏，晏既领选，权行台阁，与俭颇不平。俭卒，礼官议谥，上欲依王导谥为'文献'，晏启上曰：'导乃得此谥，但宋以来，不加素族。'出谓亲人曰：'平头宪事已行矣。'"

② 《南齐书·谢瀹传》："明帝即位，瀹又属疾不视事。后上宴会，功臣上酒，尚书令王晏等兴席，瀹独不起，曰：'陛下受命，应天顺民，王晏妄叨天功以为己力。'上大笑解之。座罢，晏呼瀹共载还令省，欲相抚悦，瀹又正色曰：'君巢窟在何处？'晏初得班剑，瀹谓之曰：'身家太傅裁得六人。君亦何事一朝至此。'晏甚惮之。"又末一事《南史》卷二十《谢弘微传附谢瀹传》记作："晏初得班剑，瀹谓曰：'身家太傅，裁得六人，若何事顿得二十？'晏甚惮之，谓江祐曰：'彼上人者，难为酬对。'"按史载班剑规格通常为二十、三十、四十、六十乃至百人，未见有少至六人者。以谢安的功勋地位，六人也未免过于寒酸。《晋书·谢安传》未载安受班剑，或有漏记。颇疑此处"六人"当为"六十人"之误。《南史·谢瀹传》语义虽较《南齐书》所载更明确，然恐是李延寿据《南齐书》改写，亦未足为据。

不敢当面发作的。

问题在于,敢于给王晏脸色看的,还不只是谢瀹这种顶级贵族而已。前文已经提到过的吴兴沈昭略,叔叔沈文季在六十岁时封为尚书右仆射,这时候王晏已经位高权重了,便自以为得意地调笑沈昭略说:"贤叔可谓吴兴仆射。"——意思是你们沈氏居然也能出了个尚书仆射,真是光宗耀祖了! 不料两叔侄竟当即反唇相讥。沈文季绵里藏针地回了句:"琅邪执法,似不出卿门。"①沈昭略更是毫不客气:"我叔叔到这个年纪,总还算是凭自己本事当上仆射的。哪像你家老爷子,只能靠着儿子得个'初荫'!"②这就是很刻毒的讽刺了。在当时的社会意识形态中,重视的是家门悠久显贵,像谢家那样动不动就能说"身家太傅",靠着父祖荣光自动进入金光大道,才是人人羡慕的榜样。而王晏家却恰好相反,是因为王晏当时得令之后,他父亲王普曜才开始沾光当上大官。受"荫"的不是子孙,反而是父祖,这明明白白表示出王晏家是根底浅薄的暴发户,从当时的评价标准来看简直丢人现眼。所以连南方将门吴兴沈氏都能以之为笑柄。

一方面是深得皇帝宠信而青云直上,自以为有资格跟最高等的士族领袖争个高低;另一方面,却是士族圈从上到下都觉得自己有资格戳他的脊梁骨,王晏是这么一种存在。这种尴尬处境是怎样造成的呢?

泛泛地说起来,王晏的出身并不算低。他的祖父王弘之,尽管算不上显贵的嫡系,但正儿八经也是琅邪王氏子弟。然而弘之隐逸不仕,自觉放弃了权力之路,导致家门中落。恐怕王晏父祖都未任官或只任至低等官位。沈文季语中所谓的"琅邪执法",是指琅邪王氏中累世担任御史中丞的王准之家门。御史中丞负责弹劾不正,是得罪人的官,琅邪王氏中的显贵之家是看不上这个位置的,所以"琅邪执法"已经不能算是王氏中的高门。然而沈文季正是嘲笑王晏这一支连御史中丞都当不上,根本没有资格自命为琅邪王氏正统,又凭什么来嘲笑吴兴沈氏?

这一句轻描淡写,正点中了王晏最忌讳的要害。在他自己的认知里,还顶着琅邪王氏的金字招牌,自以为可以当成出身优势炫耀一番;然而不争气的祖父和父亲却又没能给他真正挣来配得上这个姓氏的政治资本。

---

① 《南齐书·沈文季传》。
② 《南史》卷三七《沈庆之传附沈昭略传》:"王晏尝戏昭略曰:'贤叔可谓吴兴仆射。'昭略曰:'家叔晚登仆射,犹贤于尊君以卿为初荫。'"

大家同样都是姓王的子弟，王晏却只能在王俭的脚后跟望尘而拜，连自己看不上的那些家族都看不上自己。这种滋味绝不好受。他之所以对王俭具有如此强烈的竞争意识，很显然与这种家族处境有关。而武帝晚年对于"虽贵而疏"的王俭，安排了居于这么一个地位的王晏来接任，甚至不无放任他与王俭争权的意味，也就是相当耐人寻味的了。

像王晏这样的人物，在"贵贱之间"是很特殊的，但却又颇有类型特征。从根底上说，他应该属于"贵"的一方；但在真正的"贵"人乃至一般社会人士的眼光里，他又总是遭人轻贱。单纯按照出身、任官之类的社会阶层标准，是无法给这样的人归类的。这种人，最容易成为等级社会金字塔秩序里不安本分的扰动力，因为他们已经失去了原有的本分，却又不甘于新的本分，于是要去追逐恢复甚至超越过去的本分。在贵贱之间，他们是最有胆量铤而走险，冒着被社会歧视排斥的枪林弹雨去求取功名富贵的。他们因此也是最容易被权力驱使的。对武帝来说，像王晏这类人物要比王俭好支配得多。像王俭这样的高门代表，尽管对皇权投怀送抱，也仍然是带着合作盟友的色彩。王俭会相中萧道成的前途，却绝不会投靠郢州时期的萧赜。郢州时期的萧赜，能够拉拢到的最高级政治资源，也无非就是王晏这种高门的破落户了。

傒人胡谐之

贵族破落户王晏，在真正的高等人眼里只是个小丑。然而和萧赜有旧交情的人里边，比这更上不了台盘的人还多的是呢。

前文提到，在阻防沈攸之之役中，萧赜自己率军入驻溢口，而命胡谐之守寻阳城。胡谐之其人，这时候是江州刺史邵陵王刘友的左军咨议，并非萧赜的属下。然则为何特特指令由他来负责寻阳城守呢？照说左军咨议也不是刘友部属中居首的职位，一般来说刺史离开，应由长史代理事务才是。由胡谐之主持寻阳，很显然不是常规安排，而是出于萧赜的授意。由此可以推断，他很可能是早已经与萧赜熟识，知根知底的了。

他原本就是南昌本地人。祖父官治书侍御史，是不为世族所重的浊官。父亲州辟不就，也就是有当官的资质，但却没有正式任官。胡谐之本人一开始是在本州担任从事主簿。这都符合南朝地方寒门（但不妨是土豪）的特征。我们记得萧赜最初的任职，就是寻阳国侍郎，后来又当江州西曹书佐,与江州从事主簿正是同僚。虽然胡谐之本人的任职时间难以详考,但两人职位如此接近,很可能就是在这期间结识的。倘若不错,那么两人是有将近二十年交情的老朋友了。

不但如此,他还是和陶渊明的先祖陶侃一样,是出身"蛮"族,被人骂作"傒狗"的傒人——陶家祖籍鄱阳,与南昌相邻,他们几乎算得上是同乡同族,不消说,原本也分享着同样的边缘文化。关于这位胡谐之的家族,有一桩趣事。话说他后来发达以后,武帝念着旧情,想让他和老牌贵族结亲,提升他的家族地位,但胡家平常是说傒语的,讲起标准语来也带着浓重的口音——须知在贵族社会里,说话穿衣就是一个人社会地位的镜子,须经过长期复杂的教育才能具备的能力,那是一眼就看得出来的。要冒充贵族混进上流社会,首先就得学会贵族的那一套言辞装扮举止。胡家这样的蛮子一看就上不了台盘,绝没有贵族肯和他结亲。于是武帝派了几位宫女到他家,替他教育儿女怎么做一个上等人。过了两年,武帝向他检查教育成果如何? 胡谐之答道:

> 宫人少,臣家人多,非唯不能得正音,遂使宫人顿成傒语!①

这真是文化传播上的一个经典案例。耐人寻味的是,武帝听闻此言不但没有动怒,反而哈哈大笑,当成一个欢乐的段子,向群臣逢人便说。当然,这个段子嘲笑的对象绝不会是胡谐之。作为听众的贵族们只怕也只能一面尴尬赔笑,一面在肚子里暗暗腹诽这两个不学无术之徒了。

像这样的故事,实在很能反映出萧赜,以及萧赜身边群体的性质。他结交的,多是这么一帮子摆不上台面的人物,要么是做生意发大财的,要么是抢拳弄棍的,要么是当时饱受歧视的蛮族。最最大不了的,也就是从高门跌下来,对上流社会怀着一口怨气的破落户。他喜欢的、气味相投的,都是这么一些人,而不是魏晋以来高高在上、风流文采的王谢子弟。当然,他并不想,也无法彻底和这个传统久远、力量强大的社会结构正面对抗,如果自己这帮朋友发达以后能好好演出贵人的戏码,融入这个传统,他也乐于协助——反正只要给贵族们留足够的面子,事情也就好办了。但是,如果老朋友就是这种扶不起的阿斗,他也无所谓,不过就当作

---

① 《南史》卷四七《胡谐之传》。

一乐的笑料。归根到底，还是因为他自己就没真的把贵族社会的那一套规矩当回事。他既没有那样的教养，也没有对那种生活的憧憬，不过是基于务实的态度，寻求与这一庞大传统的协作互利罢了。在他的骨子里跃动着的，毕竟是一个下等人的血脉和精神。

旧时代的旧恩义

在武帝生平的记事中，"旧交"是屡屡出现的一个印象。当然了，对于任何一个当权人物而言，提拔知根知底的老朋友老部下，都是理所当然的，并不值得奇怪。不过也有许多迹象表明，萧赜身上确实有着感念旧情的一面。在他身上有一些品性，即使在今天看来也是相当值得赞许的。由于务实和阅世的深入，他获得了一种冷静中立地看待个人恩仇的能力。他在史学史上留下了一件相当有名的轶事，也意外地为学术作出了贡献。沈约在撰写刘宋一代史书《宋书》时，由于其中不少人物都与南齐有所牵涉，于是笔下便不免有所忌讳，要考虑某人与当朝政权的恩怨如何。一个大问题便是对前朝皇帝的评价。像改朝换代这种事情，鲁迅说得好，大凡比较短的时代，好人便比较少；比较长的时代，好人便要多，这是因为短时代的历史都是后代人写的，对这个朝代便往往要加以丑化了。而前朝皇帝自然更是丑化的重中之重，如果他们不丑恶昏庸，新朝又是怎么顺天应人得了天下的呢？沈约正秉持着这样的立场，将宋孝武帝、宋明帝写得十分不堪，载入他们各种私生活糜烂的事迹。

然而萧赜得知以后，却命左右前去告诫沈约道：

"孝武帝事迹并没到如此不堪的程度，不必丑化他。而宋明帝（尽管确实不堪），但我曾经是他的臣子，古人有为尊者讳的教诲，请你好好想一想这个道理吧。"①

这一态度，有着相当微妙的意蕴。我们可以从两方面分析。一方面，不因前朝皇帝是自己曾经打倒的敌人便刻意诋毁，这是一种难得的气度，实在很值

---

① 《南齐书》卷五二《文学·王智深传》："世祖使太子家令沈约撰《宋书》，拟立《袁粲传》，以审世祖。世祖曰：'袁粲自是宋家忠臣。'约又多载孝武、明帝诸鄙渎事，上遣左右谓约曰：'孝武事迹不容顿尔。我昔经事宋明帝，卿可思讳恶之义。'于是多所省除。"

得有志于为政者学习。不但不恶意仇视，而且在自己已经登位为帝后，还记得自己当年曾经当过对方的臣子，愿意承认君臣之义在，这种大气同时也表现出一种坦然面对过去的自信——在这一点上，萧赜比沈约表现得更像一个历史学家。即使从一个"人"的角度来看，这也是足可称为"传统美德"加以弘扬的。

另一方面，"为尊者讳"从今天来看自然已不足为训，这种立场有可能反而导致沈约最后定稿中的明帝形象较为美化，同样给历史书写造成不良的影响。但就牵涉时事的当时人而言，这种态度无疑表现出一种感恩念旧的"厚道"之情。我们前面已经在叙述沈攸之之役时涉及萧赜这方面的人格。他在刚登上帝位的永明元年，便下诏关照自己过去的那些敌人：

> 昔魏矜袁绍，恩给丘坟；晋亮两王，荣覃余裔。斯盖怀旧流仁，原心兴宥，二代弘义，前载美谈。袁粲、刘秉，并与先朝同奖宋室；沈攸之于景和之世，特有乃心，虽末节不终，而始诚可录。岁月弥往，宜沾优隆。粲、秉前年改葬，茔兆未修，材官可为经略，粗合周礼。攸之及其诸子灵柩在西，可符荆州以时致送，还反旧墓在所营葬事。①

沈攸之是萧道成亲家，也就是萧赜妹夫的父亲；而袁粲，则是萧赜任司徒长史时的上司。诏书中提出的理由是"与先朝（萧道成）同奖宋室"，这与萧赜对宋明帝的态度正是一样的。在时过境迁、尘埃落定，一切利益争斗都已成过去的时刻，这份诏书言说出了萧赜对于昔日曾经怀有恩义的这些人物的情感。六朝时代的史书中记载了不少"刻薄寡恩"的人物，萧赜决不能算是其中之一。

袁粲是刘宋末年政坛的中心人物之一，与萧道成并列"四贵"，他毫无疑问在《宋书》里应当具有一传的资格。但问题在于，袁粲正是昇明年间发动都城政变，企图打倒萧道成的主谋，于是沈约便不免要先请示皇帝是否该为他立传。而武帝对此的答复是："袁粲自是宋家忠臣。"——这位在那个风云变幻时代成长起来的豪杰，心里是很能体谅各为其主的无奈的。

恐怕正是因为体会到了武帝的心意，《宋书》例外地将南齐时期才发布的这份诏书抄进了《袁粲传》中，对袁粲的史评也颇费了一番心思，劈头一联写道：

---

① 《宋书》卷八九《袁粲传》。又《南齐书·武帝纪》并载，文字略有差异。

辟运创基，非机变无以通其务；世及继体，非忠贞无以守其业。

前半句要赞扬萧齐顺天应人，随机变通以创立皇朝基业；后半句则从为人臣的忠贞伦理出发肯定袁粲。真是两头都不得罪的聪明写法。但这归根到底，还是因为武帝已经先定下了基调。如果武帝本人不先抱着对宋室忠臣的同情心，沈约也就不须如此大费周章地斟酌措辞了。

还有另一件轶事，也显出武帝的大度。前面说过，萧齐开国的头号功臣褚渊，父子二世为刘宋驸马，但却识时务地背叛岳家，投奔了萧道成。褚家是一等一的大贵族，对沈文季看不上眼，在一次东宫宴饮上言语讽刺他是将门；沈文季大怒，当着太子的面怒斥："褚渊自以为是忠臣，不知死了以后有何面目去见宋明帝？"——这样的话，实在是非常忌讳的，换一个小心眼些的皇帝，立刻便可治以心怀前朝、讪谤今上的罪名。即使不加罪，场面也非常尴尬，萧赜和褚渊都很难下台。然而萧赜却只是哈哈一笑说："沈率（沈文季任太子右卫率）你醉啦。"事情便被轻轻地揭了过去①。

当然，我们从前文的叙述已经看得很清楚，武帝绝非与人为善的好好先生。之所以对沈文季如此大度，只能说根子上仍然是因为他本人确实对改朝换代这种事情看得很通透，对自己在刘宋时代曾经度过的日子怀有念旧之心，对沈文季的表现也有一份共情，所以才对前朝恩怨不以为忤吧。

第三节　文武之道：
"不谙书"的皇帝和"大读书"的臣子

文采风流何足道

在永明时代，有八个人的名字——其实是他们组成的团体名，最终超

---

① 《南齐书·沈文季传》："文季风采棱岸，善于进止。司徒褚渊当世贵望，颇以门户裁之，文季不为之屈。世祖在东宫，于玄圃宴会朝臣。文季数举酒劝渊，渊甚不平……曰：'陈显达、沈文季当今将略，足委以边事。'文季讳称将门，因是发怒，启世祖曰：'褚渊自谓是忠臣，未知身死之日，何面目见宋明帝？'世祖笑曰：'沈率醉也。'中丞刘休举其事，见原。"

越了萧赜,也超越了那个时代的任何一个存在,而镌刻在了中国文化史上。那就是文学史上鼎鼎有名的"竟陵八友"。其中有两个人物,特别值得在这儿来谈一谈。他们都是武帝的郢州旧交——但从另一个意义上说,他们又算不上是郢州旧交,因为他们虽然和萧赜同在郢城,在同一个时空中生活甚至同府为官,但萧赜根本就没有把他们放在眼里。不但如此,他们在这段时期的关系,或许还使得萧赜直到成为皇帝以后,还特别不留余地地表达出厌恶之情。

这两个人物,就是沈约和范云。

沈约(441—513),比萧赜小一岁。他父亲沈璞,在宋文帝太子刘劭弑父之乱中卷入派系斗争而被诛杀,他于是成了罪人的后代,自幼孤贫。吴兴沈氏和萧赜家族虽然源流不同,一南一北,但都不属于魏晋以来高居庙堂、文化根底深厚的贵族阶层。但到他的时候,却发愤好学,凭着文才重新闯出了一条康庄大道——由于父亲被杀而"流寓孤贫",失去了家族势力,恐怕也是他得以摆脱将门传统,决然走上另一条道路的重要原因。他先是在宋孝武帝朝得到名臣蔡兴宗的赏识,把他带到自己郢州刺史、征西将军的任上当外兵参军兼记室参军。这在参军队伍中差不多算是僚幕长的职位了。这是泰始三年(467)时候的事情。蔡兴宗死后,他于元徽元年(473)进入晋熙王刘燮的幕府,任法曹参军,转外兵参军,兼记室。法曹也是军府幕僚中很受看重的职位,这说明沈约在当时已经为自己颇挣得了一些名望资历了。

而我们知道,萧赜是在元徽四年(476)成为刘燮镇西长史的。那是在沈约入幕三年以后。从此两人就成为同僚。然而萧赜对这个同僚实在无甚好感。尤论是当时卅始显露头角的沈约,还是到了永明年间声名如日中天的沈约,都是一样。沈约赖以立身的文名越盛,在武帝看来就越是让人讨厌。在关于武帝的众多史料中,有一条特别著名,常常被学者引用。据说他曾说过这么一段话:

> 学士辈不堪经国,唯大读书耳。经国,一刘系宗足矣。沈约、王融数百人,于事何用![1]

----

① 《南史·恩倖传》。

　　刘系宗作为寒人恩倖的代表，前文已经提到过了。武帝在赞扬他的同时，拿来垫脚的则是当时文坛上一老一少的两位领袖，沈约和王融。如果我们注意到他与沈约在郢城时期的时空重叠，就会明白他的这一酷评，并不只是在针对类型化的"学士辈"泛泛而论，而更是基于人际交往中自己对特定的"这个人"的切身观感，而形成、强化了自己对这"一群人""一类人"的不认同。

　　事实上，沈约选择成为"学士"，这是一条在那个时代最能现实利益最大化，搭上上行快车的道路。像他这样的江南土著、将门后人，如果死守着家族传统，做到头也不过就是个被人驱使的武将，贵族们连眼角都懒得扫一下的"老兵"。然而，通过饱读诗书，他学会了贵族文化传统中的那一套知识修养，也就打开了被他们接纳的大门。高门名流蔡兴宗欣赏他的地方就在这里，这也正是他日后得以领袖文坛，为世所宗的一大原因。然而同时，就在他生活的这个时代，却又已面临着新的波澜变化。武将们已经陆续乘着乱世的风浪，从枪林箭雨中硬闯到朝堂里去，陆续占据三公冠冕之位，甚至直接身登大宝。从跨越朝代的千年时光隧道来看，后者才预示着将来的发展洪流，但此时却还处在成功率很低的、一般人还难以理解的试水期。沈约会走上前一条路，在当时的考量上是很明智的。而萧家走的却是后一条路。对于萧赜来说，面前这个舞文弄墨之徒不但和自己不是同路人，而且简直是背叛了他本应从属的世界。这和柳世隆不同。柳世隆是立足自己的军事才能，以军功为后盾，以韬光养晦的姿态取得贵族社会的入门券，萧赜对如此识时务有手段的人物是深为赞赏的。而沈约却是彻底投诚，放弃了家族传承的传统与才能，积极热烈地拥抱了另一个原本不属于自己的，由文化权威构筑起来高居于现实之上的美丽世界——那是萧赜看不懂，也不想去看懂的世界。

　　妙的是，萧赜长子长懋这时也跟着父亲一同在郢州。而他与沈约的交情就与父亲大不相同。证据是，后来长懋入主东宫，沈约任太子家令，得到了太子全身心的信赖。而且这种信赖并非理性算计上的，而是纯粹感情上的，据说两人时常促膝长谈直到太阳下山，放着其他前来谒见的王侯干等半天，却连太子的面都见不到。对于这个被父亲嗤之以鼻的人，太子喜爱到了"得卿谈论，然后忘寝"的地步①。究其原因，那无非就是因

① 《梁书》卷十三《沈约传》。

为,太子已经成长为有能力欣赏父亲欣赏不了的那些东西的人了。可以说,从萧整直到萧道成、萧赜父子,萧家一以贯之走下来的这条腥风血雨之路,到长懋、子良这一代,终于也无可逃避地拐了个弯,接上了那个绵延百余年,早已在社会上形成牢不可摧的文化权威的传统。武帝对此必定心怀不满,然而又是无可奈何的。这种方面,只怕也早已埋下了后来父子间心生嫌隙的根由。

与沈约相比,范云(451—503)的人格形象略有不同,与武帝的关系也有些差别,而这些因素又微妙地影响了武帝对他的观感。范云的年纪比萧赜、沈约小不少,实际上是两代人。萧、沈在郢州任职时,他父亲范抗也正在担任郢州参军,正是他们的同事。范云这时二十来岁,也就随父亲在府,并就地出仕为郢州西曹书佐,正是追随着前辈们见习的时期。

范家是雍州地区的士族,这一家族也是在西晋末大乱时南渡到湖北地区的。——从出身群体看萧、沈、范也很有意思。同样作为从北方南渡的家族后人,萧赜出身于南渡到长江下游的政治中心区的家族,范云则出身于南渡到较为偏远的长江中游的家族;与之相对,沈约则出身于原本就是江南土著的家族。他们的身上分别负载着不同类型家族所赋予的命运。而经历过一百多年的家族史变迁以后,风土文化、家族传统与个人适应环境的综合结果,最终落在郢州城里这三个人的身上而相遇了。

范云从小就聪明善属文,这点与沈约一样,但他同时又有刚健质朴的一面,而非玩弄虚文城府之徒。在日后——已经是梁武帝萧衍将要推翻南齐的前夜了——他与沈约之间发生的一件轶事,特别让我们看到两人的差异,也特别能够让我们理解萧赜对他们不同态度的由来:据说两人都洞察时势,打算建言萧衍创立新朝,这在当时是一等一的定策大功。在萧衍约见二人的前一日,范云将消息告诉沈约,沈约切切嘱咐他要两人一同觐见,结果到了当天,自己却一个人偷跑抢功,早早入宫把拟好的诏书进献;等忠厚老实的范云如约前来之时,已经宫门紧闭,只好在门外徒叹奈何。但即使如此,萧衍接下来与范云相见,范云仍然没有对沈约说一句中伤之语,反而称赞沈约与萧衍的君臣相知之义。这真是一个值得结交的好朋友。范云在梁代任至尚书右仆射,当时号称名相;而沈约却屡求宰相之位不得,郁郁而终,这大约与萧衍对两人品性的观感也不无关系。

在沈攸之之役中,范云也是亲历者之一,而且早在那个时候,就已表现出这方面的素质。范抗这时候担任郢府长流贼曹参军,负责守城御敌,但家属却还住在城外。于是范云就落入了沈攸之手中。面对沈攸之的厉声呵斥，范云面不改色，博得沈攸之的赞赏，第二天就把他当作信使送进城内，附上无头的牛犊一口、鲚鱼二十条（一说三十条），分别送给城主刘赞和柳世隆，意思是你们再不投降就要掉脑袋了。城内众人见此当然火冒三丈，要求诛杀范云，范云答道："老母弱弟，都命悬沈攸之之手，我又怎能违背他的意思？为了保全亲人性命，我才进城送信的，现在死而无怨。"柳世隆原本就很欣赏这个年轻人，于是也就不再追究他与敌人合作的嫌疑了①。这一事迹发生时，萧赜远在郢城，只怕未必知道，不过却很可以表现出范云的品性。

对郢城时期的萧赜而言，沈约身上有着令他讨厌的气味，而范云一方面既没那么讨厌，另一方面又是小辈，他对之无甚特殊印象，也就是自然而然的了。妙的是，沈约后来成为萧长懋的东宫亲信；范云则进入萧赜次子、竟陵王萧子良的幕中，同样颇受亲遇。子良有一次替范云请求外放为郡守——如前文所述，这是在为他争取一份薪水丰厚的优差，而武帝的反应是："听说范云平日里对你溜须拍马，不是好人，我不流放他就算不错了！"子良于是拿出范云平常劝谏自己的谏书一百多封呈给父亲。武帝一看其中的建议都十分切直，不禁大为感动道："想不到范云竟然能做到这样！那也就不必外放郡守了，正应该让他留在身边，好好辅佐你啊。"②

武帝在这个故事中的反应，正表现出他对范云原本并没什么了解，对他的印象是从八卦流言中听来的；而一旦对他有所了解，也就立刻刮目相看、改观称善。有意思的是，沈约、柳世隆与这个年轻人的关系分别都很要好。

---

① 《南史》卷五七《范云传》："沈攸之举兵围郢城，抗时为府长流，入城固守，留家属居外。云为军人所得，攸之召与语，声色甚厉，云容貌不变，徐自陈说。攸之笑曰：'卿定可儿，且出就舍。'明旦，又召云令送书入城内，饷武陵王酒一石，犊一头；饷长史柳世隆鲚鱼二十头，皆去其首。城内或欲诛云，云曰：'老母弱弟，悬命沈氏，若其违命，祸必及亲，今日就戮，甘心如荠。'世隆素与云善，乃免之。"又《资治通鉴》卷一三四《宋纪十六》"昇明二年"条则书作"饷武陵王赞犊一腔，柳世隆鱼三十尾"云云。

② 《梁书·范云传》："事竟陵王子良恩礼甚隆，云每献损益，未尝阿意。子良尝启齐武帝论云为郡。帝曰：'庸人，闻其恒相卖弄，不复穷法，当宥之以远。'子良曰：'不然。云动相规海，谏书具存，请取以奏。'既至，有百余纸，辞皆切直。帝叹息，因谓子良曰：'不谓云能尔。方使弼汝，何宜出守。'"又《南史·范云传》："子良又云求禄，齐武帝曰：'闻范云谄事汝，政当流之。'子良对曰：'云之事臣，动相箴谏，谏书存者百有余纸。'帝索视之，言皆切至，咨嗟良久，曰：'不意范云乃尔，方令弼汝。'"两书所记细节小不同。

可是从萧赜的表现来说,范云虽然不像沈约那么让他心烦,但却似乎完全不在他眼里——就跟不知道有这么一个人似的。同时交往的这一批人的相互观感实在很鲜明地表现出各自的属性,我们可以画出一个关系图:

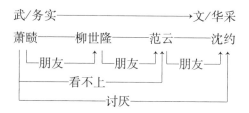

范云与沈约同居竟陵八友之列,在文学上皆有重名。萧赜对自己有所了解的沈约始终观感恶劣,而对过去不甚了解的范云先是有所不满,而后改变态度,他的务实姿态于此仍然可见一斑:他所讨厌的东西,本质上其实不是"文学",而是"虚华不实"。

将家儿何敢作此举止!

和沈约情形有些类似,但情节更细致有趣,也更能帮助我们了解武帝性情的,是他的另一个老相识张欣泰。

张欣泰的父亲张兴世,原本出身贫贱,宋末以战功任至雍州刺史、左卫将军,已是很隆重的方伯之位了。但南征北战的老将,却有个典型的中二文青儿子,史书说张欣泰"少有志节,不以武业自居,好隶书,读子史"。——这一句话里透露出三层意思:第一,这人是个文学青年;第二,他原本不应该是文学青年,而理应做好武将的本行;第三,应该做武将的人却爱好文艺学术,是"有志节"的上等人表现。我们看当时史书里对人的评价,也就可以知道沈约为什么会走上文豪道路了。张欣泰与他正是一路人,差别只在于沈约是因为家庭败落,被迫无奈改换门庭;而张欣泰却是高官子弟,有钱任性而已。

还在十几岁的时候,张欣泰有一次前去拜访大贵族褚渊。时任吏部尚书,负责选官的褚渊问道:张郎能开几石弓,骑什么马?这就是用一个武将的标准在考察他了。没想到这个少年答道:"性怯畏马,无力牵弓。"这回应看似谦虚示弱,然而放在那个时代语境里来看,骨子里却是愤愤不平的抗议：难道你以为我出身在武将之家，就一定要凭着骑马射箭的本事来博出身吗?! 面对着这个年轻人半带反讽的挑衅，史书记载褚渊的反应是"甚异之"——这是表示赞赏的惊异。对文人贵族褚渊来说，一个天生应是武将的人却不屑于具有武将的本领，是出人意料的优点。

而武帝的观感就完全两样了。

张欣泰成年后毕竟也还是以将职出仕，这表示他本人的文才学问并没能像沈约那样到了足以让自己脱胎换骨的地步。但他当官以后，结交来往的仍然都是些文人名士，平日里天天游赏园林，"着鹿皮冠，衲衣锡杖，挟素琴"——须知道鹿皮冠和素琴都是隐士的爱物，而百衲衣和锡杖则是僧人的"标配"，这几样东西如果从严格的宗教角度来说是不应该搭配在一起的，但在南朝尊重隐士、崇尚佛教的文化空气里，这些"时尚要素"凑在一起，只怕颇有点今天年轻人爱穿奇装异服的混搭风味道，处处表现出清高出尘的范儿。有人看他不顺眼，去向武帝打小报告，武帝忍不住发作道：

将家儿何敢作此举止！

不折不扣的将家儿萧赜说出这句话，当然不是因为像褚渊一样觉得将家高攀不起如此高贵范儿，而是因为张欣泰明明身为将家儿，却丢了将家儿应有的架势，追逐那些不属于自己的东西。与此类似的故事，还见于另一位大将陈显达身上。陈显达战功赫赫，后来位至三公，他的儿子自然也都子凭父贵，成了京城出名的公子哥儿，于是学着贵族们手持麈尾，一派清谈范儿。有一次不小心被陈显达撞见，老爹当场大怒，将麈尾夺过来烧掉，训斥道："这是王谢家子弟拿的东西，你拿来做什么？"①

——我们大老粗配不上你，可是我也犯不着巴结你！这就是永明时代"将家儿"的身份自觉。

过了一阵子，武帝车驾到皇家园林新林苑去游玩，命张欣泰率领禁军负责安保工作。按规定他本应顶盔贯甲、巡逻放哨的，结果张欣泰仍然一

---

① 《南齐书》卷二六《陈显达传》："显达谦厚有智计，自以人微位重，每迁官，常有愧惧之色。有子十余人，诫之曰：'我本志不及此，汝等勿以富贵陵人！'家既豪富，诸子与王敬则诸儿，并精车牛，丽服饰。当世快牛称陈世子青，王三郎乌，吕文显折角，江瞿昙白鼻。显达谓其子曰：'麈尾扇是王谢家物，汝不须捉此自逐。'"

派名士作风,拒绝穿着制服履行职务,只是逍遥自得地在松树下喝酒赋诗。武帝这下动了真怒,索性将他赶出宫去。等过一阵子气消了,才又念着旧情把他召回宫来,对他说道:"你既然不乐意当武将被人驱遣,一心想当清流士人,那就遂了你的意吧。"于是任命他为正员郎(散骑侍郎),实现了他"兜鍪换貂蝉"的夙愿①。

我们看武帝和张欣泰的关系,也颇能察觉到一些微妙的意味。柳世隆、沈约、张欣泰这三人其实是那个社会里同一个类型的变体。柳世隆文武双全,各界通吃,萧赜与他是始终不渝的好搭档;沈约弃武从文,成为一代文豪,就被萧赜好一通白眼;而张欣泰弃武的程度与沈约相似,但又仍然摆脱不了将家儿的形象,可以说就是个低配版的柳世隆。故而萧赜也对他怀着恨铁不成钢的感情,一方面希望通过惩戒令他改弦易辙;一方面又无可奈何,只能妥协。——这看起来并不符合武帝刚毅有断、雷霆杀伐的性子;而张欣泰明知故犯,抗命不遵,简直已经近乎在挑衅皇帝了。他凭什么敢如此张狂?虽然史书所载不十分详细,但张兴世元嘉年间曾在竟陵郡讨蛮,与萧道成正是同志,两人只怕早年间便已相识;后来又共同平定子勋之乱,在中枢任职同事。从这一层关系算起来,萧、张两家算是通家之好。张欣泰年纪比萧赜小十六岁,在萧赜看来大约就如任性难以管教的子弟一般,只好摇摇头随他去了②。

第四节　家人子弟:
权力与文化漩涡中的世代落差

妻子和儿子们

在观照过围绕在萧赜身旁的多面镜子之后,让我们最后把镜头切回

---

① 以上引文及故事细节,并见《南齐书》卷五一《张欣泰传》。
② 但如下节所见,萧赜对于自己的儿子犯错,却是雷霆震怒,毫不手软。这种反差也有助于我们理解萧赜的处境及性格。在真正牵涉到权力、利益,感受到地位威胁的时候,萧赜自动切换到了斗争模式,显得残忍无情;而在还能够容得下一角温情的场合,却能看出他也并不是那种睚眦必报、对子弟威风八面的人格。

到离他距离最近的那几面——他的兄弟、妻子和儿子们。这是他的家庭，也是永明时代的皇族。他们不但在萧赜的生命中扮演着最接近，因而也应当是影响最大的角色（但同时也是历史观察中往往最容易忽略的一群角色），并且切切实实地成为永明政治中举足轻重的一环。

萧赜的太太名叫裴惠昭，出身河东闻喜裴氏（闻喜在今天的山西省运城）。河东裴氏本是魏晋时期的高门望族，自北朝至隋唐也还出过大批的著名人物；但渡江南来的裴氏在江左五朝历史上的表现就不是太活跃了。虽然也出过裴松之那样以儒学、史学著名的学问家，但有些支系看来在渡江时的境遇并不顺利。例如前文提到王奂部属裴叔业的家族，就因为"晚渡"而未能在过江士族中占据一个好位置，只能沦为武将之家。裴惠昭家估计就属于后者，她的父亲裴玑之，任至左军参军，这只不过是一般贵族子弟初起家时担任的官职等级罢了，可知其家庭是和萧家差不多甚至更低一些的低等士族，两人可谓门当户对。

裴氏算不上是传统意义上的贤妻良母，她对翁姑不太恭谨，因此不为萧道成夫妇所喜；对儿媳妇也十分严苛。饶有意味的是，《南齐书·皇后传》里特别记了一笔，说她"性刚严，竟陵王子良妃袁氏布衣时有过，后加训罚"。这是有些不太寻常的，因为婆婆责罚犯了错误的儿媳妇是理所当然，何以能作为她性格刚严的证据？但如果我们知道六朝时期的社会实情，便知道萧子显何以要这样评论。萧子良出生在460年，娶妻起码应该是十五六岁以后的事情，而我们前文已经讨论过，这正是萧道成权位迅速上升，三数年间便将问鼎帝位的时期。"四贵"之一的萧家娶孙媳妇，当然不可能还像当年一样找个小家碧玉。而阳夏袁氏正是江左五朝一等一的高门，是知萧子良之妻应当就出身其中的显贵家庭。换言之，裴氏和袁氏的社会出身是高低悬殊的，从那个等级社会的视线看来，曾经是下等人的婆婆面对出身高贵的儿媳妇，即使陪些小心也完全合乎情理。然而裴氏却毫不手软，对袁氏加以责罚，这确实体现出她的性子是颇有棱角，不那么顺从社会常识的。萧赜娶了这么一位太太，家庭关系恐怕不是太好过，大约颇有点我们熟悉的市井故事里婆媳不和、吵吵闹闹、贫贱夫妻百事哀的味道——想到这一点，我们也就更能理解萧赜后来为什么会那样感叹自己年轻时候的家贫了。

形成鲜明对比的，是萧嶷的太太庾氏。据说她为人勤谨，女红做得很好（这对穷人家帮补家计有重要的经济意义），饮食操持香净适口，对翁姑又十分孝顺。妯娌相形之下，更显得裴氏不讨人喜欢。萧道成一直对小儿子萧嶷更看重,甚至有换嫡之心,只怕未尝与此没有关系。

因此之故,据说萧赜和太太的感情也很不好。还在当赣令的时候,两人就曾经吵架吵到萧赜想把太太送回老家去①。裴氏在当了两年多太子妃后,于建元三年去世。在那以后,萧赜并未正式再娶,因此终永明之世,都是没有皇后的。当然,皇帝坐拥三宫六院,各种妃嫔姬妾,没有正式太太在个人生活上并不发生问题。但皇后的职能是"母仪天下",主持后宫,辅佐君王,其意义远大于作为皇帝的私人配偶。就皇朝时代的一般情形来说,皇后废立是严重的大事,甚至屡屡引起群臣百官的派系斗争。萧赜在太太死后何以不另立皇后,确切原因不得而知,但如果史书所说是实情的话,那么这似乎反映出他由于年轻时的家庭阴影,而产生出对"正式配偶"这一存在的嫌恶之情。

裴氏给萧赜生了两个儿子。萧赜十九岁时,大儿子萧长懋出生(458),过了两年,裴氏又生下小儿子萧子良(460)。萧赜被关进南康郡狱时,长懋和子良分别还只有八岁和六岁,就已经历了生离死别的惊吓。关于这两兄弟的事情,下面我们还要分别细说。

如前面已经提到过的,萧赜生儿育女的时间曲线,和父亲的情形惊人地相似。除了一母同胞的这两兄弟外,萧赜还有二十一个儿子,其中四人夭折;女儿的人数则不清楚。生下子良后,裴氏就未再生育(在那个缺少避孕手段的时代,这几乎也就和不再同房是一个意思)。八年以后,萧赜的另一位太太张氏接连生下了后来的庐陵王子卿(468—494)和鱼复侯子响(469—489),这时距平定子勋之乱才两年,可以推断他是在乱后稍得平息之时新纳张氏为姜。

又过几年,472—475年间,也就是萧赜担任宁朔将军、广兴相的时期,三位不同的女性分别为他生下子敬(母周氏)、子懋(母阮氏)、子隆(母王氏)、子真(母周氏)四个儿子。在征北府中未有新的子嗣出生,自然是因为戎马倥偬,无暇过家庭生活;而到这一时期开始广纳姬妾,则在一定程度上反映出他已经摆脱早年的困窘生活,步入优裕环境:身为宁朔将军的他,身边环绕着多位女性,儿女成群,俨然是一位社会上的成功人士了。

---

① 《南史》卷四四《齐武帝诸子·竟陵王子良传》:"武帝为赣县时,与裴后不谐,遣人船送后还都,已登路,子良时年小,在庭前不悦。帝谓曰:'汝何不读书?'子良曰:'娘今何处?何用读书。'帝异之,即召后还县。"

接下来的从子明以至子夏共十一个儿子，分别由十一位女性诞育于479—492年之间。这十三年间，也就是萧赜当上太子和皇帝的时期。已经得到天下的他，同时也得到了收获众多子嗣的收益。晚年的武帝耽好游宴，在天下承平中广播恩泽，自然也是皇帝的权利和义务。只是造化弄人的是，这些龙子龙孙几乎都没有什么好结果。在萧赜的堂弟萧鸾登上帝位后，他们绝大多数都惨死在了堂叔父的屠刀之下。

津津有味地追究一个男人的生育状况，似乎未免过于鸡零狗碎，是个缺乏史学价值的八卦话题。不过当我们面对的是一位帝王时，问题的性质就不太一样了。对于理解萧赜个人，我们固然可以从他生儿育女的曲线（基本同步的是娶妻纳妾的曲线）来窥测其生活状态的变化；而对于南齐朝廷而言，这就是皇家的基本构造。世袭性君主国家的传承舞台上，常常出演着以下几种剧本。剧本一：当老皇帝死去或衰老无力之时，国家的继承人座位由一个势力稳固的长子顺顺当当地获得。剧本二：在两个年岁、野心相当的兄弟之间发生竞争。剧本三：由多位均分势力的候选人兄弟展开残杀来决定。此外，还有可能演生出一种变态，而造成剧本四：在继承人们你死我活的争斗中，被其他窥视者黄雀在后，渔翁得利。剧本的选择，直接影响着历史剧情下一步的走向。而在永明时代，有几个因素决定了这个问题的最终答案：

1. 武帝的四批儿子，岁数分别都相隔若干年，尤其第一批的两个儿子，与下边的小弟弟们年纪相差悬殊。因此永明朝的历史，本是很可能按照剧本类型二来上演的。这也正是建元末年萧赜、萧嶷兄弟自己差点就上演过的剧本。

2. 当然，如果老皇帝在位时间太长，皇子们都已成长起来，那么就会演变为类型三那种拉帮结党的乱斗局面。但武帝在位十一年就去世了，这时候子敬及以下的小儿子们都还未满二十岁，难以有和两位长兄争衡的能力。而较年长的子卿、子响二人却又都出了状况——子卿因为逾越制度而招致武帝大怒，加以类似于禁锢的惩罚，终身不与相见；子响则因擅杀属官、兴兵犯上而被征讨诛杀（见下）。从这些表现也可以看到，三、四二子确实有着将来争夺皇位的可能性甚至野心，但都早早地被武帝扼杀在了萌芽期间。

3. 然则事情似乎顺理成章，应该发展为长子长懋和次子子良之间的竞争了。但在南朝的教养贵族社会中，子良被培育成了一位纯良好学，无心也无能与兄长争权的贤王；而原本应当稳稳当当继承皇位的长懋，却又命运不济,在武帝驾崩前不久已先自得病去世了。这造成的结果,便是皇朝正统继承者群在相当程度上的势力空白。

最终,子良和皇太孙——长懋年幼的儿子昭业——之间爆发冲突,被藏在一旁虎视眈眈的宗室萧鸾攫取了权力的果实。永明时期的皇位继承战,从而呈现出了变态的光色。

萧齐前期皇室生卒年表

萧道成诸子	萧赜诸子	宗室旁支
武帝赜 440—493		
豫章王嶷 444—492		
		萧鸾 452—498
临川王映 458—489	文惠太子长懋 458—493	萧缅 455—491
长沙王晃 460—490	竟陵王子良 460—494	
武陵王晔 467—494		
安城王暠 468—491	庐陵王子卿 468—494 鱼复侯子响 468—490	萧遥光 468—499
鄱阳王锵 469—494 桂阳王铄 469—494		
始兴王鉴 470—490		
	安陆王子敬 472—494 晋安王子懋 472—494	
	随郡王子隆 474—494	萧钧 473—494
江夏王锋 475—494	建安王子真 475—494	
南平王锐 476—494		
宜都王铿 477—494		
晋熙王銶 479—494	西阳王子明 479—495 南海王子罕 479—495 巴陵王子伦 479—494	

萧道成诸子	萧赜诸子	宗室旁支
河东王铉 480—498		
	邵陵王子贞 481—495	
		萧宝卷 483—501
	临贺王子岳 485—498 西阳王子文 485—498 衡阳王子峻 485—498 南康王子琳 485—498	
	湘东王子建 486—498	
	南郡王子夏 492—498	

权力枷锁：违制子弟的下场

令人不无惊讶的是，南齐皇室的前两代，有着高度的同构性。高帝、武帝的子嗣情形固然是一例；而武帝本人与父亲的紧张甚至敌对关系，也如同写好的剧本一般，几乎是精确地在他自己与子弟的身上重演了。

四弟长沙王萧晃，是诸弟中最为武勇的一人，一个狂热的军事爱好家，善于骑马使槊。他因而对武器和军中的仪仗也有一种痴迷。永明元年，他从南徐州刺史任上卸任回京，带了好几百人分量的兵器回来。而按照当时的制度，在京的诸王只允许左右带刀护卫四十人而已。这是大大违规了。不幸被有司发现，他于是半路上将这些兵器都抛弃在江水中——然而事情已经传到武帝耳朵里了。在萧晃自己，可能只是年轻人的一点个人爱好，类似于今天沉迷无度的游戏宅；然而在政治话语中，私藏超出禁令标准的武器，无疑是意图犯上作乱的一大标志。武帝因而大怒,几乎将他处死,只是由于萧嶷哭求才饶他一命,但自此以后对这个勇力超群、大有可能对自己造成威胁的弟弟便深怀戒心,再也不亲近了①。

照说萧赜自己就受到父亲的猜忌,不难体会这种处境下的可悲。然而一旦主客易位,他的思路与举措便与父亲毫无二致。权力真是一种令人生畏的强效麻痹剂,不管谁沾上了都逃脱不了,政治动物只能在这种麻痹效应下,一边战战兢兢地等待着被宰割的命运,一边又将其当作天经地义而接受延续下去。

萧赜的儿子们,也正处在这条权力枷锁的延长线上。三子子卿,永明元年封为荆州刺史,在任上营造服饰,多违制度——正与当太子时的萧赜罪状无二。武帝便给他下了一道诏敕道:

"我已经多次下诏,命诸王不得服饰僭越,并非一次两次而已,你难道不晓得么?竟敢制作玳瑁马鞍,有何居心?既然已经做好,也不必毁坏,只消速速送来给我便是。纯银马鞍还算合你身份,然而连马镫都用银造,又是何道理?用金箔贴裹箭尾,又作何解释?都应立刻销毁。今后若敢仍有自作主张,小心吃我棍棒!"②

这一份诏书实在趣味盎然,作者不禁要全文翻译抄录下来,请读者看看这一位威风凛凛,连儿子的马镫材料都要管到的皇帝家长那副连骂带吓、跃然纸上的神情。而最后到了永明十年,子卿毕竟因为在就任南豫州刺史的途中,将船队按照水军的阵势部署——按照史书的说法也不过是一时兴起的游戏,然而却正刺激到了武帝的神经(我们记得他这时候正在

---

① 《南齐书》卷三五《高帝十二王·长沙王晃传》:"诸王在京都,唯置捉刀左右四十人。晃爱武饰,罢徐州还,私载数百人仗还都,为禁司所觉,投之江水。世祖禁诸王畜私仗,闻之大怒,将纠以法。豫章王嶷于御前稽首流涕曰:'晃罪诚不足宥。陛下当忆先朝念白象。'白象,晃小字也。上亦垂泣。太祖大渐时,诫世祖曰:'宋氏若不骨肉相图,他族岂得乘其衰弊,汝深戒之。'故世祖终无异意。然晃亦不见亲宠。当时论者以世祖优于魏文,减于汉明。"

② 《南齐书·武十七王·庐陵王子卿传》:"子卿在镇,营造服饰,多违制度。上敕之曰:'吾前后有敕,非复一两过,道诸王不得作乘体格服饰,汝何意都不忆吾敕邪?忽作玳瑁乘具,何意?已成不须坏,可速送下。纯银乘具,乃复可尔,何以作镫亦是银?可即坏之。忽用金薄裹箭脚,何意?亦速坏去。凡诸章表,自今不启吾知复专辄作者,后有所闻,当复得痛杖。'又曰:'汝比在都,读学不就,年转成长。吾日冀汝美,勿得敕如风过耳,使吾失气。'"

玄武湖大举操练水军,准备对北魏开战),于是被收押回都,软禁在府中,终其一生都没有与父亲见面的机会了①。

更悲惨的命运落在四子子响的身上。萧家上下两代的第四个儿子也都惊人地相似(这个大概真是巧合了),萧子响同样勇力绝人,能开强弓,走烈马如履平地。然而由于很早就出继给了萧嶷,不能算是皇子,只能享受低其他兄弟一等的宗室待遇。命运的不公令他忿忿不已,入宫觐见时常常在车里发恨捶打车壁。武帝知道此事后,下诏把他的待遇提高到诸王等级,但也许自此就对他留下了桀骜不驯的印象②。

后来萧嶷自己总算生了儿子,于是子响得以还本,封为巴东郡王。永明七年,他也上任荆州刺史。然而这个武痴少年并不吸取四叔和三哥的教训,在任上组建了多达五六十人的一班贴身带刀卫队,混在府内杀牛饮酒取乐,还偷偷跟当地的蛮人做起了武器生意——前文我们已经提到,诸王卫队定额只有四十人,所以子响这已是明显逾制了;而与荆湘蛮人勾结也正是武帝杀张敬儿的一个重要理由。长江中游的蛮族始终是南朝的心腹大患,从这些记载来看,他们在铸造武器上颇有独得之秘,而长期任职中游的萧赜对此显然有着充分了解和高度敏感。坐拥荆州的皇子,仪仗僭越,又图谋得到精良的蛮人武器,居心何在? 他府中的僚属不免心生畏惧,秘密启奏武帝。子响得知此事后,怒不可遏,竟将长史以下联名上启的官员都私自逮捕起来,全部杀死在后堂。

这下酿成了滔天大祸,武帝派遣老部下胡谐之、茹法亮等率领台军(中央禁军)前来捉拿。最初双方还留有余地,武帝只是命子响快快束手就擒,而子响也派人前来慰劳台军。但胡谐之等担心子响有心作乱,二话不说将其使者逮捕起来。这下彻底激怒了子响,发兵与台军对垒,还一度将其击溃。于是武帝再派自己的族叔、丹阳尹萧顺之领兵前来,一举将其拿下③。

---

① 《南齐书·武十七王·庐陵王子卿传》:"子卿之镇,道中戏部伍为水军,上闻之,大怒,杀其典签。遣宜都王铿代之。子卿还第,至崩,不与相见。"

② 《南齐书·武十七王·鱼复侯子响传》:"子响勇力绝人,关弓四斛力,数在园池中帖骑驰走竹树下,身无亏伤。既出继,车服异诸王,每入朝,辄忿忿,拳打车壁。世祖知之,令车服与皇子同。"

③ 《南齐书·武十七王·鱼复侯子响传》:"子响少好武,在西豫时,自选带仗左右六十人,皆有胆干。至镇,数在内斋杀牛置酒,与之聚乐。令内人私作锦袍绛袄,欲饷蛮交易器仗。长史刘寅等连名密启,上敕精检……子响大怒,执寅等于后堂杀（转下页）

据说武帝长子长懋早就看这个武勇的弟弟不顺眼,担心将来有一天威胁到自己的太子之位,于是私底下授意萧顺之,不可留他活路。尽管子响上书乞求让自己回都辩白,自行了断,萧顺之仍然将其就地绞杀①。

我们分析这一桩事件,萧子响擅杀属下长史,当然是一条大罪,王奂就是因为同样的罪名而被诛杀的。但在当时的贵族舆论中,恐怕已经觉得以王奂的地位,不应因此就至于丢了性命;而作为皇子的萧子响身份更是高贵,杀个把人又算得了什么真正严重的大事?武帝最初是派遣另一位将领戴僧静去讨伐子响,却被戴僧静断然拒绝道:“天子儿过误杀人,有何大罪!”在他看来,子响事件只不过由于辅佐职的长史等人监管得太严厉,才激起年轻皇子的反击而已。兖州刺史垣荣祖也持此看法②。而萧子响本人听说台军前来讨伐的消息时,反应同样是:

(接上页) 之……上闻之怒,遣卫尉胡谐之、游击将军尹略、中书舍人茹法亮领斋仗数百人,检捕群小,敕:‘子响若束首自归,可全其性命。’……子响曰:‘我不作贼,长史等见负,今政当受杀人罪耳。’乃杀牛具酒馔,饷台军。而谐之等疑畏,执录其使。子响怒,遣所养数十人收集府州器仗,令二千人从灵溪西渡,克明旦与台军对阵南岸。子响自与百余人袍骑,将万钧弩三四张,宿江堤上,明日,凶党与台军战,子响于堤上放弩,亡命王充天等蒙楯陵城,台军大败,尹略死之,官军引退。上又遣丹阳尹萧顺之领兵继至,子响部下恐惧,各逃散。”又《金楼子·说蕃》:“萧子响在荆州造仗,长吏、司马皆以启闻。王知大怒,乃伪请入坐起。既至坐,厉声色而语曰:‘身父则是天子,政复造五千人仗,此复何嫌,而君遂以上启?’二人下床叩头,拔褥刀自下斩之……竟被诛。”按,“五千”当为“五十”之误,观《南齐书》本传“自选带仗左右六十人”之语可知。
①《资治通鉴》卷一三七《齐纪三》“永明八年”条:“太子长懋素忌子响,顺之之发建康也,太子密谕顺之,使早为之所,勿令得还。子响见顺之,欲自申明;顺之不许,于射堂缢杀之。”
②《南齐书》卷三十《戴僧静传》。又《南齐书》卷二八《垣荣祖传》:“巴东王子响事,方镇皆启称子响为逆,荣祖曰:‘此非所宜言。政应云刘寅等孤负恩奖,逼迫巴东,使至于此。’时诸启皆不得通,事平后,上乃省视,以荣祖为知言。”但《资治通鉴》卷一三九《齐纪五》又记戴僧静言谓:“永明中,巴东王子响杀刘寅等,世祖闻之,谓群臣曰:‘子响遂反!’戴僧静大言曰:‘诸王都自应反,岂唯巴东!’上问其故,对曰:‘天王无罪,而一时被囚,取一挺藕,一杯浆,皆咨签帅;签帅不在,则竟日忍渴。诸州唯闻有签帅,不闻有刺史。何得不反!’”将此事理解为南朝典签帅过度控制年幼诸王的事例来记述,则理恐不然。南朝有许多年仅几岁,甚至还在襁褓之中便封王、出任封疆大吏的皇子,在这种情形下,朝廷为他们设置的典签帅确实掌握了所有权力,等于是幼儿园的保姆一般。但子响到荆州时已经二十二岁,从他私设器仗及有能力擅杀一干僚属的表现看,实并未受到典签帅的有效钳制。

我不作贼！长史等见负，今政当受杀人罪耳。

他并不担心杀人之罪——而且在他心里，长史等被杀也是因为他们背叛了自己，自作自受——只要分辨清楚自己并非意在谋反（"作贼"）就放心了。这清楚地表明这一事件的核心不在于杀人，而在于谋叛。只要不威胁到皇帝的宝座，那就一切好商量。

这种基于权力贪婪而产生的恐怖扭曲，反复地造成了类似的家族冲突，最后甚至影响到了皇位继承的问题——南齐前中期皇室政治的历史重影，终于也落在了武帝与其继承人的身上。萧赜与父亲的关系是"太子年长"、"同创大业"，而当他自己在四十岁入主东宫时，长子长懋已经二十四岁，也足可以称得上是"年长"了。萧赜本人密切地参与到了南齐的建国事业中，而他也有意识地培养长子早日承担国政。一个新世代的萧赜正在逐渐长成。老而弥辣的皇帝，与年富力强的太子，相互间再度弥漫出依赖与猜忌并存的气氛。长懋发遣东宫中编制满员的大批将卒兴建自己的东田别墅，人力众多、规模宏大、壮丽夺目，震动整个京师，群众纷纷围观。然而以武帝之严，虽在都城各处遍布耳目，却竟没有一人敢向他报告这一事件。这岂不也正与荀伯玉当年感叹"太子所为，官终不知"的情景如出一辙！

老皇帝宝座犹在，但权柄却已在人们的观风望势中悄悄转移。如果人主始终不知也就罢了，一旦泄漏，这种被欺骗被架空、辛苦一生却最终两手空空的感觉，足以令政治动物爆发出渴血的疯狂。有一次武帝在前往探望弟弟萧嶷的路上经过东田，亲眼看见了别墅的巍峨过度，方才知道是太子做的好事，不禁（就像当年父亲对待自己一样）勃然大怒，下令将负责施工的监作主帅收押下狱。太子吓得偷偷将有关人等藏匿起来。这不必说更加深了父子间的紧张关系①。

直到永明十年，太子去世之后，余波仍然未息。武帝前往东宫巡视，发现这个继承人的服饰用具竟然都逾越了太子应有的制度，不问可知，自

①《南齐书》卷二一《文惠太子传》："以晋明帝为太子时立西池，乃启世祖引前例，求东田起小苑，上许之。永明中，二宫兵力全实，太子使宫中将吏更番役筑，宫城苑巷，制度之盛，观者倾京师。上性虽严，多布耳目，太子所为，无敢启者。后上幸豫章王宅，还过太子东田，见其弥亘华远，庄丽极目，于是大怒，收监作主帅；太子惧，皆藏匿之，由是见责。太子素多疾，体又过壮，常在宫内，简于遨游。玩弄羽仪，多所僭疑，虽咫尺宫禁，而上终不知。"

然是早已跃跃欲试要当皇帝了。对于已经去世的儿子,武帝竟然仍是按捺不住对此的防范过敏,他立刻下令将这些用具全部销毁,甚至对次子子良也大加训斥,因为以他与兄长关系之亲近,必定早就知道这些私密之举,却不来向自己告发,岂非摆明了是不忠不孝①?

在永明时代的最后一年里,武帝和自己最有才干人望的两个儿子之间,意外地矛盾激化起来,这或许也影响到了武帝最终选择继承人的意愿。在政治魔杖的摆布下,号称为"武"的这位创业之君却像扯线木偶一样,只能不由自主地依照着父亲走过的路一步步蹒跚向前,把所谓父子亲情都放在名为"权力"的粉碎机中撕成碎片。

然而,看似复制品般的这两代同构,却并没有引发同样的历史结果。长子没有他那样的幸运,缺少一副在社会风浪中锻打出来的强壮躯体,得以熬过和父亲的寿命竞赛;得到了机遇的次子也不像他那样,有一个对大哥保持尊重的好兄弟,得以有惊无险顺利接位,而是已经处在异己势力的重重包围当中,无力控制局面。在皇朝走向上坡和开始下坡的这两个阶段,虽然静态观察下所处的海拔高度似乎相同,但接下来的前进方向却完全互逆,南齐皇朝也就在这样的过程中经历了巅峰期的转折。

无法扭转的构造: 皇位继承人的贵族化姿态

转折的种子,其实早已埋下了。

前面我们已经分析过,萧氏发展到武帝这一代时,由于义康流放事件而导致的文雅化进程中断。但是,在那样一个时代,基本的主流价值观已经注定了家族运作的大方向,武帝这种人格只能是偶然因素凑合下出现的异数。只要进程恢复正轨,深层社会构造就将牵引着人们走向期待的方向,恍如暂时被掰弯的弹簧重新弹回原形一般。

随着萧道成父子从低等将门一路攀升到皇位巅峰,萧家也就无可避免地越来越深入到都城士族社会的中心。对于年已四十,人格早已定型的武帝来说,其生命形态并不会因此受到什么明显的影响,那些跟他格格

---

① 《南齐书·武十七王·竟陵王子良传》:"文惠太子薨,世祖检行东宫,见太子服御羽仪,多过制度,上大怒。以子良与太子善,不启闻,颇加嫌责。"

不入的都城贵族做派无非是他想要压制的异己，以及在达成目标之前不得不妥协合作的对象而已。但对于还处在成长期的下一代来说，事情就不一样了。他们耳濡目染的，都是都城文化的奢靡富丽；他们接受的教育、满脑子的思想，都是士族们常挂在嘴边那套精深奥妙的儒玄文史、周孔佛老之学；他们看看王谢子弟的文采风流、七叶重光、家家有谱、人人有集，再看看自己家那身暴发户龙袍底下掩不住的寒酸土气，怎么能够不心醉目迷，投入到自己家族长期以来渴求而不得的那个世界里去？

长懋与子良，就是这一流向的典型代表。伴随着萧家地位的急速上升，他们身上不但延续了祖父的文雅化倾向，还复合了贵族化的属性。等到他们完全长成的时候（尤其是子良），已经是无可挑剔的文化贵族了。

在长懋和子良年仅六七岁的时候，就曾有过父亲身陷牢狱，随母逃亡山中的颠沛流离经历。那时他们不过是小小山城县令的儿子而已。但随着父祖的权势日增，到长懋二十岁的时候，就已经起家出仕（即使在贵族当中这也算是早的），而且除授的起家官乃是秘书郎，这可是最高等的贵族子弟才能得到的出身官职，一共才四个名额，门第稍低一点儿的打破头都抢不到。随后他陆续担任了秘书丞、中书郎、黄门侍郎几个官职，这些都是年轻贵族们梦想得到的最清贵职位。当日偏僻小县城里的小少爷，刚到弱冠之年，便已完完全全走上了一条中央高等贵族的人生道路。

在长懋起家的时候，他正跟随父亲在溢城对抗沈攸之，受父亲之命亲自慰劳将帅，处理军中事务，积累了相当丰富的军旅体验。祖父萧道成也是把他当作打下天下后的继承人来培养的。所以长懋在贵族化的方面虽然转变得很彻底（那是靠着父祖挣来的家底），但文雅化的程度却并不是很高，而是呈现出允文允武的中间状态——这应当正是父祖最期待的理想模式。城府深沉、心狠手辣、铲除威胁毫不容情，这些本事他一样不缺。从他对待四弟子响的手段就已经可见一斑。而甚至早在建元元年，他就已经显现出权谋机变的潜质。当时镇守汉中的梁州刺史范柏年，本是镇抚四川地区少数民族很有功绩的名将，但在沈攸之之役中却误判了形势，狐疑观望，引起萧家的提防之心。战争结束后，萧道成便派人接替他的职位，想要把他调离老巢。原本就有军阀色彩的范柏年自然不肯轻易从命，甚至有起兵闹独立的打算。这时在雍州刺史任上的长懋遂派使者前去诱说范柏年，许诺他卸任后担任自己的征虏将军府长史。这从职位来看似乎是降级，但嫡皇孙将来是要当皇帝的，他府中的二把手可比梁州刺史这种混迹边远蛮夷之地的土军阀有前途多了。范柏年果然上钩前来雍州，随即被长懋逮捕诛杀①。——玩弄这种心术诡计，从人品上说殊不光明正大，但却无疑表现出他是个很适合成为政治领袖的人。

永明时代，长懋作为太子，大力招揽人才，东宫当时号称得人，"文武士多所招集"②，其幕下文士有大文豪沈约、周颙（发现汉语声律的先驱）、虞炎（鲍照集的编者）等；武将则如垣历生、蔡道贵、康绚等，颇出了几个后来曾击败过北魏的名将。长懋本人多次亲临国学，与校长王俭问礼③，又自制《九言》，王俭亲自为他作序④，这表明他完全得到了士族高门的接纳。史书记载其风度仪容都非常得体，音乐、射箭、饮酒无不擅长，在上流社交圈中如鱼得水⑤。在武帝沉溺声色的晚年，永明后半的政务很大程度上已经是由他来主持的⑥。像这样一个允文允武，基层经验、战场阅历和贵族礼仪修养样样兼备，政务处理上也已经训练得得心应手的人物，实在已经具备了中古时代所能培养出的、最理想的君主素质了。

他原本应当成为最适合接过永明之火的人物。

当时朝野上下，也正都是这样期待的。然而最偶然不可测的因素却打断了这一历史进程。永明十一年春天，年仅三十六岁的他忽染急病，当年正月底就去世了。这可以说是造成永明盛世戛然而止的最关键原因所

① 《南齐书·文惠太子传》："先是，梁州刺史范柏年诱降晋寿亡命李乌奴，讨平氐贼杨城、苏道炽等，颇著威名。沈攸之事起，柏年遣将阴广宗领军出魏兴声援京师，而候望形势。事平，朝廷遣王玄邈代之。乌奴劝柏年据汉中不受命，柏年计未决，玄邈已至，柏年迟回魏兴不肯下。太子虑其为变，乃遣说柏年，许启为府长史，柏年乃进襄阳，因执诛之。柏年，梓潼人，徙居华阳，世为土豪，知名州里。宋泰始中，氐寇断晋寿道，柏年以仓部郎假节领数百人慰劳通路，自益州道报命。除晋寿太守。讨平氐贼，遂为梁州。柏年强立，善言事，以应对为宋明帝所知。既被诛，巴西太守柳弘称启太祖，救答曰：'柏年幸可不尔，为之恨恨！'"
② 《南史》卷四四《齐武帝诸子·文惠太子长懋传》。
③ 《南齐书·文惠太子传》："永明三年，于崇正殿讲《孝经》，少傅王俭以擿句令太子仆周颙撰为义疏。五年冬，太子临国学，亲临策试诸生，于坐问少傅王俭（云云）。"
④ 《文选》卷六十任昉《齐竟陵文宣王行状》："文皇帝养德东朝，同符作者，爰造《九言》，实该百行……命公注解，卫将军王俭缀而序之。"
⑤ 《南史·齐武帝诸子·文惠太子长懋传》："及正位东储，善立名尚，解声律，工射，饮酒至数斗，而未尝举杯。从容有风仪，音韵和辩，引接朝士，人人自以为得意。"
⑥ 《南齐书·文惠太子传》："上晚年好游宴，尚书曹事亦分送太子省视……太子年始过立，久在储宫，得参政事；内外百司咸谓旦暮继体。"

在。——精英人物当然无法独力扭转社会构造，也不可能无所依凭地推动历史进程，但他就好比精巧机关装置中汇聚组合各部位的那颗核心元件，在条件凑合的情形下，有了这个元件，一切就能运作自如；而失去核心元件的装置却瞬间就会崩溃解体。不幸的是，在那个医疗水平低下的时代，即使核心元件的安全状况也是同样缺乏保障的，这大大增加了历史进程中偶然性因素的比重。

由于长懋的死，各种力量都开始蠢蠢欲动起来，企图填上忽然空出来的核心位置。而当中最有可能得到这个位置的，正是次弟竟陵王子良。

和叔父萧嶷当年的境况完全类似，子良是仅次于太子之下唯一年龄接近的兄弟，也是最得人望的贤王。甚至连两兄弟（也只有两兄弟）为一母所生这一点都与父辈相同。而与叔父、兄长相比，他在文雅化的方向上是走得更远了。

在讨论永明时代文化的著作中，萧子良这个名字必定居于一个核心的位置。他是那个时代最重要的文学团体的组织者与庇护人。在他的幕下，集中了当时最优秀的文人诗家，号称"天下才学皆游集焉"。"竟陵八友"这个名号就是以他的封爵来命名的。从他幕中成长起来的这些人物，将要在下一个朝代登顶唐宋来临以前的文化最高峰。而他也高度地尊重这些才士，善于运用发挥他们的才华。在他位于鸡笼山（今南京北极阁）下的别墅中，文豪学者汇聚一堂，联句酬答，切磋技艺，提出最新潮的文学理论。在他的指示下，学士们汇集抄录五经诸子等古代典籍，编成大型的百科全书。他又立下规定，夏天暑热的时候，为宾客们提供各种水果与甜瓜汁，让他们在任何情形下都能安心地钻研学问、从事工作。他们撰写的文章，他第一时间就下令珍而重之地抄录编纂起来，避免散失。作为一个高高在上的庇护人，他确实已经是关怀到无微不至了。永明时代会成为文学史上一个特殊的光点，在这个意义上也并不是偶然的。

他也是那个时代最有力的佛教护法人，与兄长一起组织整个朝廷上下共同参与的大型法事，创作宫廷佛教文学和音乐。与父亲对佛教采取的那种管理者模式不同，子良是从理性与情感两方面都彻底皈依的信徒。他在自己的府邸中开展名为八关斋的佛事，甚至以宰相的身份，纡尊降贵，亲自给僧人奉献饮食。无论从哪个角度看，他都与后来的梁武帝萧衍——他的族叔，同时也是他幕下八友之一——更为相似，共同代表着士族宗教信仰中文化性更深厚、精神世界更纯粹的类型。著名的范缜神灭论争，就发生在他的府邸当中。尽管从今天的唯物论角度看,范缜是一个孤独不屈的英雄;然而在那时的舆论中,他只是个无法理解佛法之妙的疯子。而作为府主的子良,并没有利用权力给这个疯子穿小鞋,让他贬官甚至坐牢,从肉体上消灭改造他的灵魂;他只是组织了府中的大批学者和高僧,写了一篇又一篇的论文去和他辩论讲道理,因为他真心真意地相信,佛法是正确的真理,是可以通过讲道理来说服对方的。——这真是读书人才会干出来的事情。

在士族文化和宗教精神两方面,他都树立起了一个新的高峰,史书对他的评价是"道俗之盛,江左未有"。如果说兄长只是得到了士族社会的接纳,弟弟却已经完全成为士族中的一位标杆人物了①。

这样的两兄弟,尤其是弟弟,和父亲的差别实在太大了。如果按照正常的制度化方式,由两兄弟中的任意一个人顺利接班,萧齐皇朝都会呈现为一种典型的士族政治完成态,如同金蝉蜕去最后的一层坚壳,飞上天空。父辈对贵族阶层的压制和谋求利用,将会在下一个世代转变为皇权对贵族文化的认同与融入。他们将得到已经绵延二百年,虽然日渐失去生命力,却依然无孔不入的贵族社会的支持合作,共同将统治延续下去。——就像当时的许多家族一样,处在相同环境中的皇室也不过就是作为士族中的一分子,想要按照着士族社会的要求和一般规则,走出他们的生存轨迹罢了。这是一条虽然缺乏新意和前途,但却已经行之久远,让当时人感到天经地义、顺从即幸福的道路。

然而蜕壳的蝉最终卡在了半途,它只能绝望地看着暴风雨扑面而来。

武帝的影子: 堂弟萧鸾

两个走上了"正轨"的儿子,算得上是有出息了,却与父亲南辕北辙,渐行渐远。幸运——也许更应该说不幸——的是,在家族当中,还有一个人,与萧赜经历了相似的人生道路,也分享了相似的人格取向。而这个人,也在事实上成为他的后继人;尽管,同时也是他的家族的灭绝者。

这个人,就是他的堂弟萧鸾,后来的齐明帝。

从前面的高武子嗣列表中我们已经看到,萧鸾的年纪夹在萧赜、长懋

---

① 以上引文及叙述,具见《南齐书·武十七王·竟陵王子良传》。

父子之间,他比武帝小十二岁,又比长懋年长六岁。他是萧道成哥哥道生之子,但从小父亲就去世了,事实上是与萧赜兄弟一同,在萧道成家里长大的,据说萧道成对他"恩过诸子",两家本是感情非常好的。

在萧家权倾天下以后,萧鸾也随之鸡犬升天。在永明元年,他已经任至侍中、骁骑将军,以亲贵内职而贴以骁骑武位,是相当隆重的地位了,更不必说他本来就具有的宗室、西昌侯身份。然而他却毫不沾染都城的富贵文雅习气,依旧维持着艰苦朴素、埋头苦干的寒门家风。史书中记载了一个特别富于意味的故事。按照当时的礼仪制度,王子侯乘坐的是缠帷车,而萧鸾却仍然乘坐较为朴素的下帷车,仪仗规模跟普通士族臣子差不多,并不前呼后拥,令人望之退避三舍。有一次,因为公事繁忙,场面混乱,竟被街边小贩挑着的炉子误烧了驾牛的鼻子。萧嶷将这桩趣闻禀报兄长,武帝闻言不禁哈哈笑了起来①。

在读过本书前半部分以后,读者想必已经不难明白武帝这一笑中的意味,那实在是充满了赞许的笑容。这桩趣事一方面见出萧鸾出行清简不扰民,保持艰苦朴素作风;另一方面又巧妙地反映出他是如何地热心公事,毫不汲汲于自身的体面权势:这实在是太对堂兄皇帝的胃口了。

在永明年间,萧鸾博得了堂兄皇帝的欢心。王俭死后,武帝曾一度想要把萧鸾提拔为吏部尚书,掌握人事大权,只是被不愿大权旁落的王晏劝阻才未实行。而王晏劝阻的理由也很有意思,他是这么说的:

"萧鸾的才能是足够有余了。可是吏部尚书这个位子,必须要对士族门阀的谱系十分了解,而萧鸾却对此一窍不通,恐怕无法胜任啊。"②

吏部尚书是负责高级官员考核铨选的职位,为什么非得要熟悉士族家谱不可?这一点对一个现代人来说恐怕不好明白。不过,我们的读者也不需要多么深厚的历史素养,只要看过近年热播的史诗剧集《权力的游戏》,就足够透彻地读懂这句话的含义了。在剧作中有这么一个场景,临冬城的小少爷布兰在师傅的严格指导下,背诵各贵族家系一连串的冗长名号、家徽、格言,稍有错误便要受到责罚。这在原理上与六朝时代正是高度相通的。

①《南齐书》卷六《明帝纪》:"王子侯旧乘缠帷车,高宗独乘下帷,仪从如素士。公事混挠,贩食人担火误烧牛鼻,豫章王白世祖,世祖笑焉。"
②《南齐书·王晏传》:"上欲以高宗代晏领选,手敕问之。晏启曰:'鸾清干有余,然不谙百氏,恐不可居此职。'上乃止。"

在平民社会中,这类知识毫无意义,只不过是些华而不实的形式主义废物,然而这正是进入所谓贵族社会的一道防守严密的关卡。尽管东西各文明在细节上有诸多不同,但在贵族时代,历史悠久的家族盘根错节,构成社会主干,刻录着其身份的特定名号随之成为社会认知的基本标志,这一规则却是根本上一致的。在中国中古时代,这种学问便称为"谱牒之学"。在这个时代,不能熟知家族门阀的谱系源流,就意味着无法准确把握社会中每一个人的位置,无法恰如其分地对待、安置他们。当然,也就意味着缺少作为组织部长主管人事选任的基本能力。从这一个小小的细节里,我们再一次看到武帝希望打破既有门阀秩序的心愿,也看到了萧鸾与武帝相同的面孔——那上面挂满了对贵族文化既无知、又不屑的冷笑。

没有当上吏部尚书的萧鸾,并不妨碍在其他位置上受到重用。永明七年,他当上了尚书右仆射,三年后升任左仆射。这已经是副相的地位了。他同时兼任着卫尉,这是负责宫门屯兵的紧要职位;永明十一年又担任右卫将军,掌握了宫中宿卫营兵。这意味着他不仅把握着政府中枢中负责具体行政的部门,而且对宫廷安保的影响力举足轻重。下文我们还会看到,这一点是很重要的。

现在我们已经可以看到南齐前后二帝——武帝与明帝之间的高度相似性:鄙视贵族社会的文华,重视行政实务能力,提倡清廉俭朴。这可以部分地用代际关系来解释,但又不能完全用代际关系来解释。年纪夹在萧家先后两代之间,就差了那么几年,童年的萧鸾就没能赶上锦衣玉食的好日子,而是像萧赜一样度过了一贫如洗的生活——长懋至少懂事的时候已经是县太爷的公子了,而萧鸾小时候冬天却连件绵衣都穿不上。与堂长兄相似的这种幼年环境显然是滋生他日后务实性情的土壤。父亲早亡、不得不寄人篱下,则或许让他发展出了审时度势的城府。不过,比他年纪还大八岁的萧嶷,却没有表现出他那么明显的"底层人士"色彩,而是颇有点文质彬彬的味道,这种反差恐怕与每个人成长过程中更具体的经历以及个人性格都有关系,而那已经属于历史学者无从究诘的时空了。

不管怎么说,早在刚踏上仕途的安吉令任上,萧鸾就已经有"严能"之名。这似乎是这一支系的门风,包括他的兄弟萧缅、侄子萧遥光等都以实干著称,史书里称为"一门皆尚吏事"①。而重视吏事,也就是具体行政上

---

① 《南齐书》卷四五《宗室传》。

的实务能力,在前文我们观察武帝及其宠信的佞臣时都已看到,那同时也正是武帝贯穿了一生的基本人格取向,也是他与贵族社会,甚至和自己的儿子距离最远的方面。在这一点上,萧鸾几乎就是武帝的影子,也是他真正的继承者。无论从精神上,还是从事实上,都是如此。

一边是血缘上最亲近,法理上应当继承皇位,但却已心生嫌隙的长子(和次子);另一边是出自旁支,却处处投合自己口味的堂弟。在武帝的身边,近距离围绕着这样的矛盾张力。当他还有力量支配整个时代,支配整个家族的时候,张力只能潜藏在水面下时露一角——但却多少已经预兆着暴风雨的来临。据说文惠太子在生之时,就对这个堂叔父有着一种天然的厌恶。他曾对亲密的弟弟子良谈到这一观感:

> 我意色中殊不悦此人,当由其福德薄所致!

面对着这份莫名其妙的"看着就不顺眼",佛教徒长懋只能从前世宿业的角度寻求解释。他也许没有意识到,自己这个家族,已经在文化属性上分裂为两个不同甚至尖锐对立的阵营了。

文惠的这份厌恨,由于宅心仁厚的子良顾念亲情,苦苦相劝,才最终没有落实为现实行动。否则以他对亲弟子响的手段之毒辣,萧鸾恐怕没有命等到振翅高飞的一天。对于堂侄投来的仇视眼光,萧鸾是否有所意识? 史书中没有明确记载,只是颇为微妙地写道:

> 后明帝立,果大相诛害。①

萧鸾日后对武帝子孙的残杀,含有报复性的意味。至少,《南齐书》的作者萧子显,作为长懋的堂弟,心中是认可这些感情和行动之间有着因果关系的。然则如果说萧鸾早在文惠生前,就已对接下来的争斗有所筹谋准备——无论是基于权力斗争上、文化属性上还是私人感情上的考虑——或许也不算是太过离谱的推测吧。

在压制性的力量随着家长的衰弱而消失之后,矛盾的爆发已经不可避免。卡壳的金蝉身边,螳螂悄悄地举起了大刀。

---

① 《南齐书·文惠太子传》。

第七章　永明归于长夜：
武帝病榻旁的骨肉相残

第一节　危机笼罩的永明十一年

暗夜降临

永明之君萧赜，毕竟也只是个会老、会死的凡人。再光芒璀璨的永明灯火，有一天也终将迎来长夜。

自古以来，秦皇汉武，无论怎样的英雄豪杰，终究逃不过这一宿命。而且，越是曾经翻云覆雨，搅得周天寒彻的人物，他凿刻在这个世间的痕迹就越深，仿佛将盘根错节的大树连根拔起，周边的环境不免全遭改变，哪怕这棵大树其实早已垂垂老矣、徒留形骸。对卡里斯玛型人格的生命体而言，他的"死"本身就意味着一个临界点，一种既定状态的彻底打破与重组，意味着一种新生的可能——也许是善的、也许是恶的将来，成为现实。

永明十一年七月三十日，这一天终于来临了。

在南朝，有许多皇帝是幼小无知或昏庸无能的，而且在位时间也很短。这种皇帝是活是死，都掀不起太大的风浪。但对于那些长年在位，或从一开始就有强烈存在感的英主，他们的健康状况就特别令人们关心了。前面我们说过，宋文帝的身体是很虚弱的，他的弟弟以及弟弟的亲信们便一直在探测着皇帝什么时候会撒手人寰。而齐武帝身边的环境也差不多。据说他刚登位不久便得过一场大病，于是一个心怀怨望的臣子江谧便偷偷向老上司萧嶷探口风说，至尊已是不起之疾，而东宫太子又不成器，您有何打算呢？——可惜这位臣子的运气不好，刚刚登基的皇帝还没到真的"不起"的时候,于是他也就落得身死家灭的下场①。这种情节就仿佛是正戏之前的排练预演一般。戏剧总有一朝是要正式上演的,而最终参加了公演那一场的演员们,就见证而且制作了历史的最后成品。

内忧外患的一年

永明十一年,从后世的眼光看起来,真不是一个光明的年头。这一年从年初正月就传来噩耗,文惠太子急病去世,皇朝失去了众望所归的继承人,平稳推进的政局瞬间充满了未知数。三月,悲怒交加的武帝痛下杀手,诛伐雍州刺史王奂,前文已经谈到,这在当时的士族社会中也必定造成相当的震动不安。进入夏天以来,四、五月份淫雨连绵不止,朝廷在五、六、七三月连发三道赈灾诏书。而且,和过去十年间那种小范围局部性的水灾不同。这一次真是应了那句俗语,屋漏兼逢连夜雨,整个长江三角洲和江淮之间地域都被水患波及,朝廷不得不对包括南兖、兖、豫、司、徐五州及南豫州四郡的广大地域都下令赈灾,免除民众负债及逃役之罪;对沿淮河南岸及青冀二州的新附侨民,则延长免役期五年。

在经历这样一连串的坏消息之后,武帝终于病倒了。他这年五十四岁,虽非高寿,在当时也已经完全算是一个老人了。七月中旬,他从栋宇壮丽的寿昌殿移至较易起居的延昌殿养病②,谁知乘舆刚刚登上殿阶,便听到屋中发出古怪的鸣号声——这实在是太不吉利了。

就在这个时刻,遥远的北方传来了令人色变的情报:鲜卑异族的皇帝

①《南齐书》卷三一《江谧传》:"太祖崩,谧称疾不入,众颇疑其怨不豫顾命也。世祖即位,谧又不迁官,以此怨望。时世祖不豫,谧诣豫章王嶷请间曰:'至尊非起疾,东宫又非才,公今欲作何计?'世祖知之……诏赐死。"

② 寿昌画殿南阁是武帝常居,已见前文。延昌殿则是其中斋,然亦建筑光丽。《南史·恩倖·茹法亮传》:"广开宅宇,杉斋光丽,与延昌殿相埒。延昌殿,武帝中斋也。""中斋"的确切含义待考,但从各种史料推测,大约是庭院中更为私密的小型卧室。而寿昌殿既言"南阁",可知当为高楼;又《南齐书》卷四《郁林王纪》载"帝在寿昌殿,闻外有变,使闭内殿诸房阁,令阉人登兴光楼望"云云,亦可证。武帝日常居此,不难想见当有登高远眺之乐;而病重之躯,难以登楼,恐怕就是他需要移居延昌殿的理由。此外,《南齐书·恩倖传》:"延昌殿为世祖阴室,藏诸御服。"是知武帝死后,此处即成为收藏其生前服饰用品,以供祭祀的阴室。

正率领着大军,浩浩荡荡往南杀来。

外敌: 来自北方的战争威胁

不难想见,对于已经习惯于南北和平超过十年之久的南朝民众而言,这样的消息不啻天崩地裂。"又要开战了!"阴影开始盘旋在人们的心头。

当然,用事后诸葛亮的视角来说,这一次北魏"南征"其实完全是个幌子,与南齐毫无关系,大可以不必紧张。魏孝文帝之所以宣称伐齐,只是因为爱好中原文明的他,已经不堪忍受旧都平城(山西大同)的荒凉苦寒,决心要迁都到昔日光环笼罩的世界文明中心洛阳,又担心遭到群臣的阻挠抗议,于是找了个借口先把队伍拉出来而已。军队前进到洛阳,群臣果然哭泣死谏,不愿征伐,于是孝文帝顺水推舟,提条件说若不南伐,便应迁都于此,生米煮成熟饭的群臣也只好乖乖接受。这是南北朝史上的一件大事,已经脍炙人口,无待细说的了。

然而对于南方的皇帝而言,这一切全都无从知晓。他唯一接到的消息,便是在自己重病之际,敌国大举入侵。此时此刻,武帝心中的焦虑不言而喻。七月十日(戊午)北魏宣布中外戒严,进入战争状态,发布檄文讨伐南齐。十天之内,消息已经飞速传递到了武帝手中。二十日(戊辰),武帝火急命江州刺史陈显达改镇雍州樊城,以备北魏从上游入侵。在下游方面,则下诏征发长江沿线的扬州、徐州民丁,招募将士从军保卫首都,抵御外敌。由于担忧人心惶惶,酿成骚乱,他还勉力召唤乐府伎乐入宫演奏,营造出一派太平天子仍然安康无恙、享乐如常的空气。——虽然这时武帝自己,也只剩下仅仅十天的生命而已了。

内政: 爪牙柱石之臣都尽

然而纸终究是包不住火的。朝野上下这时已是道路籍籍,议论纷纷。对于都城乃至全国臣民而言,心情只怕比武帝本人还要沉重,因为从永明七年起,朝廷中最有人望的那些人物已经一个接一个逝去:

永明七年正月,与文惠太子形象、年纪都相差无几,文武兼资、风度翩翩,深得朝野欢心的齐高帝第三子临川王萧映,去世。

同七年五月,贵族社会的主心骨,稳稳把持政坛舵向近十年之久的名相王俭,病逝。

永明八年,齐高帝四子长沙王萧晃,去世。萧晃虽不得武帝及贵族们的欢心,但在武帝兄弟中最为武勇,曾被父亲称许为"我家任城"①,比之为曹操战功赫赫的次子任城王曹彰。国家一旦有事,原本未尝不可当将帅之任的。

永明九年,宗室中的另一位贤王,安陆王萧缅,去世。萧缅历任吴郡太守、雍州刺史,在任都有很好的名声,死后当地百姓为他立祠祭祀。三十七岁的他,已是上游最重要的方镇之一,武帝原本是很期待他担当大任的。

永明十年四月,豫章王萧嶷,病逝。这个曾与父兄一同经历过宋末风雨,一度最接近帝位的人物,也从此离开了我们的视野。于是武帝剩下的诸弟当中,最年长的一人便是年仅二十六岁的五弟萧晔了。

这一连串的重要人物相继离去,本已给永明后期的政坛笼罩上了一层不祥的阴影。萧家皇朝的支柱已经日显单薄。到永明十一年年初,连长久以来万众期待的继承人文惠太子都急病骤逝。这一击,简直就是将哀伤的旋律奏到了最强音。用当时人的话说,这时的南齐朝廷"微弱已数年矣,爪牙柱石之臣都尽"②!而皇帝如今又是这般模样,倘若真的一旦随诸弟长子而去,还有谁能力挽狂澜,在强敌压境之际拯救这座摇摇欲坠的帝国大厦?

剩下唯一的希望,似乎都集中在那位声誉卓著的贤王,萧子良的身上了。

第二节 皇位旁涌动的暗潮：
子良与太孙

竟陵王子良

前文已经叙过,子良不但在萧齐皇室中,而且在整个永明士族社会

---

① 《南齐书·高帝十二王·长沙王晃传》。
② 《南史·齐武帝诸子·竟陵王子良传》录袁彖语。

中,他也要算是文雅化、贵族化程度最高的一个代表人物。从永明二年开始,他便从外地方镇入朝兼任司徒,开府置佐,永明五年转正。永明时代的太尉是萧嶷,司空则自从永明三年褚渊死后长期空缺。子良以二十五岁的年轻姿态,作为皇室成员代表而成为高居官僚金字塔顶点的三公之一,与宰相王俭分庭抗礼。永明十年,子良领尚书令,正式成为宰相,总领政务。这时的他,已经是皇朝毫无争议的第三号人物了。

不但年纪最长,事实上他在永明诸王当中,也最具有特殊的身份待遇。武帝对儿子的管束是很严厉的,不但按照南朝惯例设置了典签、长史等辅佐职管教年幼的皇子,而且禁止他们"读异书",不得接触正统主流学问之外的其他知识(其中包括了许多当时流行的政治图谶之类),以保证其思想纯正。以至于有些皇子想要读书,还须掩人耳目,偷偷派人去买①。然而子良不但不受这一管束,而且刚好相反,是公开地以文化界盟主形象示人。如果说王俭是作为贵族代表延续着风流文教,那么子良几乎可以说是作为皇家的代表者来主持了文坛与宗教界。前文已经提到,他在当时所组织从事的文化活动,无不煊赫盛大,惊动世间。他在府邸中营造佛事,朝廷百官都被召集起来一同参与。他召集学士抄撰五经百家,也是中国文化史上规模前所未有的大型文化整理活动。这些活动在当时,一定给世人留下了深刻的印象,塑造起他非同凡响的伟岸形象。结合其他诸王的处境,更可以清楚地看到,身居相王之地的他,与作为太子的兄长有着相同的光谱,而与诸弟及其他宗室之间,则拉开了明显的距离。

现在兄长去世,父亲也病倒了。担当国家和家族双重支柱的重任,责无旁贷地落在了子良肩上。他一方面针对北魏入侵的形势,下令招募军队,作频繁的职务调遣,他关系亲密的那些老朋友、老部下们,包括王融、范云、萧衍、刘绘等都被任命为负责作战的军主;另一方面,他则日夜都在寝殿内侍奉父亲医药。按照佛经中的教诲,子良命御府以铜铸造传说中的祥瑞之花优昙钵花,插在御床四角,又请高僧大德在延昌殿门诵经祈福。武帝据说为此感梦,在梦中果真见到了优昙钵花。

在这个时刻,他正如字面所言,是距离皇位最近的人。特别值得注意的是,他并不是孤身一人侍奉父亲,而是"甲仗入延昌殿侍医药"。身为政府首脑,他本人的司徒府、扬州刺史府、竟陵王府中都有常备的卫队武装。

① 《南史》卷四三《齐高帝诸子·江夏王锋传》。

这时他正率领着全副武装的军队，将父亲团团包围守护。

说得不好听一点，如果子良是一个有野心的阴谋家，武帝连什么时候、怎么死的都没人知道。

他的侄儿，也就是长懋的儿子昭业，此时封为皇太孙。虽然从名位上来说是第一顺位继承者，但也只能隔日一次入宫探病而已①。在这种情形下，武帝什么时候咽下最后一口气，国家哪一刻进入新领袖上台的倒计时，最先知道的人，也就只有子良了。而在瞬息万变、波诡云谲的政治漩涡中，最早得到情报，通常也就意味着有机会最快采取措施，夺得先机，把生米煮成熟饭。

但是，正如前文也已经提到的，子良实在文雅化、贵族化得太彻底了。他在儒学、佛学两方面的修养，都决定了他完全沉浸在一种贤德纯善的人格和思考方式当中。如前文已经提到的，史书中记录了他对父亲的施政与私生活提出过的许多建议，包括控诉台使刻剥百姓、指责地方官与民争利、反对折租取钱加重社会负担、劝谏皇帝不要沉溺射猎等等，没有一项不完美地吻合着儒家的民本主义和佛家慈悲为怀的精神。他简直就是传统政治道德中能够想象得到的一个完人。像这样纯白色的人物，根本缺乏权谋杀伐的能力，完全不适合在中国的政治斗争中求成功。不，毋宁说，他连参与政治斗争的动力可能都很缺乏。帮助父亲离世之类的念头，就算在这位儒家佛教徒的心中浮现哪怕一瞬间，只怕都会觉得是罪过。

尽管近在咫尺的皇帝宝座是如此诱人，但他仍然需要有人从背后来推上一把。

这个人，就是他最亲密的朋友，也是他最信任的下属。

谋主王融

以"竟陵八友"为其代表，辐辏在子良府中的那些文人学士集中了全国最优秀的精英。这个群体中有后来建立梁朝的开国皇帝萧衍，有号称一代名相的范云，有《宋书》的作者沈约，有发现了汉语四声的语言学家周

---

① 《南史·齐武帝诸子·竟陵王子良传》："武帝不豫，诏子良甲仗入延昌殿侍医药。子良启进沙门于殿户前诵经，武帝为感梦见优昙钵花。子良案佛经宣旨，使御府以铜为花，插御床四角。日夜在殿内，太孙间日入参。"

颙,有《世说新语注》的作者刘孝标,有独唱神灭论的思想斗士范缜,有后来成了大诗人的谢朓——那可是李白的偶像。这个朋友圈实在很了不得。然而在这熠熠群星当中,那个时候最耀眼夺目的一颗星星,却并不是他们中的任何一位,而是一个名叫王融的人物①。

王融这个名字,在今天已经很少人知道,但在永明时代,他却是一位超级巨星偶像。不但南齐文化界,连北魏皇帝和士人都倾慕他的大名。在文学上,他与沈约、谢朓一同,成为永明体运动的首倡者,此后绵延一千五百年的近体格律诗,便以这一运动为肇端。在武功上,他是武帝晚年图谋北伐最热心的支持者,屡次上书主张整顿武备,恢复中原。宰相萧子良与他"特相友好,情分殊常"②。个人的魅力乘以相王的加持,到永明末年,他的炙手可热已经到了朝野文武无不辐辏于其门下的程度,几乎所有人都以能得到他的认同垂青为荣。

而这样的一个人物,在那年只有二十八岁。

以如此年轻的岁数,就达到这样的成就。王融有他势必如此的理由与足以如此的才华,也滋生了他不知停息的野心,和不得不承受的后果。

和王俭一样,王融是琅邪王氏的嫡系子弟,而且就是王俭的从侄。他的祖父王僧达,和王俭的父亲王僧绰是堂兄弟,乃宋初大功臣、官至太保的王弘之子。而王弘,又是一手缔造了东晋百年基业的名相王导之曾孙。这一家族居于东晋宋齐贵族社会核心中的核心,家门已经鼎盛绵延长达七代。

在现代中国,"贵族"早就已经消失得无影无踪。生活在一个扁平化、均质化、个体化社会的我们,已经无法切身体会到这种万众瞩目的名门世家究竟是个什么状态。不过,出生在这种家族中的子弟,会收获何等耀眼的光环,又背负着多么沉重的期待?只要我们愿意设身处地代入想象下,应该仍然是不难理解的。

但王融和王俭的命运却大不相同。虽然王俭的父亲很早就卷入宋文帝被弑那一场惨剧中去世,但他有个坚韧而厚重的叔叔王僧虔,这位士大夫忠实地学习了古代贤人的榜样,把侄儿看得比自己的儿子还要宝贝,王俭得以在他的抚育下顺利成长,接过了延续王氏命脉的重任。而王融的

① 本章中关于王融及永明末年争位始末的解释,已见于拙著《王融与永明时代》,论证过程此不一一赘论;具体细节,则多有前书所未述者,读者幸两参阅焉。
② 《南齐书》卷四七《王融传》。

祖父王僧达，却因为自恃才华、桀骜不驯而遭到宋孝武帝猜忌，被诬谋反受诛。王僧达虽然也有个亲哥哥，但却因为资质平庸，一贯被他鄙视得不轻，两兄弟原本就已势同水火，这时候自然不会出手相助。王融一家从此被逐出了都城贵族圈，还只有几岁的他，便从云端坠落，成了一个需要从头开始努力的地方士人。他失去了耀眼的光环，却依然不得不承受沉重的——恐怕是比一般族人更要沉重得多的——压力。

这种压力激发了他超卓的才华，也使他产生了比常人要高许多倍的自我期许。还在二十出头的时候，他就已经认定自己三十岁之前必须要爬到皇朝官僚金字塔的巅峰，坐上三公的宝座。其实他完全可以不必如此着急，因为年仅二十四五岁的他，就已经当上年轻贵族中最热门的官职中书郎。如果冷静地判断形势，以他当时的人望，完全可能在三四十岁时实现三公之望，接过家族代表和士族领袖的位置。但处在这种自我压迫型生命动力系统中的人，长期被"时不我待"的惯性驱迫着，是无法用理性去说服自己放慢攀升脚步的。他的生命就好比一支烧到高热的火炬，已经别无选择，只能不断加速燃烧自己，直到化为灰烬为止。

事实上他也确实具备了几乎通往成功的条件。在都城贵族圈三驾马车——文惠太子、竟陵王和王俭门下，他都如鱼得水，受到高度赏识。他是宰相垂青首肯、许为接班人的从侄；也曾是太子的属官，留下了文学上的合作成果。王俭和文惠的先后逝去，让他的驱动系统动力减弱，形势变得紧迫；但另一方面，和他关系最为亲密的竟陵王也因此得以成为皇位的最有力竞争者。只要皇位竞赛获胜，他立刻便将一步登天，实现梦想。

这样的机会，绝不容许错过。

但是，悠然自得地等待，拖拖拉拉地走正常程序，并不足以让皇位凭空掉到恩主的头上来。因为虽然从现实地位和舆论期待来说，萧子良都是皇位的最佳候选人。但致命的一点却是：在子良之外，还有另一位在制度上更优先的其他竞争对手。

他必须要采取一些非常手段了。

谁有资格继位？

文惠太子已经去世了，但他却留下了两个儿子。长子昭业，次子昭文。永明十一年四月甲午(十四日),也就是长懋去世四个月后,武帝立长孙昭业为皇太孙。

从制度规定上看,这似乎是个跨不过去的死结。因为"皇太孙"的意义当然就是接过父亲未能完成的使命而继承帝位。既然已经有了法定的继承人,其他人还有什么指望? 不过,如果我们了解那个时代的真实空气,便知道这虽然是一个大问题,但并不像今天想象的那么不可逾越。在政治伦理上,虽然有着"宗法立嫡"的大义名分,但真实的权力世界却总是在为了私欲而自我膨胀,寻求摆脱法则的机会;而施政者也往往有必要视乎现实的政治形势来调整具体措施。因此在中国古代的皇位继承当中,真正实行了这一原则的时候远不如理想中的那么多,废长立幼、"兄终弟及",甚至倒跳一两辈重新洗牌的情形屡见不鲜[1]。南朝直接面对着的历史传统来自两晋,而西晋之初,便是由司马师、司马昭兄弟辅佐父亲司马懿篡成大业(这与萧家的情形十分类似),司马师死后由弟弟一支最终完成帝业,但他最终也被追上尊号为"景皇帝"。这是未当上皇帝之前的情况,但已经可以见到兄业弟继的模式。西晋祚短,开国之君武帝以后,惠帝、怀帝兄弟先后继位,也还算是战乱中的非常之举。而到东晋时代,情形便表现得极其突出了。东晋百年间,前后十一帝,经历的世代却总共只有四代。从第三代开始,成帝与康帝已是兄终弟及,康帝之子穆帝去世后,帝位又转回成帝之子哀帝手中,堂兄弟相继,随后再传位于其弟废帝(海西公)。而从废帝开始,更直接一个转身跳回到祖父辈,由叔祖简文帝继位,来了个支系大洗牌。直到晋末的两位皇帝,安帝和恭帝,也仍然是兄弟相传。

当然,今天已众所周知的是,造成这种乱象的背后原因,在于东晋门阀政治中的士权强大,权臣屡屡把持皇位继承权。但在当时的实施中,却必须要有冠冕堂皇的口实。在这种时候,司马师、司马昭的兄弟关系模式恐怕就成为很容易回想起来的历史榜样了。而与此同时,和一个理想中的遥远空洞原则相比,南北分裂、攻战频仍的紧张局势也迫使着人们倾向于认可"事急从权"的逻辑:一个已经年长成熟、有才能有理性的统治者,显然比一个幼弱的继承人更具备应付眼前大敌的资质。于是在晋朝的皇位争夺中,"立长"成为一个不可忽视的声音。例如成帝、康帝继立之际,

---

[1] 赵翼早已指出"晋帝多兄终弟及",参见《廿二史札记》卷八。

策划其事的权臣庾冰就是以"国有强敌，宜立长君"为口实①。不仅南方政权是如此，在五胡纵横的乱局中，那些出身"夷狄"的北方君长自然更不会在乎周公之法，"立长君"之举屡屡发生，包括前凉张重华、前秦苻丕、后燕慕容盛等君主去世时，权臣外戚都是以几乎一模一样的理由，宣称"时难未夷，宜立长君"，"以国多难，宜立长君"②，而改立更为年长有势力的人物继位。

在那个狼烟滚滚的年代里，人们诚然已经不太在乎那些传说中的法则了。华夷混杂的历史现实正在更真切地侵入人们的生活与头脑，改造着他们对世界的理解方式。"前朝故事"成为可援引的先例，大可以拿来对抗周公之礼。在宋文帝病重，刘义康最当权得势的时候，他的党羽刘湛就曾用一模一样的口吻煽风点火道："天下艰难，讵是幼主所御？"③另一名党羽胤秀则曾到尚书议曹去索要晋成帝末年立康帝时的朝议档案，准备以此为模板复制义康上台的戏码。

在这样层层叠加的历史回声里，萧昭业虽然当上了皇太孙，但实在也不像想象的那么稳当。他这年刚刚二十岁，长得俊美，善书法，风度可观。尽管后来被发现其实很多表现都是在演戏，不过至少从时人的印象来说，作为年轻的继承人来说已算资质很不错。所以武帝在一番犹豫之后终于立他为嗣。但这远不足以抵消他与子良之间影响力的差距，也不像自己的叔叔一样，能够给人们渡过危机的信心。甚至于，他本来就是由子良的太太袁氏抚养长大的④，几乎有半个儿子的情分。从"长""贤"这两条标准来看，太孙无论如何是无法和自己的叔叔相比的。在永明朝的现实中，虽然"士权"已不再是干扰皇权继承的决定性因素，但前朝的这一历史余音却仍然在很大程度上影响着当事人的判断——换言之，"立嫡"并不是

---

① 《晋书》卷七《康帝纪》："初，成帝有疾，中书令庾冰自以舅氏当朝，权侔人主，恐异世之后，戚属将疏，乃言国有强敌，宜立长君，遂以帝为嗣。"
② 《晋书》卷八六《张轨传附张耀灵传》、《晋书·载记》第二十四《慕容熙传》。
③ 《宋书》卷六八《武二王·彭城王义康传》。
④ 《南齐书·武十七王·竟陵王子良传》："太孙少养于子良妃袁氏，甚著慈爱，既惧前不得立，自此深忌子良。"但昭业何以要由袁氏抚养，原因却不清楚。长懋的太太王氏一直活到了梁代，所以也不是因为失母的缘故。不过，长懋对王氏非常嫌弃疏远，史书说其"无宠。太子为宫人制新丽衣裳及首饰，而后床帷陈设故旧，钗镊十余枚"（《南齐书·皇后传》），这也许是一个值得考虑的因素。

那个时代天经地义的现实道路,"立长""立贤"同样是合理的选项。面临着柱石崩殂、武帝病危、大敌当前的局势,当时都城圈的舆论空气仍然延续着这一思路,这从大贵族袁彖的评论可以清楚看到:

> 齐氏微弱,已数年矣,爪牙柱石之臣都尽,命之所余,政风流名士耳。若不立长君,无以镇安四海。王融虽为身计,实安社稷。①

在袁彖这些"风流名士"心中回荡着的,正是非常时期当"立长君"的声音。现在,子良拥有着如此的名位和能量,也被赋予了最接近帝位的有利条件;而舆论对他也不乏支持的声音。他还缺少什么呢?

缺少一个名正言顺,由皇帝赋予的继位名分;以及能够在第一时间造成既定事实的契机。

从事情的发展来看,这正是谋主王融策划的重心所在。他这时候的职位是中书郎,朝廷中掌管着起草诏敕的核心职位之一。皇帝一旦驭龙宾天,在乱糟糟的时局中,如果突然从中书省发布出一道宣布子良为继承人的"遗诏",不说顺理成章吧,至少从制度上完全有能力做得让人挑不出毛病来。文坛盟主王融要起草这么一道诏书,简直轻车熟路,易如反掌。事实上还在武帝病重期间,他就已经悄悄地把"遗诏"都准备好了。

至于第二个条件,看起来似乎也并不难办。子良已经全副甲仗在殿内侍奉了。只要武帝一撒手,子良立刻宣布遗诏,像祖父萧道成曾经干过的那样,迅速从中央发出敕令,宣告四方,那时节众望所归,皇位岂不就水到渠成地坐上了吗?

然而结果证明,这样的形势判断还是太天真了一些。

太孙的背后:阴影中蠢动的野心

正如袁彖的评论所言,"风流名士"们对国家气运深感忧虑,但那是从他们的眼睛里看到的国家。

在前面的叙述中,我们已经看到了不同形象的各种人物,他们当中当

---

① 《南史·齐武帝诸子·竟陵王子良传》。

然有褚渊、王俭、沈约、王融这样的"风流名士"，而且我们也反复强调过，他们是当时把持着大量政治、社会资源的一个核心阶级。但是，与此同时我们也看到了张敬儿、王敬则这种一介莽夫，靠着刀枪战功或者羽翼皇家而发达起来的武将；看到了垣崇祖、李安民、沈文季这种出身于地方豪族的一方诸侯；看到了从刘宋时代延续下来，像伸出长足的蜘蛛般盘踞在宫廷内部的恩倖群体；也看到了追随着萧家或萧赜本人同步青云的那些小随从、大富商、老跟班……这些人可跟风流名士沾不上什么边。毋宁说风流名士们越是担心的事情，对他们来说就越可能是机遇；风流名士越是崇尚得意的东西，他们就越是恨不能除之而后快。

最典型的例子，我们在上一章里也已经看到过了。像张欣泰，像陈显达家族的情形一样，那些官二代、将二代们也许已经在都城的风流富贵中五迷三道地忘记了自己的出身，梦想着变成一个小萧子良，能跟那些风流名士混到一堆儿去；但是他们的老爹可没忘记自己的根在哪里，自己能够有今天，到底靠的是什么。老皇帝还在的时候，跟自己是心气相通的，也很念着旧日的情分，不曾亏待了这些一刀一枪跟着自己厮杀过来的老部下；皇太子长懋呢，也还一碗水端得平，文人武将在他那里都吃得开。要是长懋能够顺利继位，至少大家还能井水不犯河水，矛盾不会立刻激化起来。可是现在太子已经先一步撒手人寰了，皇帝如今又是这般模样，眼看着国家就要换上一位新主子，万一真是萧子良登上了帝位，会是怎样的一种情形呢？

被文人学士簇拥着的这位新皇帝，决不会像他父亲一样给这些胸无点墨的武夫、身份低下的寒门、庸俗势利的恩倖什么好果子吃。这恐怕是不需要多么聪明的头脑就能够明白的事情。

在这种时候，和"贤明长君"比起来，"年幼无知"反而成为一个利好条件：唯其年纪小，已经享受到了使人陷溺沉迷的富贵，却还没有足够的理性去学习钻研，体会文化的魅力。在皇太孙和竟陵王之间，谁才是可能被自己这些"下等人"摆布，跟着自己的利益走的一方；或者，至少，谁才是那个有必要依靠"下等人"力量的一方？答案也是不言自明的。

不过，无论下面这些人怎么想，他们都不可能直接与当朝的堂堂宰相竟陵王对抗。永明是一个皇权强大而安定和平的时代，君强则臣弱，时局安定则难以乱中得利，这样的时代和东晋，和刘宋末年都完全不同，没有权臣专擅的余地。而外姓臣子如果没能成长为力压人主、足以改天换日的权臣，就注定了只能眼巴巴地看着皇族内部博弈决胜，好比赌场上双雄对阵、一掷千金的时刻,他们充其量只能小心翼翼地作为外围赌客跟注而已——说不定一个不好,连自己都要成为被丢出去的筹码。尽管在这个时候,形势眼见着是应该把宝押在皇太孙一边,但这个赌注自身却实在太缺乏力量了。

他,以及他们,迫切地需要一个强有力的代言人。

武帝的影子,萧鸾,适逢其时地出现在了太孙的身边。作为永明时代重视实务而轻蔑文华的代表性人物,他的立场与利益所在是不言自明的。萧鸾这一年四十二岁,正是年富力强,已经官至尚书左仆射、右卫将军。而如果对萧齐皇室的现状作一扫描,便会更清楚地看到他的特殊存在感(参见第六章所列萧齐前期皇室生卒年表)。前面已经提到,这时候齐高帝、武帝一系中除子良外年纪最大的一人,也不过就是年仅二十五岁的萧晔而已。而宗室旁支之中,萧道成长兄萧道度的嗣子(萧道成第十一子过继)萧钧这时更只有二十一岁;次兄道生这一支当中,称为贤王的萧缅正是萧鸾之弟,又在两年前便已去世。无论萧道成、萧赜父子后来如何努力地开枝散叶,生下了大批的龙子龙孙,他们的生育速度却遗憾地赶不上时势的脚步,那些失去了父祖荫护的小皇子们都还娇弱得如同刚孵出的鸡雏,根本指望不上他们来羽翼皇朝。放眼当代,在这个"爪牙柱石都尽"的萧齐皇室里,萧鸾真是一柱擎天,不做第二人想的元老了。由他来给太孙撑腰,是谁都不能不掂量三分的。

更何况,只要拥护太孙顺利登基,这个刚刚成年的侄孙从此是搓圆还是按扁,还不是由自己说了算吗?轻则临朝摄政,重则取而代之,自前朝以来,处身于这一形势下的宗室旁支,可能得到何等巨大的利益甚至身份飞跃,已经被种种例子所证实。像萧鸾这样能干的人,对此焉有不洞若观火之理?

就在皇帝的病榻周围,分裂的暗潮已经涌动起来。窥伺的目光,都在等待着皇帝何时咽下最后的一口气。

暗潮的相互搏动

图穷匕首见的最后一刻,就在七月三十日。

这一天,武帝的病情骤然恶化,已经一度失去意识。百官都已更换服饰,做好了面对国丧的准备。朝廷内外议论纷纷,不知这个国家将要何去何从?这时候大家等待的,正是武帝理应作为国君而行使的最后一项权力,同时也是他的职责所在：颁布指定最终继承人的遗诏。

就在这一结局将出未出之际,弥漫在朝廷上下的空气是,"物议疑立子良"①——在一般舆论中,都猜想武帝最终将会遗命子良继位。当然,关于这一记载,我们可以有不同方面的解读：这既可能表示一般人对时局的判断,反映出当时子良与太孙双方所面对的真实形势；也可能表示士族高门方面对子良登位的期待,化为口头的议论而表现出来。

而反过来,也出现了完全不一样的声音。诸王中年辈最高的那位萧晔,在如是议论纷纷的朝臣当中公然表示了异议。他的理由是：

"如果要按照长幼次序来继位,皇位应该先轮到我；如果按照立嫡的原则,那么当然应该支持皇太孙才是!"②

这一番议论,颇有奥妙。事实上我们前面已经列表说明,萧齐皇室现在从上面排下来的次序分别是：萧赜,五十四岁；萧鸾,四十二岁；萧子良,三十四岁；萧晔,二十七岁。论年纪,他小于萧鸾和子良。这个"立长"怎么看都轮不到他的头上去。之所以敢大言"立长则应在我",无非是仗着自己是子良的叔叔,辈分上比较高而已。更重要的是,他是武帝最不喜欢的一个弟弟,曾经屡次言语冒犯,引起武帝不快而饱受冷落③。他在永明时代只是个边缘人,根本连上场竞逐皇位的机会都欠奉,这一点萧晔自己也必定是心知肚明的。所以这前半句万不能按字面理解,以为他也有心争夺皇位。实则这不过是找个借口反对子良继位而已。

由于受到差别待遇,长期未能像其他诸王一样出守方镇,萧晔对宝座上的皇帝皇子们充满了怨气。据说王俭到他家中做客,主人留当朝宰相吃饭,端上来的居然只有区区的白菜咸鱼。有一次,萧晔因为公事前往子良府第,路上遇到一个乞丐,便把自己的短袄脱了给他。到了子良府中,子良见他衣衫单薄,于是也把自己的短袄赠给他。结果却换来他悻悻的

---

① 《南齐书·武十七王·竟陵王子良传》："世祖暴渐,内外惶惧,百僚皆已变服,物议疑立子良。"

② 《南齐书·高帝十二王·武陵王晔传》："大行在殡,竟陵王子良在殿内,太孙未立,众论喧疑。晔众中言曰：'若立长则应在我,立嫡则应在太孙。'郁林即立,甚见凭赖。"

③ 《南齐书·高帝十二王·武陵王晔传》："晔无宠于世祖,未尝处方岳,数以语言忤旨。世祖幸豫章王嶷东田宴诸王,独不召晔。嶷曰：'风景殊美,今日甚忆武陵。'上乃呼之。晔善射,屡发命中,顾谓四坐曰：'手何如?'上神色甚怪。嶷曰：'阿五常日不尔,今可谓仰借天威。'帝意乃释。后于华林赌射,上敕晔叠破,凡放六箭,五破一皮,赐钱五万。又于御席上举酒劝晔,晔曰：'陛下尝不以此处许臣。'上回面不答。"

一句牢骚:"原来我的处境,跟那个乞丐也没什么分别啊!"①

这些轶事,也相当耐人寻味。萧晔贵为诸王,就算再怎么打入冷宫,也很难想象会一贫如洗到如此地步。其中多半有故意做作、自鸣不平的成分。尤其子良赠衣,乃是好意,他却毫不领情,这是把对武帝的恨意发泄到了包括武帝子孙的整个一支上。他在如此关键的场合选择跳出来反对子良,借机泄愤报复的意图可谓昭然若揭。但是,太孙同样是武帝的孙子,难道萧晔就会真心支持他吗?从其一贯的心理表现来看,恐怕很难这样认为。

情形相似的还有王晏。作为武帝"旧恩见宠"的老友,他在这个时刻虽然没有像萧晔一样公然跳出来;但尘埃落定、太孙登位以后,尚书省的三驾马车:左仆射萧鸾、右仆射王晏、吏部尚书徐孝嗣各升一级,分别成了尚书令、左仆射和右仆射(萧晔则当上了卫将军,这是王俭过去担任的武职,最高等级的将军衔之一②)。从这一点来看,他显然也是属于支持太孙的一派——对受尽了"风流名士"们白眼的他而言,这也是理所当然的。然而仅仅一年出头,他便在萧鸾废黜昭业、昭文兄弟,建立新朝之际毫不留恋地抛弃了老朋友的孙子,为新主子出谋划策,并且"自谓佐命惟新,言论常非薄世祖故事"③。

从这些情形来看,在子良、昭业的皇位争夺战中,反对子良一派真正拥护的并不就是台面上的太孙昭业,也就可以明白了。虽然史书对此无

---

① 《南齐书·高帝十二王·武陵王晔传》:"以公事还过竟陵王子良宅,冬月道逢乞人,脱襦与之。子良见晔衣单,荐襦于晔。晔曰:'我与向人亦复何异!'尚书令王俭诣晔,晔留俭设食,柈中菘菜鲍鱼而已。又名后堂山为'首阳',盖怨贫薄也。"按萧晔脱襦赠丐的举动可以说颇有仁心,而子良的表现也堪称思义,这两人就各自而言都不失为儒家伦理中的正面形象。萧晔本人颇为多才多艺,善射善弈,至今围棋上所用的楸枰,棋史记载就是萧晔所创。大约就是因为仗才使气,才不为兄长所喜。他与武帝一支的恩怨,实难以善恶论。

② 特别值得指出的是,任命萧晔为卫将军的不是新即位的皇帝萧昭业,而是武帝的遗诏。《南齐书·高帝十二王·武陵王晔传》:"世祖临崩,遗诏为卫将军,开府仪同三司,给鼓吹一部。"然而以武帝和萧晔的关系之恶劣,是绝不可能在临终之际对其特加重用的(这种升迁有"顾命"的色彩)。这有力地证明所谓的武帝遗诏其实是政变胜利一方炮制出来的。拙著《王融与永明时代》2023年增订版未及增入此点,姑补说于此。此外,前文已引及武帝关于佛教问题的遗诏,但那与顾命托孤、任命大臣的所谓遗诏却是两份不同的诏书,其间关系究竟如何,也是耐人寻味的问题。

③ 《南齐书·王晏传》。

一字正面着墨,但我们仿佛已能看见萧鸾及其一党在水面下是如何紧锣密鼓、合纵连横的了。

第三节　迷雾重重的皇位争夺战

王融的行动

和过去这些日子一样,子良仍然是在殿内侍奉。中书郎并不是每天都在宫中的中书省当值的,但武帝病危的这一天(从事后来看)却恰好就是王融值班的日子。而皇太孙是隔日才入宫侍疾的,这一天又正好不是探病的日子,太孙并不曾在宫中。

这实在是太有利于王融的计划了。

于是他当机立断,就在中书省发布口头命令,指挥子良府中的卫队分头把守台城各门,务必禁止东宫太孙的仪仗入宫。史书在此的记述,用了"口断"的说法,换言之,也就是并无子良的手谕,而是王融的临场决断,故仅是口头指示而已。这与上面所说的情形凑合起来,让我们看到他虽然早有拥立子良的计划,但现实恰好在这样的一个大好条件下发生,却并不是之前就能预测到的。当此关头,他可能甚至来不及请示子良,所以才只能下达口头命令。史书特别记载了一个细节,这位当代文豪、风流蕴藉的贵公子孙,这时竟纡尊降贵地穿上了绛衫——那是身份低贱的将士才穿的戎装。这是全副武装,身先士卒,大有点不成功便成仁的架势了。

趁着竞争对手缺席的这个大好时机,只要子良果断实施计划,宣布自己早已拟好的"遗诏",行令四方,一切也就大功告成了。这就是王融的如意算盘。

临终时刻的史料迷雾

然而,王融究竟是在什么时刻发动这一指令的呢?

正是在这个关节点上,史料记载出现了重重迷雾。不同的记载,留给我们三种不同的说法:

A. 这时武帝已一度失去了意识,但还没有去世。

B. 在武帝一度气绝时和真正去世以后,王融曾两次下达了把守宫门防拒太孙的命令。

C. 政变发生在武帝已经去世以后。

史料记载的差异,就如同游戏的不同支线,或者电视剧的不同结局版本,引导着我们去摸索大相径庭的历史面相。这给历史增添了无穷的趣味,却也给我们留下了难解的谜题。如果历史只留下了一种声音,那么即使这种声音是虚假的、造作的,后世也只能听着这种声音一次又一次地单纯震响,以此构筑我们对历史的想象空间。然而一旦,原本隐没于泛黄纸页背后的另一种声音泛起,历史叙事的稳定秩序便被搅破,我们被迫进入不确定的知识世界,彷徨于真相的无所适从,或者,自觉不自觉地选择其一。

然而,谁又有资格来决定真相是什么呢?

作为历史的叙述者,作者固然可以选择自己认定的真相来传达。不过,还是让我们先依据不同的版本,分别来播放这一部历史剧的大结局吧。至于愿意选择让哪一个版本继续回放,作者和读者,我们都各自有自己的权利。

版本 A

版本 A 来自我们拥有的最原始史料,《南齐书》萧子良传和王融传中的记录。

在这个大结局中,王融是已经把武帝当成了死人,急不可待地下手实施谋朝篡位的计划。然而天算不如人算的是……武帝,他竟然又活过来了。

回光返照的武帝,撑着最后一口气,击退了王融的野心。他向左右询问太孙为何不在?随即下令召唤太孙率领东宫全副卫队入宫,又将辅佐太孙的后事托付给了萧鸾。

而踌躇满志的王融,眼看大势已去,也就只得灰心丧气脱下戎服,返回中书省去。据说最后他恨恨地叹息道："公误我！"（是司徒公子良坏了我们的大事啊！）①

版本 B

比起版本 A 的简洁明了来，版本 B 的情节要丰富不少，而且要扑朔迷离得多了。这是来自《南史》作者李延寿的剪辑版：

回光返照的武帝，撑着最后一口气，击退了王融的野心。他向左右询问太孙为何不在？下令召唤太孙率领东宫全副卫队入宫，又将辅佐太孙的后事托付给了萧鸾，这才终于撒手人寰。（大家看到了，至此为止的情节，和《南齐书》是一模一样的。）

然而，王融这时还不死心，竟然又再一次命令子良的卫队把守宫门。闻讯而来的萧鸾，飞马奔到云龙门。在这里，他遭遇了奉王融之命锁关闭门的卫队，被拦在门外不得入内。萧鸾大呼道："皇上有敕，召我入宫！"强行突击冲破阻拦。随后，他拥护太孙进入延昌殿内，命左右将子良扶（架）了出去。元老萧鸾声如洪钟，指挥若定，殿内无不随声响应。

王融眼看大势已去，也就只得灰心丧气脱下戎服，返回中书省去。据说他恨恨地叹息道："公误我！"（注意，最后的镜头再次回到了《南齐书②》的版本。）

看起来，《南史》的版本要细节丰富、扣人心弦得多了。所以在历代历史学家那儿，这一直是使用率最高的一个版本。但是，如果仔细考究起来，这个版本的情节却实在有一点后现代的色彩，镜头摇晃混乱，蒙太奇手法运用得云里雾里。

---

① 《南齐书·王融传》："世祖疾笃暂绝，子良在殿内，太孙未入，融戎服绛衫，于中书省阁口断东宫仗不得进，欲立子良。上既苏，太孙入殿，朝事委高宗。融知子良不得立，乃释服还省。叹曰：'公误我。'"
② 《南史》卷二一《王弘传附王融传》："武帝病笃暂绝，子良在殿内，太孙未入，融戎服绛衫，于中书省阁口断东宫仗不得进，欲矫诏立子良。诏草已立，上重苏，朝事委西昌侯鸾……俄而帝崩，融乃处分以子良兵禁诸门，西昌侯闻，急驰到云龙门，不得进，乃曰：'有敕召我。'仍排而入，奉太孙登殿，命左右扶出子良，指麾音响如钟，殿内无不从命。融知不遂，乃释服还省，叹曰：'公误我。'"

王融第二次下令把守宫门,所为何事?武帝都已经明确留下遗言,由太孙登位,萧鸾辅佐(也就是没子良什么事了),太孙已经率领东宫甲仗身在宫内了。他即使是丧心病狂,想要垂死挣扎,难道不是应该针对殿内的太孙下手吗?

当然,或许可以说他毕竟还是拦截了闻讯而来的萧鸾。但萧鸾既然已经有诏顾命,就算拦住他一时不能入宫,又有何实质意义?更不必说皇帝顾命之际,身受遗命的萧鸾竟然会不在身边,这本身就已是不合情理的事情。而萧鸾入宫之后,竟然还要"奉太孙登殿",可知这个时候太孙并不在殿内——难道说武帝安排完后事以后,太孙竟然就像没事人一样出殿去了,又把心腹要地留给了子良?这也未免太匪夷所思了吧?

这些前言不搭后语告诉我们,剪辑师李延寿提供的,其实是一个把不同版本拼接在了一起的混剪版。版本 B 开头和结尾,其实都是版本 A 已经拍摄下来的镜头,只是在中间插入了一段新的情节,只要我们注意到这一点,就不难发现这一段新情节其实是来自其他素材的。《南齐书》的版本 A,本身是一个无可挑剔的完满叙事;而在版本 A 之外插入的这一段,本身也同样是逻辑自洽的。这就是我们从中重新剪辑出来的版本 C——

版本 C

武帝驾崩之后,王融戎服绛衫,在中书省发布口头命令,让子良的卫队把守宫门,防止太孙入内。闻讯而来的萧鸾,飞马奔到云龙门。在这里,他遭遇了奉王融之命锁关闭门的卫队,被拦在门外不得入内。萧鸾大呼道:"皇上有敕,召我入宫!"强行突击冲破阻拦。随后,他拥护太孙进入殿内,命左右将子良扶(架)了出去。元老萧鸾声如洪钟,指挥若定,殿内无不随声响应。

王融眼看大势已去,也就只得灰心丧气脱下戎服,返回中书省去。据说他恨恨地叹息道:"公误我!"

在这个版本 C 中,虽然没有明确记载太孙的行迹,但从萧鸾入宫后"奉太孙登殿"的记载来看,理解为他是在萧鸾陪同下行动,一起入宫,显然是最为自然的。这样一来,王融把守宫门的目标也就很明确,是针对着身在宫外的太孙的了。而且我们还可以注意一个细节,萧鸾是从云龙门闯关的,而云龙门,正是宫城中心区域太极殿区的东门,也就是从东宫入宫时经过的一道主要关卡。萧鸾会从这个方向前来,也暗示着他出发的地点很有可能就是东宫。换言之,太孙和萧鸾一开始不在宫中,是直到得知武帝驾崩的消息后,才匆忙赶来的。这时他们迎头遇上的,便是王融指挥下拦在宫门前的卫队。萧鸾大呼有敕召我(这个时候的武帝当然不可能发出诏书给他,这其实就是"矫诏"),强行武力突破,将太孙送入殿内,挥退子良。王融于是功败垂成。

可以看到,这样的叙事也是严丝合缝,没有任何破绽的。而版本 B 的左支右绌,完全是由于把这两个版本硬接到了一起。换言之,版本 A 和 C 是两个平行结局。而武帝在临终之际,是否按照自己的意愿指定了最终的继承人,就成为两个结局之间最关键的分歧点。

注定了的失败

无论历史的真实是哪一个版本,有一点是共通的,那就是王融所率领的子良府中卫队并没能成功阻止太孙的东宫卫队入宫。我们聚焦在这一幕来回放,便知道竟陵王以及他身边的那些风流名士,所面对的形势其实是多么险恶。萧鸾掌握着宫门宿卫的力量,这在前文已经提到过了。而萧氏最为亲信的两名族人家将,萧谌和萧坦之,在这个时刻的表现也耐人寻味。萧谌在永明年间一直负责武帝斋内兵仗,也就是最贴身保护其坐卧起居的人物,直到武帝病重的最后时刻,仍然敕命其在左右宿直,殿内卫队完全听从他的指挥①。萧坦之则担任着萧子良的司徒中兵参军,换言之,率领着司徒府的兵力。然而在争斗的尘埃落定以后,这两人都得到了新皇帝的高度宠信。据说昭业登基后,每次萧谌偶然请假出宫,皇帝都夜不能寐,要等萧谌回宫后才能安心;而萧坦之则无时无刻不跟随在昭业身

---

① 日后萧谌又参与了废黜昭业的政变,他这一次的表现是:"及废帝日,领兵先入后宫,斋内仗身素隶服谌,莫有动者。"可知他在这一职位上所能发挥的力量之大。

边,连后宫都随意进出①。尽管史书的记载相当晦涩,但这种情形只能表明,萧谌、萧坦之在政变之际必定是站在了太孙一方,给予了太孙高度的支持,才使得年轻的皇帝从此对他们倚为长城。尤其是萧坦之,史书中对他特地记了一笔,道是:"世祖崩,坦之随太孙文武度上台。"原本应当是萧子良一方军事中坚人物的萧坦之,在府主已经沦为丧家之犬的此刻,他却摇身一变,直接转入太孙的东宫文武队伍之中,成了新皇帝的嫡系人马。则他们在政变当时究竟扮演了怎样的角色,已是不言自明了。

外至宫门宿卫,内至殿内兵仗,甚至就连自己眼皮子底下的卫队长,事实上都已成为对方的人。这样的政治斗争,对于根本不擅长玩弄权谋的萧子良、王融这些"学士"们,也实在是未免太残酷、太凄凉了一些。为什么王融在已经夺得先机,领兵扼守宫门的形势下,仍然会被萧鸾轻而易举地突破逆转? 结局恐怕其实是早就已经注定了的。

落幕

在分析结束后,结局 B 作为剪辑失败的版本,其历史真实性已经被排除了。而结局 A 和 C,如前所言,读者大可以按照自己的立场和趣味去选择观赏任何一个,将之作为《齐武帝》这部历史剧的最后落幕。在作者而言,是偏爱自己剪辑出来的结局 C 的。

如果选择结局 A,那么武帝在生命的最后时刻,是选择了将国家交给孙子昭业和堂弟萧鸾,而没有交给儿子子良。这是一个自主选择的悲剧,南齐皇朝终于在这个抉择下走向了混乱而最终灭亡。而结局 C 留给我们的,更多的则是一种空虚的茫然罢。再怎么样英雄一世的萧赜,到头来也只能合眼撒手,任由子孙堂弟在自己冰冷的尸体旁兵锋相见,血肉相残。他心中盼望的究竟是怎样的结局,已经永远不得而知了。

---

① 《南齐书》卷四二《萧谌传》:"世祖卧疾延昌殿,敕谌在左右宿直。上崩,遗敕谌领殿内事如旧。郁林即位,深委信谌,谌每请急出宿,帝通夕不得寐,谌还乃安。"同卷《萧坦之传》:"世祖崩,坦之随太孙文武度上台,除射声校尉,令如故。未拜,除正员郎、南鲁郡太守。少帝以坦之世祖旧人,亲信不离,得入内见皇后。帝于宫中及出后堂杂戏狡狯,坦之皆得在侧。"

　　作为事件的余音，太孙一旦登位，便捏造事由将王融逮捕，下狱赐死；而子良虽然在名义上仍然备受尊崇，实际上却被软禁起来，不久便死去了，当时人并且非常合理地怀疑他其实是非正常死亡。仅仅过了一年，萧鸾便举起屠刀，谋害了昭业；接着，不到半年后，又将继位的昭文废杀，自己登基为帝（明帝）。不但武帝及其子孙一系的帝位从此旁落，他的后人也从此掉进了悲惨的深渊，纷纷惨死在明帝手下，几无噍类。直到萧衍举兵建立梁朝，仅有的幸存者才在新的朝代获得了新生。

　　和齐武帝萧赜相关的故事，讲述到这里也就告终了。

尾声："武帝"们的重叠身影①

"武"帝的谱系

　　齐武帝萧赜,已经在我们面前上演完了他一生的悲喜剧。在他活着的时候,其实并不叫做武帝。无论是他的庙号"世祖",还是谥号"武",都是在去世以后才议定、追上的。在本书的开头就已谈到过,中国古代的皇帝,即位时会开创新的年号;去世的时候,则会获得谥号。在今天看来,这似乎都不过是些形式主义的文字游戏,然而在那个时代,却有着不下九鼎之重的意义。作为"个人"的这位君主,在咽气的一刻就已经结束了动物性的生命;然而作为"君主"的这个个人,却是到了盖棺论定、获得谥号的一刻,他的政治生命、历史生命才宣告完成。中古君主短短一二字的谥号,就代表着时代对他一生功过的宣判,同时也就负载着当时人对他留下的基本印象。

　　而谥号,并不是随便什么字都可以用的,通常须从惯例使用的若干字样中选定。"武"就是其中常用的一个。获得同样谥号的君主(及其统治下的时代),自然而然地就被归类到一起。从这个意义上说,中国各朝代的历史,其实也不妨视为以谥号为标签来绑定的若干类型,有些时期文治,有些时期武功,有些时期中兴,有些时期衰败,如是云者,周而复始。

---

① 本章在初版时已有所构想,但因时间精力所限,未能完稿,且当时已有修订再版计划,故与编辑商讨后,决定暂时搁置,待再版时添人。此后读到越智重明先生《魏晋南朝的人与社会》一书中《宋孝武帝及其时代》一章,处处已先启我路,不禁击掌再三,因先予译出,发表于《中外论坛》2022 年第 2 期。而本节亦得此坚实基础,有以写竣。本节中凡关于宋孝武帝朝的史实叙述,多已详见于越智先生所论(但原理解释则或有不同),读者幸参阅焉。

这同样是历史的一种呈现方式,也是更接近古人认知的一种理解可能,尽管在大多数时候已被现代学者拒绝。

那么,到南齐武帝为止的"武"帝们,都是些怎样的人物呢?

让我们来点算一下,在萧赜之前曾经获得过"武"这个谥号的皇帝①。这份名单主要包括:西汉武帝刘彻、东汉光武帝刘秀、魏武帝曹操、西晋武帝司马炎、东晋孝武帝司马曜、刘宋武帝刘裕、刘宋孝武帝刘骏、北魏道武帝拓跋珪、北魏太武帝拓跋焘。

细察这些武帝,会发现分为两种类型。一种是开国君主(包括事实上的和象征性的),有汉光武帝、魏武帝、晋武帝、宋武帝、北魏道武帝。第二种则是朝代传承中的皇帝,汉武帝、晋孝武帝、宋孝武帝、北魏太武帝属于这一类②。

再看谥号本身,也有讲究。北魏谥号都是两个字的,和之前的汉人正统皇朝谥号体制不同,见出异族皇朝的特殊用心,而南方朝廷在上谥时也不会考虑北朝的情况,所以道武、太武两位暂且可以不论。从汉到刘宋,则明显地区分为"武"和"孝武"两种类型。不过,汉代皇帝的谥号,除了西汉、东汉的开国之君高祖、光武帝之外,惯例是以"孝"字开头的③。所以今天习惯说的汉文帝、汉景帝之类,其实正经来说应该叫汉孝文帝、汉孝景帝。汉武帝自然也是汉孝武帝。这个惯例从曹魏开始就取消了。加不加"孝",变成了针对个别君主的,有特殊意义的办法。因此从晋朝开始,就既有"武帝"(西晋),又有"孝武帝"(东晋)。刘宋也是如此。实际上东晋皇帝除了孝武帝之外,已经没有其他谥号中加"孝"字的皇帝了。晋孝武帝之所以要特别加上这个"孝"字,也不是因为他有何突出的孝行,而恐

---

① 当然,在"武"之君主谱系的最开端,是作为理想模板的周武王,此外还有春秋战国的各种"武"公、"武"王等。——列论未免过于繁琐,这里只限定在皇帝范围内观察,也就够了。

② 此外,五胡十六国里一大批七零八碎的政权,也都称王称帝,这些国家中谥号有"武"字的君主,大抵都是开国之君或具有类似意义的人物,包括成汉武皇帝李雄、汉赵昭武皇帝刘聪(这是唯一的例外)、后赵武皇帝石虎、前凉武王张轨、后燕成武皇帝慕容垂、后燕昭武皇帝慕容盛、南燕献武皇帝慕容德、后秦武昭皇帝姚苌、西秦武元王乞伏乾归、大夏武烈皇帝赫连勃勃、后凉懿武皇帝吕光、西凉武昭王李暠、南凉武威武王秃发乌孤、北凉武宣王沮渠蒙逊。一度取东晋而代之的短命政权桓楚的皇帝桓玄,谥号也是"武悼"。

③ 这种形态有点像我们名字里常见的行辈字,和前面说的北魏二字谥不是一回事。

怕是因为想要给他加谥为"武",却又不能与晋武帝重复,于是才追溯汉代的旧例,搬出"孝"字来打造新的组合,以示区别。至于晋孝武帝何以必须要被谥为"武"呢?那是因为他在位期间,东晋取得了淝水之战大败前秦的赫赫战绩,这一场历史性的大胜对南方政权来说实在太欢欣鼓舞,太值得铭记了①。这么一来,"武"与"孝武"就成了两个不同的谥号。然而追溯其本意,其实并无什么分别的。

开国君主之谥为"武",理由是很显豁的。但凡真刀真枪打下江山来的猛人,至少也配得上这个"武"字。然而并非开国君主的几位,何以却也被谥为"武"呢?最基本的理由,可以想见也是由于其在位时国家获得了显赫的武功。如本书一开头就引述过的,"武"这一谥号包含着多方面的含义,行政上的刚强有断,军事上的勇猛开拓,都可以说得上是武。不过,汉武、晋孝武、宋孝武、齐武这四位武帝组成的系列里边,却有一个例外,那就是晋孝武帝。这位东晋晚期的皇帝年幼继位,沉湎酒色,在宗室权臣的倾轧中痛苦短命而死,"晋祚自此倾矣"。也就是说,他本人其实一点都不"武","武"的只是他治下的时代,是谢安、谢玄和刘牢之们。这是东晋时代强臣压主、皇帝形骸化的特例,不可以常规视之。

除了晋孝武帝之外,汉武、宋武、齐武三位武帝,在"武"的意义上应可算是有名副其实之处了。不但如此,如果从汉魏六朝的君王队列中拈出这三位武帝来比较观察,我们还真的能或多或少看到他们身影上的重叠之处。尤其是宋孝武帝与齐武帝两位,时代既前后连续,手腕也如出一辙。他们在那个短时段里的相继出现究竟意味着什么?实在足以引起我们对历史不一样的思索与兴味。

敏锐的读者或许已经发现,在本书正文的叙述中,其实已经在不少地方随文松散谈及了萧赜对两位前辈的追步。在本书掩卷之际,让我们将这些碎片汇集起来,拼成一段完整的乐章,作为"永明乐"的尾声。在这段曲终余奏中,我们听到的将不仅仅是以齐武帝为中心的独唱,而是南朝前中期的一段历史轮唱;在某些局部,甚至遥远地回应着汉代的古老歌声。

---

① 正如《晋书》卷九《孝武帝纪》史臣所论:"属苻坚百六之秋,弃肥水之众,帝号为'武',不亦优哉!"

遥望汉武：南方君主的北伐封禅梦

汉武帝是中国历史上屈指可数的雄才霸主，而宋孝武帝和齐武帝不过是南方偏安政权的皇帝，他们与汉武帝之间似乎没有什么可比性。不过，优与劣，成功与失败，是后世的盖棺论定，当事人自己未必就这么想。尤其在时代与人生都尘埃落定之前，一切将来对当事人而言都还在未定之天，他们对自己的主观期待、努力方向才是更重要的指标。从这个角度来说，宋孝武帝和齐武帝身上，确实能看到一些追慕汉武帝的影子。

一个典型的表现是，汉武帝在心爱的妃子李夫人去世后，写下名作《李夫人》悼念；而宋孝武帝则同样在宠爱的殷淑仪去世后，写下了《拟李夫人赋》。而在永明时代，史书中也留下了人们将齐武帝与汉武帝相比较的轶事。永明十一年，北魏使臣宋弁抵达建康，慕名求读王融的名文《三月三日曲水诗序》，两人之间发生了这么一段对话：

> 宋弁于瑶池堂谓融曰："昔观相如《封禅》，以知汉武之德；今览王生《诗序》，用见齐王之盛。"融曰："皇家盛明，岂直比踪汉武；更惭鄙制，无以远匹相如。"

王融将齐武帝抬得比汉武帝还要高，这自然是机锋应酬场合的故作大言，不必当真；但宋弁之所以会把"汉武帝—司马相如《封禅文》"和"齐武帝—王融《三月三日曲水诗序》"这两套"君臣—人文"组合相提并论，却透露出敌国方面的观感，并非空穴来风。王融在这篇作品中的确大肆渲染了天下一统、四夷来朝，"方握河沈璧，封山纪石，迈三五而不追，践八九之遥迹"的政治蓝图。其中寄托着期待齐武帝超越三皇五帝，像古代圣王一样封禅泰山、沉璧黄河的理想，这与司马相如作《封禅文》，以文字推动汉武帝封禅泰山是高度一致的。而这一理想当然不是区区臣子的自我想象，而是代表着朝廷立场的发言，在它的背后，就是作为君主的齐武帝对前辈汉武帝功业的向往——能够封禅泰山，是"皇帝"所能达到的最高成就。

作为南朝偏安之君，齐武帝想要像汉武帝一样封禅泰山，首先必须要平定北魏、恢复中原。换言之,吞并驱除位于北方的强敌,而这恰恰又在另一个层面上与汉武帝发生了重叠——汉武帝时代虽然没有发生中国境内的南北分裂,但在汉武帝的疆土之北却同样存在着强大的心腹之患,那就是匈奴。尽管西汉、南朝的两套模型有规模大小之别,驱逐“北方异族”、开疆拓土的构图却高度相似。齐武帝命画师毛惠秀在琅邪城上画《汉武北伐图》,又将阅兵的玄武湖命名为“昆明池”,都宛然反映出他在北伐问题上对这一模型重叠的自我认知。

时代的命题:“国”与“民”

“北伐”与“封禅”,是齐武帝追随汉武帝的主观意图所在。这一追踪的方向是对外的,是将治下的疆土置于国际关系中而呈现出来的努力方向。而富有对比意味的是,甚至在其主观上可能都未必意识到的,国家社会的内部治理问题上,我们同样能够看到“汉武帝”和“宋孝武帝—齐武帝”的身影重叠。

由于北伐匈奴的大型战争靡费国力,汉武帝将文景之治积蓄的国库财富消耗一空;而与之相对的是民间富商大豪的腰包依然充实,形成了国贫民富的局面。——五百余年之后,宋文帝发动的元嘉北伐正造成了高度相似的后果。为了弥补亏空,汉武帝对国内实施了种种政策,力图将收益权利从富人层转移剥夺到中央政府,终于得以充实国库,缓解了危机。这些政策包括禁止私铸钱币、专卖盐铁、榷酒酤、平准均输等等。铸币权收归中央政府,民间的富人就失去了操控货币—财富的基础手段;国家专卖盐、铁、酒等基础物资,民间的富人就失去了最大宗的商业利润;针对粮食实施国家调控,民间的富人就失去了囤积居奇的风险收益。这一系列举措的本质,就是皇帝从有钱人的钱包里抢钱,“劫富济我”。而国库的充实和民间富豪的遭受打压,当然又同时意味着皇帝的威权转盛,足以对抗这种威权的力量则趋于弱化———一句话,是在将时代往“君强民弱”的方向推动。

“国”(中央政府)与“民”(民间的财富层)之间的紧张关系,以及皇帝施政导致的关系转变,是汉武帝朝后期的一个重点所在。而数百年后,南朝建康朝廷的宋孝武帝,以及紧随其后的齐武帝,同样在“后元嘉时代”面临了类似的国家社会问题,也同样延续了类似的思考方式和努力方向。历史之琴的轮指,在如何处理"国(君)"与"民"的关系问题上震荡出了铿然的回响。这也将成为我们理解宋齐时代史时的一个重点所在。

从大明到永明

下面就让我们转换视线,集中地来观察一下"宋孝武帝—齐武帝朝",也就是五世纪后半叶的这半个世纪里发生的历史曲折。

尽管两位皇帝的历史评价甚为不同,但惊人的是,他们在施政和个人形象上却在许多方面都极为相似。——有趣的是,甚至连宋孝武帝的主要年号"大明"①,都与"永明"十分雷同,透露出相似的政治诉求。不过,由于两人生平、性格和所处时代的差异,其行事的"同"中又包含着深刻的"异"。这样的"同"与"异"聚合在一起,就实现了历史从孝建大明时代到永明时代的流动。

当然,宋孝武帝去世以后的一系列政治变动,正是本书主体部分的起点。萧颐就是在历史步入"后宋孝武帝时代"的时刻,迎来了他人生的第一战,相关的情形我们已经在前文详细地叙述过了。所以这里我们只须要补充上宋孝武帝的部分,就足够连缀起这段历史的完整叙事了。

宋孝武帝:皇帝的个人独裁之路

在东晋"王与马共天下"的门阀政治中,王、庾、桓、谢等士族强盛,作为外戚、权臣势压人主,皇帝大体上都不得不仰仗他们的鼻息,不得自由。这就是刘宋新政权须要面临、解决的最基本问题。所以宋武帝刘裕夺得天下后,刘宋政权定下的方针就是力求扶植宗室。皇弟皇子在内则任职

---

① 宋孝武帝的第一个年号是"孝建",持续了三年。这显然是因为刘劭弑父,宋孝武帝是讨伐乱臣贼子起家登位的,所以有必要打出"孝"的旗号为父复仇,这是他的政权根基。其后的八年时间里,则改用"大明"年号,或许可以说,"大明"才是宋孝武帝对自己统治的天下的真实期待。恐怕他和齐武帝一样,都深刻地感受到了自己身处的这个时代的黑暗,迫切地想要打开一条通往光明的道路吧。

宰辅,在外则分陕出镇,以削弱、夺取士族手中的权力。

　　然而这种情势仅仅延续了两个世代,就酿成了宋文帝与亲弟刘义恭君相争权、太子刘劭弑父篡位、南郡王刘义宣趁侄子宋孝武帝登基之初起兵造反等一系列的惨祸,证明就算亲如家人子弟,在庞大的政治利益面前也是靠不住的。受此刺激的宋孝武帝痛定思痛,于是一百八十度反转祖宗之法——这回不管异姓大臣还是同姓宗亲,皇帝都已经信不过了,他索性走上第三条道路:把权力都抓在自己手里,同时打压皇族和士族,扶植只依附于自己的寒人佞倖①。

　　这是一条典型的君主个人独裁之路。在宋孝武帝以后,前废帝刘子业、明帝刘彧都沿袭了这样的道路,既残杀宗室,又侮蔑大臣,最终导致羽翼单薄,失去了稳定的权力集团作为政治助力。政治文化的粗暴化,结果便是在爆发内外战争之际"拳头大的说了算",政治家既然已经控制不住局面,手握兵权的寒门武将于是纷纷趁势夺权上台。这就是刘宋中后期政治史的一条主要脉络,而萧氏皇室的上台也正是这条脉络延伸的自然结果。

　　宋孝武帝刘骏,在元嘉末年的时候还是武陵王、江州刺史。原本父亲的长年在位,已经缔造了长达二十余年的元嘉之治,刘骏也就相对平稳地走着自己的皇子、方镇之路。然而从元嘉三十年开始,他却在短短的一年里就猝然遭遇了好几回残酷的家族内部相残。先是长兄刘劭弑父、山河色变的消息传来。这时候的自己必须做出抉择,是跟随原本就是皇太子的哥哥呢,还是起兵为父报仇? 他最终选择了后者,将刘劭全家屠杀一空。追随刘劭作乱的次兄刘濬也落得同样下场。如此血淋淋的子杀父、弟杀兄,上演连环惨剧,是那之前的中国皇家历史上所未见未闻的,以至于《宋书》的史臣论都感叹道:"甚矣哉,宋氏之家难也。自赫胥以降,立号皇王,统天南面,未闻斯祸。"(《二凶传》)

　　而且,惨剧还不止于此,宋孝武帝刚刚杀兄登基,第二年改元孝建,祸事就接踵而来。宋孝武帝的叔父南郡王刘义宣,原本就担任着荆州刺史,兵强马壮,在得到文帝被弑的消息时也立刻起兵。虽然没有登上皇位,但他与宋孝武帝其实是一同分享了胜利的果实,实质上形成了荆州(刘义

———

① 如第一章所叙,这种"被自己人背叛"的处境在他父亲宋文帝的时期就已有所萌兆,不过宋文帝的表现要和缓得多,大体上仍维持了强势君主与宗室、士族合作的态势。

宣)—建康(刘骏)两分天下的态势。据说是由于宋孝武帝私生活不检,与义宣诸女也就是自己的堂姐妹发生了不清不楚的关系,导致义宣在孝建元年(454)二月大怒起兵——这大约是表面上的借口,本质上则是与泰始初年的明帝—子勋大战一样的皇权之争。于是在父子、兄弟之后,又掀起了叔侄之争。

战事在这一年的六月就平定了。但对于新登位的皇帝来说,这一年的时光已彻底改变了他的人生和整个家族,恐怕也从此改变了他对权力、对世界的观感。战事结束还不到半年,宋孝武帝就在孝建元年十月实施了二十四条改革,限制王侯的待遇,拉开他们与皇帝之间的差距。其中有些是与政治权力直接相关的内容,包括听事不得南向坐(也就是只有皇帝得南向坐);禁止由天子任命的郡县内史相及封内官长对封君秉持君臣关系,要求他们只能自称下官,罢官后便不得追敬(也就是官僚的主君只能有皇帝一个)①。同时,又有多条是从车服制度上确认皇帝与宗室之间的等级差距的,包括大到车、船、舆、帐、幡、服,小到鄣扇、剑、槊秏、带、帐钩的形制,都一一规定了对诸侯王、王子王孙和公主王妃的严格限制。这些规定的目的,无非都是为了从物质形态和视觉感知上强化天子唯我独尊的形象,从细致到生活细节的层面防控其他人——不论是同族还是异姓——产生皇帝可取而代之的意识。这已经不仅是在加强一般意义上的

---

① 《宋书》卷六一《武三王·江夏王义恭传》:"孝建元年……世祖以义宣乱逆,由于强盛,至是欲削弱王侯。义恭希旨,乃上表省录尚书……诏付外详。有司奏曰:'……义恭所陈,实允礼度。九条之格,犹有未尽,谨共附益,凡二十四条:听事不得南向坐,施帐并幡。藩国官,正冬不得跣登国殿,及夹侍国师传令及油戟;公主王妃传令,不得朱服;舆不得重楣;障扇不得雉尾;剑不得鹿卢形;槊秏不得孔雀白鷩;夹毂队不得绛袄;平乘诞马不得过二匹;胡伎不得彩衣;舞伎正冬着褂衣,不得装面蔽花;正冬会不得铎舞、杯柈舞;长蹻、透狭、舒丸剑、博山、缘大橦、升五案,自非正冬会奏舞曲,不得舞;诸妃主不得着綖带;信幡非台省官悉用绛;郡县内史相及封内官长,于其封君,既非在三,罢官则不复追敬,不合称臣,宜止下官而已;诸镇常行,车前后不得过六队,白直夹毂,不在其限。刀不得过银铜为饰;诸王女封县主,诸王子孙袭封之王妃及封侯者夫人行,并不得卤簿;诸王子继体为王者,婚葬吉凶,悉依诸国公侯之礼,不得同皇弟皇子。车非辂车,不得油幢;平乘船皆下两头作露平形,不得拟象龙舟,悉不得朱油;帐钩不得作五花及竖笋形。'"又《宋书》卷十八《礼志五》:"宋孝武孝建元年,丞相南郡王义宣,二年,雍州刺史武昌王浑,又有异图。世祖嫌侯王强盛,欲加减削。其年十月己未,大司马江夏王义恭、骠骑大将军竟陵王诞表改革诸王车服制度,凡九条,表在《义恭传》。上因讽有司更增广条目。奏曰……"云云,所载略同。

皇权,而且是在加强作为皇权代表者的皇帝个人权力,是将皇帝从皇族中独立出来,强调其"孤家寡人"的至高地位。自宋孝武帝以后,整个宋齐时代都充溢着这种皇帝对皇族内部已达到不近人情程度的猜忌提防,屡屡上演皇室内部的大屠杀悲剧。究其滥觞,宋孝武帝实开其端。

对于士族大臣,宋孝武帝则同时从中央、地方和人身三个层次进行高强度的打压。在朝廷中枢,他省置录尚书事,要求事务不得集中于尚书令仆,分执掌人事权力的吏部尚书为二人,这些举措的核心精神无非就是尽量分散尚书省的权限,避免出现宰相的个人集权①。在地方上,则从扬州分出东扬州,从荆州分出郢州②。自东晋以来,扬州为内,荆州为外,户口半天下,是朝廷的两大支柱,分其境土,也就是削弱两州长官的势力,防止强臣压主的意思了。

最特别的是,在个别人身的层面,宋孝武帝完全是肆无忌惮地把贵族官僚们当作奴隶弄臣来嘲弄侮辱,务求彻底践踏他们的人格尊严而后快,包括给他们取各种嘲笑身体缺陷的绰号、让奴隶对大臣施行杖罚、对人子侮辱其父等等③。这恐怕是宋孝武帝留给一般读史者最鲜明的形象了。如果只看史书中这一方面的描写,或者会以为这只是一个荒诞变态的"昏君"行径;然而与前两方面配合来看,却可以知道他的这种言行态度其实是组织在整体性的政治意图当中的。

---

① 《宋书》卷六《孝武帝纪》载孝建元年正月诏:"尚书百官之元本,庶绩之枢机,丞郎列曹,局司有在。而顷事无巨细,悉归令仆,非所以众材成构,群能济业者也。可更明体制,咸责厥成,纠核勤惰,严施赏罚。"又同年"六月"条:"戊子,省录尚书事。"同书卷八四《孔觊传》:"世祖不欲威权在下,其后分吏部尚书置二人,以轻其任。"

② 《宋书·孝武帝纪》:"(孝建元年六月)癸未,分扬州立东扬州。分荆、湘、江、豫川立郢州。"又卷六六《何尚之传》:"荆、扬二州,户口半天下,江左以来,扬州根本,委荆以阃外,至是并分,欲以削臣下之权,而荆、扬并因此虚耗。尚之建言复合二州,上不许。"

③ 《宋书》卷七六《王玄谟传》:"孝武狎侮群臣,随其状貌,各有比类,多须者谓之羊。颜师伯缺齿,号之曰齴。刘秀之俭吝,呼为老悭。黄门侍郎宗灵秀体肥,拜起不便,每至集会,多所赐与,欲其瞻谢倾踏,以为欢笑……柳元景、垣护之并北人,而玄谟独受'老伧'之目……又宠一昆仑奴子,名白主。常在左右,令以杖击群臣,自柳元景以下,皆罹其毒。"卷五七《蔡兴宗传》:"时上方盛淫宴,虐侮群臣,自江夏王义恭以下,咸加秽辱,唯兴宗以方直见惮,不被侵媒。"卷五九《江智渊传》:"上每酣宴,辄诟辱群臣,并使自相嘲讦,以为欢笑。智渊素方退,渐不会旨。尝使以王僧朗嘲戏其子景文,智渊正色曰:'恐不宜有此戏。'上怒曰:'江僧安痴人,痴人自相惜!'智渊伏席流涕。"

在打压士族的另一面,则是大力提拔寒人恩倖。这种政治手段倒并不始于宋孝武帝,早在宋初甚至东晋已可见其端倪。但宋孝武帝朝仍是这一政治动向的标志性时期,因为由寒人担任的中书通事舍人一职正是在这一时期超越了人主爪牙的藩篱,开始公然侵吞中书省甚至宰相的权力地盘。宋孝武帝宠信的寒人戴法兴、寒门巢尚之直接参与到官员的升迁贬降赏罚等大处分中,连宰相都噤若寒蝉,不敢与之颉颃①。此外,派遣到地方上催索租税的台使,在永明时代成为地方上的沉重负担,而这一差使也是宋孝武帝首开其例的。

宋孝武帝是如此张扬地走上了独裁之路。而类似的表现或心态,不管是对同姓皇族、异姓士族还是寒门寒人,我们从齐武帝身上其实也都已经看到过了。如前所述,南齐朝廷对于反映着阶级身份等级的服色制度是极为重视的,尤其皇室内部的违制屡屡造成问题。齐武帝第三子萧子卿违禁使用玳瑁乘具、纯银马镫和金箔箭脚,被严厉禁止(参见第六章),齐武帝在呵责子卿的诏敕中有这样的话:"吾前后有敕,非复一两过,道诸王不得作乖体格服饰。"可知永明朝对此是三番四次颁下过类似敕令的,只是今天已不见于记载而已。如果联系宋孝武帝以来酿成的这一时代背景,我们便不难理解齐武帝为何要对儿子用点什么器物都如此敏感,动辄大怒了。因为他正是一个生活在宋孝武帝所制造的意识形态世界中的人。

在对待士族的方面,齐武帝在表现上倒是要比宋孝武帝和缓得多,而这也就成为永明朝和大明朝最本质的区别之一。宋孝武帝对士族的这种全面压制,不仅与东晋时代迥然有异,而且也不见于刘宋前期的武帝、文帝朝。士族之衰,可以说就起于宋孝武帝朝。而前文已经谈到,永明朝的政府管理重点在于地方官吏,对中央机构却未见有任何伤筋动骨的改革。齐武帝保留了对士族宰相王俭最大的尊重,几乎完全不干涉他手中的士

---

① 《宋书·恩倖·戴法兴传》:"世祖亲览朝政,不任大臣,而腹心耳目,不得无所委寄。法兴颇知古今,素见亲待,虽出侍东宫,而意任隆密。鲁郡巢尚之,人士之末,元嘉中,侍始兴王濬读书,亦涉猎文史,为上所知,孝建初,补东海国侍郎,仍兼中书通事舍人。凡选授迁转诛赏大处分,上皆与法兴、尚之参怀,内外诸杂事,多委明宝。……世祖崩,前废帝即位,法兴迁越骑校尉。时太宰江夏王义恭录尚书事,任同总己,而法兴、尚之执权日久,威行内外,义恭积相畏服,至是慑惮尤甚。废帝未亲万机,凡诏敕施为,悉决法兴之手,尚书中事无大小,专断之,颜师伯、义恭守空名而已。"

族选官人事大权,对士族也几乎不见有公然侮辱践踏其人身尊严的记载。这一点是他得以与士族社会长期维持合作关系的原因。但是,从根本上说,他对士族的态度也处在宋孝武帝的延长线上。在他的内心,是同样对门阀社会缺乏认同,以嘲笑士族贵臣为乐的①。而他之所以能够"长吏犯法,封刀行诛",断然诛杀王氏的核心人物王奂,背后的原因也正在于士族经历过宋孝武帝朝以来的重重打压,处境已经大不如前了。

至于齐武帝身边大大小小的寒人集团,我们从正文中也已经看到许多了。齐武帝朝恩倖的权势之盛,比之宋孝武帝朝也不遑多让。王俭就曾叹息说:"我虽然官位至高,但权势恩宠又哪里比得上皇帝的亲信茹法亮呢?"②当然,这句话也不好完全当作实情理解,因为王俭在当时的权力之重、皇帝对其的尊重之高,都是无可否认的。王俭感叹自己的权力不如茹法亮,恐怕不过是他的愤慨之辞而已。但是,寒人恩倖已经足以让士族宰相在心理上感受到威胁,这一点却是宋孝武帝朝和齐武帝朝高度类似的。而在他们的背后,就有着不甘于被士族阶层钳制的强君主的身影。

风浪中的掌舵人:官禄·迎送·小满

如果说以上所述都还是一些大方向上的继承,那么在具体的政府管理、社会管理政策上,齐武帝的一些施政更是直接如影子一般复制,或强化了宋孝武帝的举措。

在政府管理上的好些方面,包括恢复官禄、整顿迎送、实施小满政策等,两位武帝的身影都高度重叠。首先是恢复官禄。在第五章中我们已经详细讨论过,齐武帝恢复治民官田秩,是基于自宋明帝泰始时期以来军

---

① 本书第六章第二节所述派遣宫女教导胡谐之家人正音的轶事就是最典型的表现。齐武帝因得到了嘲弄贵族的机会而哈哈大笑,这反映出他的心理状态;但这种嘲弄只是隐约的暗讽,甚至没有直接以贵族为指斥对象,更不必说像宋孝武帝那样的辱骂虐待了。

② 《南史》卷七七《恩倖传》:"(茹)法亮、(吕)文度并势倾天下,太尉王俭常谓人曰:'我虽有大位,权寄岂及茹公?'"这一时期的"寒人三公"也是南朝史上引人注目的现象,但值得注意的是,这类现象都体现在个别人事上(背后当然有着寒人兴起的时代潮流),而如前所述,整体的贵族官僚体系在武帝治下反而是颇有安全保障的。

国多事、"百官断禄"的历史现实。而类似的局面,早在宋孝武帝年间其实就已经出现过了。宋文帝元嘉北伐,为了筹措军费而绞尽脑汁,不仅以借款的名义强制向民间富人收取献金,还削减内外百官俸禄的三分之一①。然而元嘉北伐的大败使一切努力都成了泡影,国家当然也就没有余力来偿还富人、官僚们的债款,陷入上下交攻的困境。

在皇帝已经对此无能为力的时期,只能放任局面糜烂;但一旦国家财政好转,皇帝振起恢复统治力的雄心,恢复官禄就成为他们的努力方向。《宋书·孝武帝纪》"大明元年二月"条:"己亥,复亲民职公田。""大明二年正月"条:"丙辰,复郡县田秩,并九亲禄俸。""大明六年二月"条:"乙卯,复百官禄。"恢复官禄的规模逐步扩大、力度逐步增强,正反映着宋孝武帝朝后期大力强化皇权的成效。然而宋孝武帝一旦驾崩,国家顿时陷入混乱,不久便酿成九州同反的大祸;新上台的明帝为了筹措军费,已经不惜卖官鬻爵,更何从发放百官的工资,宋孝武帝的这些政策自然也就化为乌有。从宋文帝朝到宋孝武帝朝,再从宋明帝朝到齐武帝朝,历史如同浪头的两次起伏,画出了相似的轨迹,而两位武帝就如同在风浪中掌舵的船工一般,倾尽了全力要把散了架的船只维持拼合在一起。

与此相关联的是控制送故迎新等灰色收入。如第五章所述,萧嶷在荆州刺史任上下令禁绝自己州府、军府的迎送,并在齐武帝登基后建议他将这些灰色收入的调控都统一收归中央,核准可否。事实上这也正是南朝与现代社会的一个巨大差异所在——在"制度"之外存在着庞大的非制度化的灰色地带,不,毋宁说,追求整齐划一的"制度"在那个高度依赖惯性、人情,因地而异、因时而异的社会里才是特殊的东西。因此齐武帝对此能做的是极其有限的,他甚至无法对迎送旧典加以干涉,只能试图控制此外的部分。而同样的困境,以及同样微弱的努力,正同样先见于宋孝武帝的身上。

《宋书·孝武帝纪》"大明五年(461)八月"条:"庚寅,制方镇所假白板郡县,年限依台除,食禄三分之一,不给送故。"可知宋孝武帝无法对一般的贵族官僚都禁止送故,他针对的对象,是方镇大吏自行任命的"白板"郡县长官。所谓白板,与"台除"相对,也就是任命书上没有加盖皇帝印玺的任官形态。在权力强盛的中央政府下,这类官僚名不正言不顺,当然没

---

① 《宋书·文帝纪》"元嘉二十七年二月"条:"以军兴减百官俸三分之一。"同年"三月"条:"乙丑,淮南太守诸葛阐求减俸禄同内百官,于是州及郡县丞尉并悉同减。"

有存在的理由;但在那个时代,他们却在地方上拥有实质性的权力。白板郡县长官的人数越多,也就意味着地方上政令不由天子的成分越高。由方镇任命的官吏,听命的主君当然是方镇而不是皇帝。所以这类官员就代表着对皇帝集权最为不利的那些含有封建割据色彩的成分。在延续了汉代任侠传统的整个中古时代,这种渗透到国家公权力中的私人关系都很容易形成"故吏"纽带,让皇帝的行政命令难以畅通无阻。在这条政策中,规定这类官员俸禄仅能达到中央朝廷任命的同等官员的三分之一,任期须保持一致,又失去"送故"这一大笔外快,总之都是为了压缩其收入空间,其打压意图一目了然。同时值得注意的是,宋孝武帝于次年就发布了恢复百官俸禄的命令。这些命令之间显然有着和永明时代政策类似的配套关系,都是胡萝卜与大棒齐飞。不过,齐武帝的政策都是针对全体官僚的,先给地方官员恢复了田秩,在给了甜头的前提下,再取缔除迎新送故之外的其他陋规;而宋孝武帝却是积极打压自己控制范围之外的白板郡县,而后再对全体官僚恢复俸禄,措施的力度和次序都与齐武帝不同。宋孝武帝的做法是早有通盘考虑的配套措施呢,还是因威压政策引起不满而不得不追加怀柔手段? 则暂时还难以断言。从他一贯的形象手段来看,后者的可能性较大;而齐武帝所作的微调,或者也就是因为吸取了前代的教训而为之。

如上引史料所见,宋孝武帝要求白板郡县"年限依台除",意思是要求所有地方治民官的任期都统一为三年。刘宋初年,地方官的任期名为六年,实际上却迁换无常。宋孝武最先对此作出整顿行动,试图将任期固定为三年,这就是前文已经讨论过的小满之制。然而至齐武帝时,却又不得不再度重申这一政策,可知宋孝武帝虽然对此作出了努力,却是收效甚微的。说到底,要求多迁速迁,是士族阶层的愿望,反映着他们的阶层及个人利益,宋齐时代的官僚社会整体上是按照这种意愿在运转的;而宋孝武帝和齐武帝的两次努力,则代表着国家意志与之博弈,要求结束行政体系的混乱无序状态。

面向民众: 户籍与宗教

在政府管理之外,齐武帝的社会管理政策也紧随着宋孝武帝的步伐,或强化,或回缩。

永明年间最大的社会问题就是户口伪滥,政府头疼的是伪造户口逃避劳役的人太多,民间头疼的则是要遭受政府的收紧清查。永明时代最大的一次社会动乱也就是由此引起。这些情形我们在正文里都已经看到过了。但其实,宋孝武帝孝建元年就已发起过一次"书籍"运动,对户籍进行记录清查。齐武帝在这方面完全处在宋孝武帝的延长线上。而这一切的起源,都来自宋文帝元嘉二十七年北伐时的所谓七条征发政策。这一政策的细目已不清楚,较其大旨,则应系当时由于发动大军北伐,军役的需求猛增,为了明确哪些人家需要服军役而出此条例,对符合若干条标准的父祖任官之家给予免除劳役的待遇,并将其作为新的内容写入户籍中。这造成宋文帝朝以前、以后的户籍成为类型不同的两批,此后政府便只看文帝朝以后的户籍,不再复核那之前的户籍了。这就给了很多人上下其手的空间。据说当时花一万余钱就可以伪造一份新的户籍替换旧户籍,获得免役特权的人家越来越多,承担劳役者则越来越少,整个社会变成了头重脚轻的倒金字塔形,自然不堪重负①。不管是宋孝武帝还是齐武帝,承担的都是为元嘉末年乱局收拾善后的任务。

类似的关系还表现在宗教政策上。前面提过,齐武帝以仲裁人的姿态,要求沙门虽不须致敬王者,但在君主面前要称名而不准自称"贫道"。而宋孝武帝就曾于大明六年九月,"制沙门致敬王者"②。和这位暴君的其他行动相似,宋孝武帝对佛教看来也是毫不留情。这一次的政策出台没有任何商量的余地,直接对僧人下达了判决。这一政策虽然细节不详,但"致敬"一语大致可以想见是要求行礼跪拜的。和萧赜的佛

---

① 《南齐书》卷三四《虞玩之传》:"宋元嘉二十七年八条取人,孝建元年书籍,众巧之所始也。元嘉中,故光禄大夫傅隆,年出七十,犹手自书籍,躬加隐校。"又《通典》卷三《食货三》载梁武帝时沈约上言:"晋咸和初,苏峻作乱,版籍焚烧。此后起咸和三年以至于宋,并皆详实,朱笔隐注,纸连悉缝。而尚书上省库籍,唯有宋元嘉中以来,以为宜检之日,即事所须故也。晋代旧籍,并在下省左人曹,谓之晋籍。有东西二库,既不系寻检,主者不复经怀。狗牵鼠啮,雨湿沾烂,解散于地,又无扃縢。此籍精详,实宜保惜,位高官卑,皆可依按。宋元嘉二十七年,始以七条征发。既立此科,苟有回避,奸伪互起,岁月滋广,以至于齐。于是东堂校籍,置郎令史以掌之,而簿籍于此大坏矣。凡粗有衣食者,莫不互相因依,竞行奸货,落除卑注,更书新籍,通官荣爵,随意高下。以新换故,不过用一万许钱,昨日卑微,今日仕伍。凡此奸巧,并出愚下。"
② 《宋书·孝武帝纪》。

教政策相比,两位皇帝斩钉截铁的姿态如出一辙,而手腕的刚柔却有显著差异。

不过,纵观上述宋孝武帝的政策,大多都只是在其在位时短暂生效,而死后即迅速反弹。例如小满三年之制虽下而不行;而僧人致敬王者的政令也迅速地失效,如第五章引《高僧传》卷十三《释法献传》所记,"宋之中朝(也就是宋孝武帝朝),亦颇令致礼,而寻竟不行",这些情形都反映出宋孝武帝朝的强制措施是难以长久持续的。与之相比,萧赜令沙门称名而不强制其跪拜,可以说是给佛教留足了面子;而他逐步将寺院转化为社会福利机构的设想,更有点"软刀子杀人不见血"的味道了。

两个"贪财"皇帝

甚至在个人性情上,两人也有着惊人的相似之处,那就是"贪财"。《资治通鉴》卷一二九"宋大明八年"条:

> 上末年尤贪财利,刺史、二千石罢还,必限使献奉,又以蒲戏取之,要令罄尽乃止。

两人都要求地方官僚在卸任回朝时奉献所得,这种像黑帮大哥一样直接洗劫小弟的行径,放在今天的政治家身上是难以想象的,但两位皇帝却都干得不亦乐乎。不过,齐武帝有着幼年时贫困潦倒的心理因素;而宋孝武帝却是生为皇子,从来没有尝到过身为下等人的滋味,他的贪财大约更应从天生的性格和南朝世风中贪鄙世俗的一面去解释。

更值得注意的是,这种财富上的压榨,如果配合宋孝武帝在政治和个人尊严上极力打压士族官僚阶层的表现一起观察,便会意识到这同样是他扩张皇权、压抑士权的表现。因此宋孝武帝在这种方面,同样不改好走极端的一贯本色,不仅主动要求奉献,更不惜使出赌博之类不上台面的手段,务求榨干对方而后快,他对士族官僚层的压榨是含有敌意的。然而这种敌意在永明朝却加入了更多的"恩义"色彩,齐武帝并未单方面地索取,而是在贪财的同时,对于向自己忠心奉献的下属、同僚也给予相应的回报,暗示许诺给他们更好的前途,甚至偶尔还会摆摆姿态,表示你我如此情分何必讲钱? 等着对方自己识时务双手奉上。臣子们同样都是被割肉,但被齐武帝割的时候显然要心甘情愿得多了。

如影随形:"皇帝怎么当?"

在萧赜还年轻的时候,在他居住在都城的那些日子里,当朝天子正是宋孝武帝。尽管当时他作为底层少年、一介寒士,无从接近皇帝本人;但在都城的街谈巷议里,他是否曾听到过当朝天子的各种八卦逸事,又或者从当朝的施政中有所感受,从而形成了对"皇帝""治国"的一种潜在认知呢?

"——原来,皇帝是这么当的啊。"

这种印象,说不定就是他日后自觉不自觉地对宋孝武帝亦步亦趋的原因所在。到他年长后参与到实际政治中,甚至自己登基为帝后,当然更能从理性上明白宋孝武帝面对的治国困境到底是什么——前辈未能成功收拾完的,元嘉末年以来的那副烂摊子,现在交到自己手上来了。

不过,齐武帝的施政与行事尽管在方方面面都在沿着宋孝武帝的方向前行,但却走得更务实,更柔软,也因此获得了更大的成功——这应该是基于他本人从基层的贫寒生活、刀枪战火中厮杀上来的人生经验,或许也因为他毕竟拥有了更多的历史经验,知道前车之辙不可覆蹈。在《宋书》卷六《孝武帝纪》中,沈约对宋孝武帝的史臣之论是:

> 役己以利天下,尧、舜之心也;利己以及万物,中主之志也;尽民命以自养,桀、纣之行也。观大明(457—464)之世,其将尽民命乎!

对门阀士族极尽打压践踏之能事的宋孝武帝,最终在士族所书写的正史中被盖棺论定为桀纣之君。而齐武帝的治世,却总算在那一片荒凉残乱的时代中,开启出了虽不"永恒",却依然称得上"明亮"的一纪时光。

在东晋—南朝这一历史阶段中,南朝在总体上可以说是一改东晋时期的强臣压主(所谓"门阀政治")态势,逐步转向追求强化君权,削弱士族政治势力。这是在宏观史学研究中已经谈论得很多的话题。但如果将镜头聚焦到更微观的层面,观察每一代帝王的具体施政,便会注意到其进程并非一帆风顺的，而是既走过挫折弯路，也有吸收经验教训之后的卷土重来。宋孝武帝、前废帝走的是一条毫不留情、毫不妥协的"硬着陆"路线，刘宋末年的衰败混乱，正是这一极端路线失败酿成的苦果。而新朝建立以后，南齐两代君主虽然在政权形式上是作为敌人推翻了刘宋，但在政治遗产上，却是朝着同一条线路的二段推进。

一段宋齐时代史：从国贫民富到国富民贫

齐武帝在施政上对宋孝武帝是如此的如影随形，但收获的成果却大相径庭。他们的关系，就好比是"后元嘉时代"这重历史波涛的波谷和波峰。

越智重明先生精辟地指出，宋孝武帝的孝建、大明时代，是一个国家财政面对着外忧内患、濒临破产的时期，然而民间却在积蓄财富及与之相应的权力，造成了国贫民富的局面。国家权力（财富）与民间势力（财富）之间的这种反差，既表现在皇帝与方镇豪强的紧张关系上，也表现在民间百姓渴望摆脱阶层束缚，千方百计实现社会地位攀升的潮流涌动上。如前所言，在刘宋中后期开始户籍伪滥以后，花钱买通一份假户籍须要花一万钱，这已经不算是一个小数目了，然而民间却如潮水般对此趋之若鹜，足以证明当时富户之多。社会上创造出来的财富大量地流入士族官僚和庶民富人手中，而没能如皇帝所愿进入国库，是宋孝武帝面对的一个最大危机，也是他处心积虑想要改变的局面。然而终其一生，这一宏愿都没能成功，他"在位期间国力衰退，其采取的对策也基本上没有取得成效"[1]。在他去世以后，宋明帝时期民间的奢侈成风，直接导致了萧道成上台后大力推行禁绝政策，这一情形我们已经在前文有所展现了。

与之相反地，如本书中所详细论证的，齐武帝所造就的，却恰恰是一个"国富民贫"的时代。当然，这里的"民贫"在多大程度上真的打压了富人阶层，还是个疑问，或许只是百姓阶层继续分化，原本的贫民更加贫困了而已。但无论如何，永明时代的国家之富，我们已经清楚地看到了。而永明年间唯一一次民间爆发的战乱，也就是由于这个富裕的庶民阶层遭到国家打压而掀起的。

---

[1]　越智重明《宋孝武帝及其时代》。

当然,国内、国际的政治局势也是这种局面得以扭转的一个重要因素。宋孝武帝时期,反复爆发宗室大将的叛乱,与北魏之间的军事紧张也从未缓解,为此而支出的庞大军费掏空了政府的腰包。而从建元末年开始,永明时代不仅基本未发生国内的大乱,对北魏更是进入持续的和平外交期。尽管齐武帝北伐之志不息,但毕竟没有真刀真枪地把钱花在军费上,这也有力地促进了国力的宽松反弹。

在这一意义上,齐武帝可以说也就是实现了宋孝武帝所未能实现的夙愿,解决了宋孝武帝毕生焦虑的一个核心问题。从元嘉二十七年胡马临江以后,直到永明十一年齐武帝驾崩为止,我们可以清晰地将刘宋中期至萧齐中期的历史划分出三个阶段:

一,宋孝武帝、宋前废帝时期。这一时期的皇帝不得不吞下元嘉北伐的苦果,面对着内外战乱频仍、国家财政濒临破产的困境,极力强化皇权,出台种种政策,与贵族、豪族乃至商贾富人争夺权力与财富。然而(由于缺乏历史经验、理性认知以及皇帝个人的人格缺陷),他们采取了一种露骨压榨的路线,毫不掩饰地收夺士族和百姓的资源,甚至表现为对个人尊严和生命的恣意践踏,最终导致了鱼死网破的局面,天下崩盘,进入泰始初年的大混战。

二,宋末齐初,从宋明帝泰始年间到齐高帝建元初年(也就是本书所述萧赜人生的主要奋斗期),是这一波皇权强化浪潮破局后的剧烈阵痛期,内忧外患有增无减,中央朝廷却已经失去了宋孝武帝那样至少还有意图、有能力进行强力驾驭的君主,萧道成、沈攸之这样的寒门权臣乘机迅速形成了足以吞并天下的势力,最终萧家一蹴而就,取刘氏而代之。在社会经济上,延续着国弱民强的趋势(在中央政府已经无力操控的情形下,这可以说是必然的结果);而在政治上,则开始迎来新的转折契机。

三,齐高帝建元末年至齐武帝永明末年,从皇帝的角度看,可以说是进入了"重整河山"的时期。第一波君权强化浪潮中昙花一现、没能最终达成的那些目标,在重新出现一个强政府、强君主时,再度像影子一样被追求,并且在相当程度上取得了成功(或显著推进)。永明时代,可以说就是大明时代在经历曲折以后重新迸发的升级版。齐武帝最终积攒起了雄厚的国库,维持了稳定的和平外交,布下了太子有为、国无权臣的时局,从君权强化、打造强势中央政府的目标来说可谓达到了相当的成功。这个政府原本是被寄予厚望,可能继续有一番作为的。然而必然性与偶然性相互作用的结果,却使得永明以后,内政外交再度如雪崩般急转直下,又呈现出与刘宋末年相近的形势。而下一次接过接力棒的强君主,则要等到梁武帝萧衍登场了。

萧赜简谱

刘宋元嘉十七年（440），萧赜一岁

六月三日，萧赜出生于建康城东之清溪萧氏宅。史载当夜其祖母、母亲同时梦见龙据屋上，故小字龙儿。

十月，宋文帝罢黜宰相彭城王刘义康，贬为江州刺史。萧赜祖父萧承之被任命为龙骧将军，前往防守，父亲萧道成随往。家中由萧赜祖母陈氏操持家事，贫寒度日。

此前一年，北魏攻灭北凉，统一北中国。

元嘉十八年（441），萧赜二岁

五月，沔水（汉江）泛滥。

十一月，氐人杨难当入寇汉川。十二月，朝廷遣军讨伐。

元嘉十九年（442），萧赜三岁

督雍、梁、南秦三州及荆州之南阳等六郡诸军事、雍州刺史刘道产卒。

按沔水自汉中流入襄阳，沔水泛滥则当地土著不安，故氐人入寇。适值当地民众爱戴之长官刘道产病卒，继任者不能安抚，遂引致长江中上游群蛮大起。

萧道成率领偏军讨伐沔北蛮。

元嘉二十年（443），萧赜四岁

元嘉二十一年（444），萧赜五岁

二弟萧嶷出生。按萧道成本在雍州讨蛮，史称其此年"伐索虏，至丘槛山，并破走"，似与在家生子冲突。宋魏于元嘉二十年年初及年末围绕仇池争夺激战，萧道成既讨沔北蛮，或即就近赴援，疑史书误记为二十一年。若是，则其当于仇池战事后一度归家，得于次年生子。

263

元嘉二十二年（445），萧赜六岁

元嘉二十三年（446），萧赜七岁

雍州刺史萧思话镇襄阳，萧道成随从前往，讨破诸蛮，此后升任左军中兵参军。

萧赜与父亲短暂共处两年后再度分别。

元嘉二十四年（447），萧赜八岁

祖父萧承之去世，卒官南泰山太守、右军将军。

元嘉二十五年（448），萧赜九岁

元嘉二十六年（449），萧赜十岁

元嘉二十七年（450），萧赜十一岁

文帝第二次北伐失败，北魏太武帝拓跋焘渡过淮水，进逼彭城。十二月，萧道成随辅国将军臧质等率军救援，为魏兵所败，围困于盱眙城中。

元嘉二十八年（451），萧赜十二岁

二月，盱眙围解，萧道成返回京师。萧赜兄弟与父亲睽违五年后重聚。

十月，宋魏相互遣使。

元嘉二十九年（452），萧赜十三岁

文帝第三次北伐，萧道成再度出征，领偏军征仇池，一度攻入关中。

堂弟萧鸾出生。萧鸾少孤，由萧道成家抚养，与萧赜兄弟一同生活。

元嘉三十年（453），萧赜十四岁

二月，宋文帝为太子刘劭所弑。四月，文帝三子刘骏讨平刘劭，即位，是为孝武帝。

萧道成因兵疲力少，又值文帝去世，遂退兵。自此萧道成回归都城生活，萧赜兄弟与父亲团聚。

宋孝武帝孝建元年（454），萧赜十五岁

萧道成除江夏王刘义恭大司马参军。

孝建二年（455），萧赜十六岁

孝建三年（456），萧赜十七岁

刘义恭进位太宰，萧道成随府转为太宰参军，迁员外郎、直阁中书舍人。

宋孝武帝大明元年(457)，萧赜十八岁

大明二年(458)，萧赜十九岁

正月，西阳王刘子尚为抚军将军，萧道成任抚军参军。

萧道成三子萧映出生。萧赜长子萧长懋出生。

大明三年(459)，萧赜二十岁

萧道成任建康令。按此事史未明载年月，自大明二年至大明四年皆有可能，姑置于此年。

大明四年(460)，萧赜二十一岁

萧赜约于此年或次年起家为江州寻阳国侍郎。此后数年间辟州西曹书佐，出为赣令。

萧道成四子萧晃出生。萧赜次子萧子良出生。

大明五年(461)，萧赜二十二岁

新安王刘子鸾为北中郎将，简选僚佐，萧道成任北中郎中兵参军。

大明六年(462)，萧赜二十三岁

萧赜祖母陈氏约于此年去世，萧道成丁忧在家。按此事年月亦不详，以前后事迹推之，姑置于此年。

大明七年(463)，萧赜二十四岁

萧赜仍在江州任职。

大明八年(464)，萧赜二十五岁

萧道成约于此年丁忧期满，起为武烈将军，复为建康令，北中郎中兵参军如故。

萧赜二弟萧嶷约于此年起家为太学博士。

宋前废帝永光元年(八月改元景和)/宋明帝泰始元年(465)，萧赜二十六岁

十一月，湘东王刘彧刺杀废帝，即位，是为明帝。十二月，江州刺史晋安王刘子勋亦举兵反。

萧道成被任命为右军将军，加辅国将军，负责建康东面战事。

萧赜时任赣令。

泰始二年(466)，萧赜二十七岁

萧赜拒绝投入刘子勋阵营，被南康相沈肃之逮捕下狱，由族人门客救出。遂击破追兵，据郡城，自号宁朔将军，率部曲百余人起兵响应中央。

后因敌兵势大，避屯揭阳山中，聚众至三千人，复进击占据郡城，遣军攻袭江州重镇豫章郡,途中与刘子勋军相拒于西昌。

与此同时,萧道成东讨,于晋陵郡一日破敌十二垒,东境刘子勋阵营诸城相继奔散。二月,薛索儿寇淮阴,萧道成奉命赴援,破之,封西阳县侯,迁巴陵王卫军司马,随镇会稽郡。除桂阳王征北司马、南东海太守、行南徐州事。

八月,刘子勋兵败身死。萧赜被征为尚书库部郎,入京任职。复于此年或次年转任桂阳王、征北大将军刘休范征北中兵参军,参与北讨薛安都战事,并于此时或稍后封为西阳县子,带南东莞太守。按史书所载"西阳县子"可商,疑为"西阳县五等子"或"西阳县侯世子"之误,详见本书正文辩证。

泰始三年(467),萧赜二十八岁

正月,薛安都招引北魏南侵,朝廷以萧道成为假冠军将军、持节、都督北讨前锋诸军事,镇淮阴,与魏军相持于淮河一线,力保淮南不失,以功封为西阳县开国侯。迁督南兖徐二州诸军事、南兖州刺史,持节、假冠军、督北讨如故,职掌刘宋对北边防。

萧道成五子萧晔出生。

泰始四年(468),萧赜二十九岁

萧赜三子萧子卿、四子萧子响出生。

泰始五年(469),萧赜三十岁

十二月,刘休范升任中书监、中军将军、扬州刺史,其征北将军府解散。萧赜从其府中离职后,大约短期任职越骑校尉、散骑侍郎。

萧道成进督兖、青、冀三州诸军事,职权进一步强化,全面掌控刘宋淮河流域军政。

泰始六年(470),萧赜三十一岁

萧赜转任抚军将军、雍州刺史刘韫抚军长史、襄阳太守,从此转至两湖地区任职,成为长江中游军事民政实权人物。以刘韫组建军府时期推之,其时应在六月。

泰始七年(471),萧赜三十二岁

萧道成为明帝所忌,被召回京,拜散骑常侍、太子左卫率。

萧赜封赣县子,固辞不受。其后转任宁朔将军、广兴相。

泰豫元年(472),萧赜三十三岁

四月,明帝去世。遗诏以萧道成为右卫将军,领卫尉,与尚书令袁粲、护军褚渊、领军刘勔共掌机事。又别领东北选事。寻解卫尉,加侍中,领石头戍军事。萧道成成为"四贵"之一,开始掌握朝政大权。

萧赜五子萧子敬、六子萧子懋出生。

宋后废帝元徽元年(473),萧赜三十四岁

元徽二年(474),萧赜三十五岁

五月,江州刺史桂阳王刘休范反。萧赜遣军袭寻阳,尚未抵达,战乱已经平定。

大约于此年九月,萧赜回朝担任司徒袁粲右长史。

萧赜七子萧子隆出生。

元徽三年(475),萧赜三十六岁

元徽四年(476),萧赜三十七岁

萧赜转任晋熙王镇西长史、江夏内史、行郢州事。

元徽五年(477)/宋顺帝昇明元年,萧赜三十八岁

萧道成弑后废帝,扶立顺帝。

昇明二年(478),萧赜三十九岁

昇明三年/齐高帝建元元年(479),萧赜四十岁

三月,萧道成进位为齐公,萧赜为齐公世子,以石头城为世子宫。

四月初,萧道成为齐王,萧赜为齐王太子。

四月底,萧道成建立南齐,是为齐高帝。萧赜为东宫太子。

建元二年(480),萧赜四十一岁

采纳虞玩之之建议,设板籍官,规定每日清查假冒户籍任务,于是货赂因缘,户籍伪滥。

建元三年(481),萧赜四十二岁

萧赜妻子裴氏去世。

七月,遣使北魏。

建元四年(482),萧赜四十三岁

三月,萧道成去世。萧赜继位,是为齐武帝。以王俭为尚书令,萧嶷为太尉,萧子良为南徐州刺史。

五、六月,下诏赈恤首都及吴兴、义兴受水灾居民。九月,以国哀故,罢国子学。

齐武帝永明元年(483),萧赜四十四岁

正月二日,祠南郊,大赦,改元永明。三日,下诏恢复郡县丞尉之田秩。以萧嶷领太子太傅,萧子良为南兖州刺史。十五日,筑清溪故宅为清溪宫。

三月四日,下诏对治民官考评迁转实施小满制度。七日,因天象失度,下诏延长正月大赦五十日,原宥京师囚系,赈恤贫民。

是年诛杀荀伯玉、垣崇祖。五月,诛车骑将军张敬儿。

七月,北魏遣使来。

十一月二十七日①,遣使至北魏。北魏始班俸禄。

永明二年(484),萧赜四十五岁

正月二日,诏萧子良入朝为护军将军,兼司徒,领兵置佐,侍中如故。时武帝初亲政,水旱不时。诏折租布,二分取钱。子良上启劝谏。

四月二日,诏扬、南徐、南兖、徐、兖五州统内诸狱,并、豫、江三州府州见囚,江州寻阳、新蔡两郡系狱,并部送至中央候审。六月二日,车驾幸中堂听讼。

五月十二日,北魏遣使来。

八月六日,车驾幸清溪旧宫小会,设金石乐,在位者赋诗。诏降宥囚徒。八日,幸玄武湖讲武。十四日,下诏修缮京师二县年久毁发之坟,优恤疾病穷困。

九月二十四日,遣使至北魏。十一月二十六日,北魏遣使来。

此年,诏尚书令王俭制定五礼。

永明三年(485),萧赜四十六岁

正月二十三日,祠南郊,大赦,赈恤京师二县贫民。诏重开国学,以王俭领国子祭酒。是年省总明观,于俭宅开学士馆,悉以四部书充俭家,又诏俭以家为府。

二月四日,祠北郊。

五月二十九日,下诏凡单丁之身及茕独而秩养孤者,并蠲今年田租。

五月,遣使北魏。

---

① 永明年间齐魏外交记在《魏书》,故所系年月皆应为南齐使节抵达北魏,或北魏使节受命出发之日。

七月①,诏丹阳所领及余二百里内见囚,同集京师候审。八月一日,车驾幸中堂听讼。

十月二十八日,诏皇太子萧长懋于崇正殿讲《孝经》毕,行释奠礼,王公以下悉往观礼。

十月,北魏遣使来。

十二月四日,下诏明年春行籍田礼。

永明四年(486),萧赜四十七岁

连年检籍,百姓怨望。正月,富阳人唐寓之反,聚众桐庐,破富阳、钱塘等县,于钱塘自立为帝。武帝遣禁兵讨平。二十九日,车驾幸中堂策秀才。

闰正月十九日,车驾籍田,原死刑以下,蠲除三年以前逋负,孝悌力田,详授爵位,孤老贫穷,赐谷十石。二十六日,车驾幸宣武堂讲武。

三月二十日,国子讲《孝经》,车驾幸学。二十九日,遣使至北魏。

五月三日,诏扬、南徐二州今年户租三分二取布,一分取钱。来岁以后,远近诸州输钱处,并减布直,匹准四百,依旧折半,以为永制。

十六日,以萧鸾为中领军将军。

永明五年(487),萧赜四十八岁

正月二日,以萧嶷为大司马,萧子良正位司徒。雍、司二州蛮虏屡动,十一日,遣军出讨。

三月三日,幸芳林园禊宴。

四月,车驾殷祠太庙,稍赦囚徒。

因霖雨成灾,六月七日,下诏赈赐京师居民;蠲吴兴、义兴二郡租调。

七月二十一日,停丹阳属县中赀以下家庭自建元四年以来至永明三年拖欠田租。

九月九日,出商飙馆登高宴群臣。二十四日,下诏京师及四方出钱亿万,和籴米谷丝绵之属。

十月,兴建皇家园林新林苑。萧鸾出为豫州刺史。

永明六年(488),萧赜四十九岁

正月,诏二百里内狱同集京师,命太子萧长懋于东宫玄圃园宣猷台

---

① 《南齐书》记作辛丑,中华书局修订本《南齐书》校记已指出是月无辛丑,疑为辛未之误。然亦未可断言也。

判决。武帝晚年好游宴,尚书曹事亦分送太子省视。

八月,吴兴、义兴二郡水灾,赐老病残疾口粮。

九月二十五日,车驾幸琅邪城讲武,习水步军。

十月十四日,立冬,初临太极殿读时令。

闰十月①,诏北兖、北徐、豫、司、青、冀八州边接疆场,民多悬磬,免除永明以前拖欠租调。

永明七年(489),萧赜五十岁

正月四日,诏雍州频岁戎役,兼水旱为弊,原四年以前逋租。七日,车驾祀南郊,大赦。京邑贫民,普加赈赐。下诏申令禁止产子不育。

二十四日,诏增诸大夫老臣俸禄。

二月十五日,诏改于高爽处筑孔庙,量给祭秩,礼同诸侯。

四月五日,下诏禁止婚礼奢侈过度。

五月三日,王俭去世,以柳世隆接任尚书令。

六月十五日,车驾幸琅邪城。按六年、九年幸琅邪城皆为讲武,此次亦当如是。

八月四日,北魏遣使来。

十月,下诏重申严禁民间礼俗奢侈之风。

十二月二十五日,遣使至北魏。

此年,御史中丞沈渊表百官年登七十,皆令致仕。永明朝自此以后,削减官员年老后于东西二省挂闲职领年俸之额度。

永明八年(490),萧赜五十一岁

四月一日,诏公卿以下举荐人才。二十七日,北魏遣使来。

七月七日,以阴阳失时、太子患病、水灾历旬,下诏大赦天下。二十七日,因司、雍二州连年歉收,免除雍州八年以前、司州七年以前欠租,延长汝南一郡的复除免役期限五年。

八月一日,因京邑霖雨泛滥,下诏遣中书舍人、二县官长赈恤居民。

武帝四子荆州刺史巴东王萧子响犯罪,是月遣丹阳尹萧顺之率军讨之,子响伏诛。

九月十八日,北魏太皇太后冯氏去世,孝文帝亲政。

---

① 《南齐书》记作乙卯,中华书局修订本《南齐书》校记已指出是月无乙卯。疑乙为己之形讹,己卯为当月三日。

吴兴水灾,十月十一日,下诏开所在仓赈赐。二十九日,免除建元以前欠租。

十一月二十三日,遣使至北魏。

十二月十五日,下诏增尚书丞郎俸禄。

永明九年(491),萧赜五十二岁

正月八日,车驾祠南郊,下诏详量原遣京师见囚系。

二月二十六日,遣使至北魏。四月十二日,北魏遣使来。

九月九日,车驾幸琅邪城讲武,观者倾都,普颁酒肉。二十二日,遣使至北魏。

十一月二十日,北魏遣使来。

永明十年(492),萧赜五十三岁

正月一日,下诏除高赀之户外,完全免除七年以前欠租;赐谷孤老疾病;内外有务众官增禄俸。以萧子良领尚书令。

三月二十五日,遣使至北魏。

四月十五日,萧嶷去世。

五月十四日,萧子良任扬州刺史。

七月二十日,北魏遣使来。

十月①,车驾幸玄武湖讲武。十一日,车驾殷祠太庙。

十一月六日,赈赐京邑遭水灾居民。

十二月,遣使北魏。

永明十一年(493),萧赜五十四岁

正月二日,下诏京师见系囚详所原遣。五日,皇太子长懋病逝。

三月二十五日,因雍州刺史王奂擅杀宁蛮长史刘兴祖,武帝发兵讨伐,王奂伏诛。

四月二日,度东宫文武臣僚为太孙官属。十二日,立长懋长子昭业为皇太孙。

自三月以来,京师霖雨不止。五月十九日,下诏民间拖欠租调延期至秋收。六月三日,雨过,下诏赈赐京邑居民。七月九日,下诏抚恤秦淮河两岸水灾居民,又免除南兖、兖、豫、司、徐五州及南豫州四郡拖欠

---

① 《南齐书》记作乙丑,中华书局修订本《南齐书》校记已指出是月无乙丑。疑此条乙亦为己之形讹,己丑为当月六日。

租调,延长淮河沿岸及青、冀二州新附侨民免役期五年。

七月,武帝病重。十日,北魏宣布中外戒严,讨伐南齐。二十日,命江州刺史陈显达改镇雍州樊城为备。

七月三十日,武帝去世。是日发生竟陵王萧子良与皇太孙萧昭业皇位之争。武帝死后,子良谋主中书郎王融以兵禁宫门,防阻太孙入宫。萧鸾急驰至云龙门,强行突破,引太孙入殿,扶出子良。子良与王融之政变宣告失败,太孙得立,萧鸾辅政。

主要参考文献

(一) 史料

《汉书》,中华书局点校本,1962 年。

《晋书》,中华书局点校本,1974 年。

《宋书》,中华书局点校本,1974 年。

《南齐书》,中华书局点校本,1972 年。

《梁书》,中华书局点校本,1973 年。

《魏书》,中华书局点校本,1974 年。

《南史》,中华书局点校本,1975 年。

《北史》,中华书局点校本,1974 年。

《隋书》,中华书局点校本,1973 年。

《资治通鉴》,司马光撰,中华书局点校本,1956 年。

《通典》,杜佑撰,中华书局点校本,1988 年。

《读史方舆纪要》,顾祖禹撰,施和金、贺次君点校,中华书局 2005 年。

《太平寰宇记》,乐史撰,王文楚等点校,中华书局 2008 年。

《管子》,黎翔凤撰、梁运华整理《管子校注》,中华书局 2021 年。

《论衡》,王充撰,黄晖《论衡校释》,中华书局 1990 年。

《西京杂记》,刘歆撰,葛洪辑,周天游《西京杂记校注》,中华书局 2021 年。

《世说新语》,刘义庆撰,余嘉锡《世说新语笺疏》,中华书局 1983 年。

《金楼子》,萧绎撰,许逸民《金楼子校笺》,中华书局 2012 年。

《颜氏家训》,颜之推撰,王利器《颜氏家训集解》(增补本),中华书局
　　1993 年。

《乐府诗集》,郭茂倩编,人民文学出版社影印傅增湘藏宋本,2010 年;兼

参中华书局点校本，1979 年。

《全上古三代秦汉三国六朝文》，严可均辑，中华书局影印本，1958 年。

《先秦汉魏晋南北朝诗》，逯钦立辑，中华书局 1983 年。

《艺文类聚》，欧阳询撰，汪绍楹校，上海古籍出版社 1965 年。

《大藏经》，《中华大藏经》本，又《大正新修大藏经》本，兼参考赵城金藏、碛砂藏、龙藏、频伽藏、嘉兴藏及常州天宁寺本等。

《真诰》，陶弘景撰，赵益点校，中华书局 2011 年。

《云笈七签》，张君房编，李永晟点校，中华书局 2003 年。

（二）论著

陈明光《六朝财政史》，中国财政经济出版社 1996 年。

程苏东《从六艺到十三经——以经目演变为中心》，北京大学出版社 2018 年。

［日］川胜义雄《六朝贵族制社会研究》，徐谷芃、李济沧译，上海古籍出版社 2007 年。

［日］川胜义雄《魏晋南北朝》，林晓光译，九州出版社 2022 年。

［日］古胜隆一《中国中古の学术》，研文出版 2006 年。

韩国磐《南朝经济试探》，上海人民出版社 1963 年。

韩树峰《南北朝时期淮汉迤北的边境豪族》，社会科学文献出版社 2003 年。

胡阿祥《宋书州郡志汇释》，安徽教育出版社 2006 年。

黄惠贤、陈锋《中国俸禄制度史》，武汉大学出版社 1996 年。

［日］吉田虎雄《魏晋南北朝租税の研究》，大安出版 1943 年。

黎虎《汉唐外交制度史》，兰州大学出版社 1998 年。

李猛《齐梁皇室的佛教信仰与撰述》，中华书局 2021 年。

李硕《南北战争三百年——中国 4—6 世纪的军事与政权》，上海人民出版社 2017 年。

卢海鸣《六朝都城》，南京出版社 2002 年。

吕思勉《两晋南北朝史》，上海古籍出版社 2005 年。

逯耀东《从平城到洛阳：拓跋魏文化转变的历程》，中华书局 2006 年。

彭信威《中国货币史》，上海人民出版社 1958 年。

钱大昕《廿二史考异》，方诗铭、周殿杰校点，上海古籍出版社 2004 年。

沈从文《中国古代服饰研究》,上海书店出版社 2017 年。

宋杰《中国古代战争的地理枢纽》,中国社会科学出版社 2009 年。

谭其骧《长水集》,人民出版社 1987 年。

汤用彤《汉魏两晋南北朝佛教史》,中华书局 1983 年。

唐长孺《魏晋南北朝史论丛》,生活·读书·新知三联书店 1955 年。

唐长孺《魏晋南北朝史论丛续编》,生活·读书·新知三联书店 1959 年。

唐长孺《三至六世纪江南大土地所有制的发展》,上海人民出版社 1957 年。

田晓菲《烽火与流星——萧梁王朝的文学与文化》,中华书局 2010 年。

万绳楠整理《陈寅恪魏晋南北朝史讲演录》,黄山书社 1987 年。

王安泰《再造封建——魏晋南北朝的爵制与政治秩序》,台大出版中心 2013 年。

王瑶《中古文学史论》,北京大学出版社 1986 年。

王伊同《五朝门第》,香港中文大学出版社 1978 年。

王永平《东晋南朝家族文化史论丛》,广陵书社 2010 年。

韦正《魏晋南北朝考古》,北京大学出版社 2013 年。

阎步克《品位与职位——秦汉魏晋南北朝官阶制度研究》,中华书局 2001 年。

严耕望《魏晋南北朝地方行政制度》,上海古籍出版社 2007 年。

［日］越智重明《魏晋南朝の人と社会》,研文出版 1985 年。

赵翼《廿二史札记》,王树民《廿二史札记校证》,中华书局 1984 年。

周一良《魏晋南北朝史札记》,中华书局 1985 年。

周振鹤《汉书地理志汇释》,安徽教育出版社 2006 年。

祝总斌《两汉魏晋南北朝宰相制度研究》,中国社会科学出版社 1990 年。

(三) 论文

程苏东《北魏经学制度三论》,《清华大学学报(哲学社会科学版)》2020 年 6 期。

胡宝国《知识至上的南朝学风》,《文史》2009 年 4 期。

纪赟《中古汉语佛教文献、制度与思想研究的峰峦:评船山彻先生的研究路径及其新著〈六朝隋唐佛教展开史〉》,《华林国际佛学学刊》第二卷第二期,2019 年。

李文澜《两晋南朝禄田制度初探》,《武汉大学学报(哲学社会科学版)》

1980 年 4 期。

饶胜文《试论刘宋时期郢州的设立》,《大同高等专科学校学报》1999 年
    1 期。

孙机《三子钗与九子铃》,收入《从历史中醒来》,生活·读书·新知三联书
    店 2016 年。

王永平《兰陵萧氏早期之世系及其门第之兴起考论》,《南京理工大学学
    报》2007 年 2 期。

王志高《六朝建康城遗址考古发掘的回顾与展望》,《南京晓庄学院学报》
    2008 年 1 期。

[日] 塩沢裕仁《六朝建康の都市空間》,收入氏著《两汉魏晋南北朝都城
    境域研究》,雄山阁 2013 年。

张学锋《六朝建康城的研究、发掘与复原》,收入《蒋赞初先生八秩华诞颂
    寿纪念论文集》,学苑出版社 2009 年。

张学锋《六朝建康都城圈的东方——以破冈渎的探讨为中心》,《魏晋南北
    朝隋唐史资料》2015 年 2 期。

后　　记

　　本书是《萧赜评传》(上海古籍出版社 2019 年)的修订版。关于写作的缘起及宗旨等,在初版的后记中都已经交代过了,这里就不必另起炉灶。以下先原样移录初版后记,以便读者理解始末;再来说明修订上的相关情况。

＊　＊　＊

　　在 2015 年的某一天午后,我接到奚彤云老师的电话,告诉我齐梁文化丛书正在启动第二辑的编写出版工作,其中计划要有一部《萧赜评传》。"我们比较过一些著作,觉得你是最适合的人选。"她说。来自前辈的肯定令我大生知音之感;而在结束《王融与永明时代》之后,我本以为不会再有机会从事类似模式的研究,心里正未免有些割舍不下。在振奋的心情中,我接下了这一写作任务,觉得要给齐武帝写一部传记不会是个太困难的工作。然而后来的工作过程表明,奚老师和我自己都太高估了我当时的能力,对时代整体粗枝大叶的了解远不足以立刻落实到对每一处细节的通透解析上。而在接下来的三年中,意外而来的各种新工作、身体的疲病不支,以及因集中在特定季节而显得繁重的讲义,都在影响着研究与写作的按计划进行,使之比预想的要迟缓得多(为了我的拖延,这里应向丛书策划者及上海古籍出版社的师友致歉)。高歌猛进的状态固然愉快酣畅,但其实也在不知不觉地扰乱着应有的节奏,等到自己惊醒过来,已经身陷泥沼之中,只能万分艰难地一步步重新拔出脚来。2017 年的最后两个月,以及 2018 年 6 月和年底,我几乎是抛弃了其他的一切工作(尽管其中有些是现实上应当优先从事的),让自己完全投入本书的撰写当中,尝试找回那种真正沉浸在学习和写作中的乐趣。这是一次自我挽救,而本书就是自我挽救的见证。

　　本书可以视为《王融与永明时代》的姐妹篇。尽管形式上这不是一部完全符合现代学术规范的专著,但学术性不会低于前者,可读性上则应有过之。尤其在前一部著作中,我对"永明时代"实际上还并没有真正足够的能力去把握,只能浮光掠影地一笔带过,也由此留下了不小的缺憾。这一点,在本书中得到相当大幅度的补完。本书的第四至六章,实际上不妨就读作一册从皇帝视角出发书写的永明时代史。基于同样的理由,有些在《王融与永明时代》中已经讨论得较为充分的问题及材料,在本书中就不一定详细展开,甚至会刻意地避开这些部分,而致力于展现新的角度和景象了。职此之故,如果读者能一并参读两书,或许会更有助于理解永明时代的风云变幻吧。

就作者自己的感受言,这也不是一次纯粹意义上的现代学术研究,而是一次传统史传立场和学术文库印象相结合的写作。从写作中,我更多体会到的,是近于传统史家"著史""立传"式的经验和乐趣,也由此切身体会到了史书书写中的一些更深层的东西。这是一种基础研究,但又不同于论文式的研究。除了同样需要对史料进行尽可能精细的分析论证,利用各种知识推导答案之外,还需要花费大量的精力去考量,面对既有的种种材料,如何能尽可能均衡地构思行文结构,选择去取,将各种材料情节拆分合并,合宜地安排进不同的章节中去,加以有分寸的叙述刻画、分析议论,从而将那一段历史波澜足够通透地、富于整体感和层次感地传达给一般读者?在现代学术模式中,这些因素是通常不必考虑,也不需要成为学者必备训练能力的。

而在写作过程中,我也越来越感到并且相信,面对着我们深感材料匮乏的中古,其实只要稍微加上一些连缀解释的工作,就足以建立起相当完整的历史叙事,这个叙事甚至可以细致到具体人事日月的丝丝入扣。当然,远不如明清近代那样资料多到不知怎么才用得完,但我们依然可能写出细节和面貌足够生动的中世人的历史。尽管各种文献已经十之八九湮没在历史风尘当中,但残余的那一鳞半爪、吉光片羽,仍然携带着远远超出我们想象之上的信息量。关键只是看我们用怎样的工具及眼光去解读而已。而一旦深入到这些细部腠理中去观察,更有可能进一步生发出许多原本根本不会进入视野和思考当中的,新的历史脉络,帮助我们潜入更深的历史地层。如果能以这样的细致程度去复原历史,甚至不需要再添加多少虚构想象,我们便已得到一部足够惊心动魄的历史剧本,几乎可以原样上映。正如宫崎市定先生那句振聋发聩的箴言所言,历史学的任务,就在于"浪漫史诗的重新发现"（《謎の七支刀》）。而梁任公则早已指明：

> 传记体以人为主，不特中国很重视，各国亦不看轻。因此，我们作专史，尽可以个人为对象，考察某一个人在历史上有何等关系。凡真能创造历史的人，就要仔细研究他，替他作很详尽的传。而且不但要留心他的大事，即小事亦当注意。大事看环境，社会，风俗，时代；小事看性格，家世，地方，嗜好，平常的言语行动，乃至小端末节，概不放松。最要紧的是看历史人物为甚么有那种力量。

> 每一时代中须寻出代表的人物，把种种有关的事变都归纳到他身上。一方面看时势及环境如何影响到他的行为，一方面看他的行为又如何使时势及环境变化。

> 我的理想专传，是以一个伟大人物对于时代有特殊关系者为中心，将周围关系事实归纳其中，横的竖的，网罗无遗……若做专传，不必依年代的先后，可全以轻重为标准，改换异常自由。内容所包亦比年谱丰富，无论直接间接，无论议论叙事，都可网罗无剩。我们可以说，人的专史以专传为最重要。（《中国历史研究法》）

前贤垂训，已将本书的一切趣旨囊括在内，无须再费任何赘言了。

基于传记的可读性考虑，本书写作倾向于减少史料原文的引用，尽量直接将其转化为白话叙述；对于引用的史料，如非必要，也不一一加注出处。不过可以请读者放心的是，书中所有关于史实的叙述，都是以严肃的文献记载为依据的，绝无作者的凿空想象之辞。至于观点，当然既有采纳前人研究成果之处，也有作者个人的理解发挥。或者毋宁说，如何能够在有限史料的基础上作最大限度的熔铸发挥，才是作者心心念念之所在。这一点，也正如川胜义雄先生所言：

> 关于历史事实，固可期待其尽可能正确无误；但事实中所包含的意义，却有许多是我个人的解释，这是希望读者谅解的。在我看来，所谓历史学，就是看能将历史上的各种现象整合性地解释到何种地步的试验。（川胜义雄《魏晋南北朝·结语》）

这同样是作者希望向读者自陈的寸心。作为一部带有通俗性的人物传记，本书对于前人成果无法像学术论著一样处处出注说明；不过，凡是较直接承袭或与前人观点重合之处，则仍是尽量注明了的。特别是关于萧赜、萧嶷兄弟之争，以及齐武帝的佛教信仰，李猛博士已有很好的研究，我在考虑这些章节时曾与他往复讨论，仰益甚多，部分内容即以他的研究作为基础。这是应当特别致以谢意的。

在落笔之初，我曾为本书拟了一个题目：《永明乐——南齐武帝萧赜传》。碍于丛书体例，不克如愿，只能寄望于将来有机会改从此题了。

＊　＊　＊

初版后记的末尾，提到在书题上留下的一个小小遗憾。这一遗憾在修订版中愉快地得到了弥补。"永明乐"本是南齐乐府中的一组乐曲。"乐"字语兼双关，既可以读为"欢乐"之"乐"，也可以读为"音乐"之"乐"。永明时代，是在刘宋中期到南齐初期那段动荡残酷岁月之后，给人们留下了一段太平之乐回忆的十年；以这段岁月谱成的乐曲，就自然地成为了齐武帝萧赜的一篇个人传记。

然而，直到《萧赜评传》完稿出版，我都未能前往位于丹阳郊外的齐武帝景安陵进行实地考察——尽管当时的我还在浙大任教，建康可谓近在咫尺。这是初版后记中没有提到的另一个遗憾。作为传记作者，委实难辞疏懒之罪。这个遗憾，也幸运地在去年得以弥补。2023 年 10 月 12 日，承童岭兄美意相邀，由南大魏宜辉教授引路，我得以亲身吊谒景安陵及周边齐梁皇室陵墓。摩挲荒草蔓丛中残缺的天禄麒麟石刻之际，不禁遥然而生唐人"六朝文物草连空"之想。当时所拍摄的照片，也得以用作本书的卷首插图，增添了一点历史的实感。

如初版后记所言，在撰写《萧赜评传》时，立足于丛书整体作为通俗读物的定位，尽量减少史料原文的引用，代以简括转述或白话翻译。但这也导致初版有学术规范性不强的缺陷，未能将资料依据明确展现给读者。今书已撰成，不遑改作，而且作者也觉得保持目前这种可读性未尝不是一件好事。故最终考虑的结果，是正文维持原状，另用脚注注明所据各种史料的原文、出处，以便读者对照检验。或者还不失为一种兼顾学术性和可读性的做法吧。

本书最初写作时，迫于交稿期限，仓卒用功，故初版留下了一些叙述不够充分、未尽精密之处。也有一些局部，后来发现对史料的解读有误，或由于作者的知识水平不够而导致了错误。初版面世后，得到同道友人和读者的评论指正。耿朔兄惠赐各种考古进展的新资料,使本书在都城考古及文物方面的错误滞后认识得到修正的机会。陈斯怀兄细致审读,指出多处疏漏及提示史料中存在的疑点。杨溢同学就萧子良上启的编年问题来邮件反复讨论。对于已发现的问题,修订版都尽量作了补正改写。尚未发现之处,一定还有很多,也期待读者能继续指出错误,帮助作者改进。

在初稿写作时,最觉遗憾的一点就是,写到最后已成强弩之末,无力对全书作一收束。但在当时,其实已有了对全书收尾的构想,也就是这次修订本的最后一章——"'武帝'们的重叠身影"。补写这一"尾声",是希望能通过比较分析汉武帝、宋孝武帝、齐武帝三位谥号中都含有"武"字的帝王形象(尤其是后两位),理解齐武帝在早期帝王谱系中的定位,让全书的首尾更臻完善。同时,也希望借此联结起宋齐时代史的一条脉络,透视南朝前期君主所面临的、须要解决的时代问题。

这本小书的写作,就过程和结果而言,作者自己还是费了一些心力的,也由此在学习中收获了许多新的知识和思考。但在接下写作任务的当初,它其实并未被期待为一本多么严肃有意义的著作。初版问世以后,意外地还得到了一些读者,收获了一些预想之外的评价,则作者喜何如之,不能不向读者表示深深的谢意。承奚彤云师和刘赛兄的好意,得有机会将此书再作修订,与《王融与永明时代》结为姊妹编出版(《王融与永明时代》修订版已于2023年先出)。尤其要感谢二书责编龙伟业兄的认真劳作。伟业兄是我的广东小老乡,在与他的往返探讨中,常常让我想起作者与编辑之间那种古典式的、弥足珍贵的道义之交。感谢陆扬师为本书撰写推荐语,虽然只是寥寥数行,却赋予了这本小书原本并不具有的光彩。

2024.5.1

于云雀丘清溪梦浮桥畔